中國学術思想 研究輯刊

二二編

林慶彰 主編

第 5 冊

清初浙東《易》學研究
——以黃宗羲、黃宗炎爲中心作一考察（下）

李鴻儒 著

花木蘭文化出版社

國家圖書館出版品預行編目資料

清初浙東《易》學研究——以黃宗羲、黃宗炎為中心作一考
察（下）／李鴻儒 著 — 初版 — 新北市：花木蘭文化出版社，
2015〔民 104〕

目 4+184 面；19×26 公分

（中國學術思想研究輯刊 二二編：第 5 冊）

ISBN 978-986-404-362-0（精裝）

1.（清）黃宗羲 2.（清）黃宗炎 3.學術思想 4.易學

030.8　　　　　　　　　　　　　　　　104014675

ISBN- 978-986-404-362-0

9 789864 043620

中國學術思想研究輯刊
二二編　第 五 冊　　　　　　　ISBN：978-986-404-362-0

清初浙東《易》學研究
——以黃宗羲、黃宗炎爲中心作一考察（下）

作　　者　李鴻儒
主　　編　林慶彰
總 編 輯　杜潔祥
副總編輯　楊嘉樂
編　　輯　許郁翎
出　　版　花木蘭文化出版社
社　　長　高小娟
聯絡地址　235 新北市中和區中安街七二號十三樓
　　　　　電話：02-2923-1455／傳眞：02-2923-1452
網　　址　http://www.huamulan.tw 信箱 hml 810518@gmail.com
印　　刷　普羅文化出版廣告事業
封面設計　劉開工作室
初　　版　2015 年 9 月
全書字數　395831 字
定　　價　二二編 22 冊（精裝）新台幣 40,000 元

清初浙東《易》學研究
——以黃宗羲、黃宗炎爲中心作一考察（下）

李鴻儒　著

目次

第四章　黃宗炎之生平學行考述

第一節　黃宗炎之生平與著作

一、生　平

　　宗炎字晦木，一字扶木，號立谿，人稱「鷓鴣先生」〔註1〕，宗羲仲弟；生於明萬曆四十四年（西元 1616）七月三日。天啓三年（西元 1623）秋，宗炎隨侍忠端公至京，忠端公授以《周易本義》句讀，然「踰年未能省大義」〔註2〕。崇禎九年（西元 1636），宗炎（年二十一）與伯兄宗羲、叔弟宗會赴杭應解試，以明經貢太學。崇禎十二年（西元 1639），宗炎（年二十四）秋試不第，乃與叔弟宗會（澤望）約，「以閉關盡讀天下之書，而後出而問世」〔註3〕。崇禎十五年（西元 1642）十一月，宗炎（年二十七）嘗與宗羲、宗會諸兄弟同遊四明山，自「藍溪而進，月夜，走蜜巖，探石質藏書處。宿雪竇，觀隱潭冰柱。大雪，登芙蓉峯，歷鞠侯巖，至過雲，識所謂木介」

〔註1〕　案：《竹橋黃氏宗譜》有載，宗炎「本號立谿，晚操遺民獨行，遂更號『鷓鴣先生』」（卷十四，頁 8）。又案：據黃嗣艾於〈立谿公〉一文中所識，錢謙益嘗於宗炎年少時，贈以「扶木」為字，並作〈字說〉；明亡後，宗炎以「鷓鴣」自號，以寓「南望」之意，故學者稱「鷓鴣先生」（參臺北明文書局 1985 年印行之《清代傳記叢刊》第 26 冊，《南雷學案》，卷九，頁 538）。
〔註2〕　參見〔清〕黃宗炎撰：《周易尋門餘論》（世楷堂本《昭代叢書・癸集》），卷一，「序」，葉 1。案：「踰年」，《四庫》本作「踰季」。又案：《四庫》本《周易尋門餘論》作「二卷」（上、下），而《世楷堂》本則上、下合為一卷。
〔註3〕　參見〔清〕全祖望撰：《鮚埼亭集》，收入《清代詩文集彙編》，第 302 冊，卷十三，「鷓鴣先生神道表」，葉 6。

〔註4〕；還歸，宗炎作賦，宗會撰《遊錄》，宗羲則爲《四明山志》。夫宗炎酷嗜金石、古玩，喜鑿印章，結構則摹秦、漢〔註5〕，故於崇禎十六年（西元 1643），嘗「與澤望同遊金陵，戲購漢、唐銅印，共得十百鈕，市肆爲之一空」〔註6〕；而「亂後散失殆盡，猶餘端石紅雲研一、宣銅乳鑪一，其後又得黃玉笛一；然終以貧不守」〔註7〕，嘗歎曰：「奪我希世珍，天眞扼我！」〔註8〕雖此，入其室，則陶尊、瓦缶，皆有古色也〔註9〕。

　　清順治二年（西元 1645）閏六月，宗羲起兵，宗炎（年三十）「盡率家丁，荷殳前驅，婦女執爨以餉之，步迎監國於蒿壩」〔註10〕，駐軍江上，所謂「世忠營」也。事敗，宗炎遂狂走入四明山中之道岩，參兵部侍郎馮京第〔註 11〕軍事，奔走諸寨間。

　　順治七年（西元 1650），宗炎（年三十五）以參馮侍郎軍事被捕下獄，瀕死，及行刑日，幸爲其兄宗羲偕友施計，以死囚代之，終獲救；時鄞之諸遺民咸爲宗炎解縛，且置酒慰其驚魂，宗炎則陶然而醉，復聞隔岸絃管之聲，乃泛舟往聽之，尋自取而調之，曰：「廣陵散幸無恙哉！」〔註12〕則宗炎之「好奇」〔註13〕，果其然也。

〔註4〕　參見〔清〕黃炳垕撰：《黃宗羲年譜》，卷上，頁 20～21。

〔註5〕　參見〔清〕呂留良著，徐正等點校：《呂留良詩文集》（杭州：浙江古籍出版社，2011 年），上冊，卷八，頁 185。

〔註6〕　參〔清〕倪繼宗選輯：《續姚江逸詩》（《四庫全書存目叢書·集部·別集類》），卷八，「信友」，葉 3。案：文中「銅印」二字，《續修四庫》本《續耆舊》（第 1682 冊，集部，總集類）「鷓鴣先生神道表」（卷三十九，葉 2）與此無異；而同書「信友」則作「銅卬」（卷三十九，葉 5），或爲抄錄之誤！

〔註7〕　參見〔清〕全祖望撰：《鮚埼亭集》，收入《清代詩文集彙編》，第 302 冊，卷十三，「鷓鴣先生神道表」，葉 11。案：「端石紅雲」與「宣銅乳鑪」，即宗炎所謂「亡友」也；蓋宗炎嘗云：「半生所得意者，有紅雲端硯、宣銅乳鑪，避出干戈、盜賊之禍，似可永保無恙矣。頻年苦饑，持易握粟，實類邯鄲才入嫁爲廝養卒婦，予心愧焉！」（參《續姚江逸詩》，卷八，葉 5）又案：「實類邯鄲才入嫁爲廝養卒婦，予心愧焉」之語，它本皆作「實類邯鄲才人，嫁爲廝養卒婦，方深愧矣」；然究其蘊，竊以倪氏之載爲善。

〔註8〕　同前註。

〔註9〕　同前註。

〔註10〕　參見沈善洪主編：《黃宗羲全集》，第十二冊，頁 91。

〔註11〕　案：馮京第之嫂，乃宗炎之妻母。

〔註12〕　參見〔清〕全祖望撰：《鮚埼亭集》，收入《清代詩文集彙編》，第 302 冊，卷十三，「鷓鴣先生神道表」，葉 7。

〔註13〕　同前註，葉 6。

　　順治十三年（西元 1656）三月，宗炎（年四十一）與宗羲、宗會、宗彝諸兄弟，以墓祭戴家山，而皆爲山賊所縛，幸得友人挺身營救，終獲釋焉！未幾（順治十三年秋），宗炎復與兵部侍郎馮京第共事，隨即遭捕入獄，「賴故人朱湛侯、諸雅六救之，得免」〔註14〕。宗炎乃盡喪其資，「提藥籠，遊海昌、石門間」〔註15〕以自給；其不足者，以工繆篆、善詩畫故，乃得爲人鐫刻、作畫、製硯，「賈值皆有定，世所傳『賣藝文者』是也」〔註16〕。雖然，宗會嘗言：「雕篆之技，譬之塵飯塗羹，以爲戲而不以爲食也。」〔註17〕而呂留良亦滋悔於「沿門號索，而猶不免于輕薄者之嬉戲」，故與「梨州、鷓鴣、鼓峰、孟舉、自牧約，不復賣藝」〔註18〕；則宗炎惕思省志之情，誠可見矣。反觀有澹歸（金堡，1614～1680）者，「故給諫金道隱也，從亡西南，其大節多可觀，行朝嫉之；以杖戍遣，遂祝髮爲僧，竟忘所自，但成一領眾募緣俗漢而已」〔註19〕！故宗炎於繙澹歸《遍行堂集》時，嘗笑曰：「甚矣，此老之耄也。不爲雪庵之徒，而甘自墮落於沿門託缽之堂頭，又盡書之於集，以當供狀，以貽不朽之辱。」〔註20〕嗟夫！宗炎「家貧苦饑，奔馳四方，以餬其口，枵腹殫思，往往頭眩僵仆；或有臆中胸懷，亦若天空海闊，

〔註14〕　參見〔清〕黃炳垕撰：《黃宗羲年譜》，卷中，頁 29。
〔註15〕　參見〔日〕今關壽麿編撰：《宋元明清儒學年表》（北京：北京圖書館出版社，2002 年），頁 143。案：此事多可見諸現存文獻中，如全祖望〈鷓鴣先生神道表〉、《續甬上耆舊詩集》及黃嗣艾〈立谿公〉等。
〔註16〕　參見〔清〕全祖望撰：《鮚埼亭集》，收入《清代詩文集彙編》，第 302 冊，卷十三，「鷓鴣先生神道表」，葉 6。案：呂留良（晚村）於〈賣藝文〉中嘗謂其有四貧友，宗炎即其一，且貧十倍於己，故雖「有屋三間，深一丈，闊纔二十許步，牀、灶、書籍、家人，屯伏其中；烈日霜雪，風雨流水，遠攻其外」；時明州鼓峰高旦中（亦四貧友之一）「以醫佐之，不給」也。以此，呂留良遂謀之高旦中，謂鷓鴣（宗炎）既精論六書，又工篆、善詩，於摹初唐李思訓、南宋趙千里（伯駒）二家畫法，亦精致微妙，則「出是，亦可得錢」矣。其後，呂留良與宗炎諸貧友相約，於詩文、字畫、篆刻，或共賣，或獨賣，既以自食，且以食友：約成，草於友人吳孟舉（之振）之尋暢樓（以上詳參《呂留良詩文集》上冊，卷八，頁 185～186）。
〔註17〕　參見〔清〕黃宗會撰，印曉峰點校《縮齋詩文集》（上海：華東師範大學出版社，2009 年），頁 90。
〔註18〕　參見〔清〕呂留良著，徐正等點校：《呂留良詩文集》，上冊，卷八，「反賣藝文」，頁 187。
〔註19〕　參見〔清〕全祖望選：《續甬上耆舊詩集》，清末「國學保存會」排印本，卷三十九，「閱澹歸語錄」，頁 9。
〔註20〕　參見〔清〕全祖望撰：《鮚埼亭集》，收入《清代詩文集彙編》，第 302 冊，卷十三，「鷓鴣先生神道表」，葉 11。

頓忘其痛苦」〔註21〕耶！

　　順治十五年（西元 1658）四月，宗炎（年四十三）隨宗羲寓於西湖昭慶寺，有武林大佛頭寺僧人澹齋〔註22〕者，來求募疏，名欲泥金佛首，實則以贖故抗清舉人張煌言之妻、子〔註23〕；時錢謙益亦居武林，宗炎「往告之，以五十金俾澹齋」〔註24〕。隔年，宗炎（年四十四）奉太夫人寓於三溪口，時宗羲間日往來定省〔註25〕。

　　康熙元年（西元 1662），時有高元發（1618～1678）之難，浙東震動，宗炎（年四十七）未以前事懼，乃不遺餘力而營護之〔註26〕；蓋「樂赴人急難，恥郤昏暮叩環之請，時濡足焦額，欣然若適，情實未嘗求知于人」〔註27〕者，此之謂也。康熙四年（西元 1665），宗炎（年五十）居語溪，時宗羲來視，乃與伯兄及萬斯選（公擇）同登龍山，拜輔潛庵（漢卿）先生墓，研議重爲立碑。

〔註21〕參見〔清〕黃宗炎撰：《周易尋門餘論》，卷一，「序」，葉 1。

〔註22〕案：據宗羲〈書澹齋事〉（參《黃宗羲全集》第十冊，頁 576）一文所載，澹齋爲江蘇金陵人，嘗因殺人入獄，後以飯囚終其身，歿於康熙十四年（西元 1675）；而澹歸俗名金堡，字道隱，乃浙江仁和（今杭州市）人，明崇禎十三年進士，工詩畫，後以抗清失敗，乃祝髮爲僧，法名「今釋澹歸」，於丹霞山闢建「別傳寺」，康熙十九年（西元 1680）圓寂。然則，黃嗣艾於〈立谿公〉一文中註澹歸即武林大佛頭寺僧澹齋（參《南雷學案》，卷九，頁 537），恐誤！

〔註23〕案：其時張煌言以嚴拒清廷之招降，已被斬於杭州，遺體由萬斯大等葬於西湖南屏山；而張氏之妻、子則囚於仁和縣獄中。

〔註24〕參見沈善洪主編：《黃宗羲全集》，第十冊，頁 576。

〔註25〕同前註，第十二冊，頁 92。

〔註26〕參見〔清〕全祖望撰：《鮚埼亭集》，收入《清代詩文集彙編》，第302冊，卷十三，「鷗鴣先生神道表」，葉7。案：高元發（字泰）者，斗樞（象先）之子也：初字元發，改字虞尊，別號藥庵，浙江鄞縣人。元發少負才名，清順治二年（西元 1645）六月，偕錢肅樂（忠介公）起兵於鄞，魯王謂其不愧江東喬木，乃手諭獎挷之，授兵部員外郎；隔年冬，爲清吏所捕。其後，元發雖頻受株累，屢囚屢釋，仍抗清不歇：其中以康熙元年被逮入獄，尤爲震撼，即全氏所云「浙東震動」之事。夫元發雖幸於康熙四年出獄，然家已破矣，乃隱居著書而終！元發所著《三稿類存》，宗羲嘗爲之序；蓋高氏素好宗羲之文，即取有明十數家手選而鈔之，大意多本於宗羲，且遇宗羲有所論著，亦必手鈔之（參見《黃宗羲全集》，第十冊，頁1～2）。

〔註27〕參見〔清〕黃宗炎撰：〈鷗鴣先生穴銘〉（年近四十之作），收入黃慶曾等編纂《竹橋黃氏宗譜》，卷十四，頁7。案：「郤」字，或爲排印之誤，當作「卻」也。

夫宗炎嘗自言「擬以五十之年息絕世事」〔註28〕，故其後之事蹟，除《竹橋黃氏宗譜》、《續姚江逸詩》與黃炳垕《黃宗羲年譜》所附一、二事，並全氏（祖望）《鷓鴣先生神道表》、《續甬上耆舊詩》及時人之零星傳載外，文獻多不詳。清康熙二十五年（西元 1686）六月二十五日，宗炎溘然辭世，享年七十有一；其孺人則前有徐氏、後有馮氏，子二，葬於化安山先塋旁〔註29〕。

二、著　述

全祖望嘗謂宗炎「生平作詩幾萬首，沉冤淒結，令人不能終卷」〔註30〕；倪繼宗亦稱宗炎之詩「過會遠矣」〔註31〕！至若詞者，則「多玩世」；而「於象緯、律呂、軌革、壬遁之學，皆有密授」〔註32〕。蓋宗炎之撰述，涵括《易》論、字說、詩文、詞賦及注疏，諸如《周易象辭》二十二卷、《尋門餘論》二卷、《圖學辨惑》一卷、《六書會通》、《小剗山堂詩餘》一卷〔註33〕、《南唐圖書記》〔註34〕、《雄快軒記》〔註35〕、《本草注》〔註36〕、〈鷓鴣先生穴銘〉、〈四

〔註28〕　參見〔清〕黃宗炎撰：《周易尋門餘論》，卷一，「序」，葉 1。

〔註29〕　參見〔清〕全祖望撰：《鮚埼亭集》，收入《清代詩文集彙編》，第 302 冊，卷十三，「鷓鴣先生神道表」，葉 11。案：呂留良於〈賣藝文〉中謂宗炎「有一母、五子、二新婦、一妾，居剗中化安山」（參《呂留良詩文集》上冊，卷八，頁 185）：則全氏此述，恐未盡其貌也。

〔註30〕　參見〔清〕全祖望撰：《鮚埼亭集》，收入《清代詩文集彙編》，第 302 冊，卷十三，「鷓鴣先生神道表」，葉 11。

〔註31〕　參見〔清〕倪繼宗選輯：《續姚江逸詩》，卷八，葉 1。案：「會」即宗炎叔弟宗會（澤望）也。

〔註32〕　參見〔清〕全祖望撰：《鮚埼亭集》，收入《清代詩文集彙編》，第 302 冊，卷十三，「鷓鴣先生神道表」，葉 7。

〔註33〕　案：黃宗會嘗為《小剗山堂詩餘》作「序」，其言：「《小剗山堂詩餘》一卷，黃子晦木所作也。其辭大略新綺淡力，多幽丰遠論，易於感人。〔……〕」。黃子所著《詩餘》，多至若干卷，遴選之得若干首，為一卷，命其弟宗會曰：『諷一勸百，見識於大雅。此刻楮畫筞之類，雖滿篋笥，無所用者，何以免不知我之誹乎？』」（參《縮齋詩文集》，頁 91）

〔註34〕　案：呂留良於〈賣藝文〉中即謂宗炎「間作《南唐圖書記》，或摹松雪朱文筆法，高雅可愛」（參《呂留良詩文集》上冊，卷八，頁 185）。

〔註35〕　案：此書見於宗炎從弟宗裔（道傳）所撰之〈南浦軒後記〉（參《竹橋黃氏宗譜》，卷十四，頁 32），文中即有「一日，過西園，仲兄晦木出所作《雄快軒記》相示」之語。

〔註36〕　案：此書見於宗羲五世孫黃璋所撰之〈《圖學辨惑·跋》〉（參《竹橋黃氏宗譜》，卷十五，頁 66）一文中：然則，宗炎「賣藥海昌」之餘，其於《本草》之學，亦有深究也。

明山賦〉〔註37〕、〈《敬業堂詩集·原序》〉〔註38〕及《二晦》、《山棲》諸集等，學術大略侔於伯兄宗羲〔註39〕；其中，除《易》著、〈鷓鴣先生穴銘〉、〈四明山賦〉、《敬業堂詩集·序》及存詩百餘首〔註40〕外，餘蓋皆已佚矣！

〔註37〕 案：〈鷓鴣先生穴銘〉及〈四明山賦〉二文，皆載存於黃慶曾所編纂《竹橋黃氏宗譜》中。

〔註38〕 案：《敬業堂詩集》（《四庫》本）乃〔清〕查慎行（夏重）之詩作，前有「原序」數篇；其一即宗炎所撰，文首有「余賣藥海昌，查子夏重屢有詩酬和」（葉4）之語，文末則識「剡中老友黃宗炎纂」（葉5）。

〔註39〕 參見〔清〕全祖望撰：《鮚埼亭集》，收入《清代詩文集彙編》，第302冊，卷十三，「鷓鴣先生神道表」，葉6。

〔註40〕 案：宗炎之存詩，主要見諸全祖望所選輯之《續耆舊》（《續修四庫全書》本）、《續甬上耆舊詩集》（清末「國學保存會」排印本）、《續甬上耆舊詩》（方祖猷等點校本），以及黃慶曾等編纂之《竹橋黃氏宗譜》卷十四、倪繼宗選輯之《續姚江逸詩》卷八；其中，《續修四庫全書》本與清末「國學保存會」排印本所錄之詩作相同，且皆收錄於「方祖猷等點校」本中。故以下將宗炎存詩之大概，分三部分略述：一者，方祖猷等點校本《續甬上耆舊詩》收錄宗炎之詩作，計有〈呈高都御史玄若〉（一首）、〈與友山講六書，彼有執贄受業之語，因作八十韻示之〉（一首）、〈十二友詩〉（十二首）、〈次韻和答四首〉（四首）、〈江上逢潮〉（一首）、〈登釣臺〉（二首）、〈嚴陵至新安道中雜詩〉（三首）、〈新安舟中逢重陽〉（一首）、〈屯谿至漁亭〉（一首）、〈浮梁所見〉（一首）、〈曉過鄱陽湖〉（一首）、〈鄱陽湖哀賈客〉（一首）、〈臨江古寺喜遇同難周子潔〉（一首）、〈臨陽客舍雜詠〉（十八首）、〈臨江逢文與也，以詩題畫見贈，次韻答之，兼呈同難周子潔〉（二首）、〈再疊前韻答友山禪師，時閏藏鐵佛寺〉（一首）、〈三疊前韻答友山講易湖濱之約〉（二首）、〈四疊前韻答友山約遊洞庭〉（三首）、〈經筵銅鶴次韻和文與也〉（一首）、〈贈省然禪師〉（一首）、〈贈王天章〉（一首）、〈武林逢呂用晦，次日別去，代簡送之〉（一首）、〈同難周明在屬書格言，走筆相勗〉（一首）、〈同難魏交讓用前韻見贈，再疊答之〉（一首）、〈酬同難魏州來再疊前韻〉（一首）、〈三疊前韻酬陳安讓見贈〉（一首）、〈四疊前韻答印千禪師見和〉（一首）、〈五疊前韻答印千禪師再和〉（一首）、〈簡魏方公乞清謹堂程君房墨〉（一首）、〈閱澹歸語錄〉（二首）、〈謝夏鹵均贈香姜閣瓦硯〉（一首）、〈壽魏交讓六十〉（二首）、〈哭呂石門四首〉（四首）、〈題許霜巖小像〉（一首）及〈苦雨疊莘野來韻走筆得四首〉（四首），凡八十一首（詳參卷三十九，頁199～218）；其中有二十七首並見（詩亦同）於清末「國學保存會」排印本《續甬上耆舊詩集》（卷三十九，頁3～10）及《續修四庫》本《續耆舊》（卷三十九，葉3～12）；此外，〈屯谿至漁亭〉（一首）亦收錄於朱彝尊所輯之《明詩綜》（卷八十上，頁3908）。二者，〔清〕倪繼宗選輯之《續姚江逸詩》收錄宗炎之詩作，計有〈懷西溪七首〉（七首）、〈與九徵道兄夜話，因臆庚辰上元阻雪昌古齋中，予、弟澤望及二三友人日夜轟飲，詎今三十有二年矣！澤望既去世，友人多登鬼錄，予歷盡人間之患難，窮愁煎逼，白首重來，感慨劇談，尚覺詩書之殷殷也。作詩四章爲贈〉（四首）及〈十二友詩〉（十二首），凡23首（參《四庫全書存目叢書》，集部，第410

　　雖然，頗值一提者，清儒倪繼宗選輯之《續姚江逸詩》，其所錄〈十二友詩〉，詩前有宗炎「序」語〔註41〕，且於〈石友〉、〈同心友〉及〈畏友〉序中，分別有「天錫琬琰〔……〕，雖瑣細不中規繩」〔註42〕、「《易》曰：『同心之言，其臭如蘭。』斯爐伴予焚香讀《易》」〔註43〕及「敢于破裂聖人之教，遂以沉湎麴蘗爲疏曠。〔……〕則其人豈有意察天下之治亂、人事之得失，而銖銖、兩兩相較絜乎」〔註44〕之語，此皆它書所遺漏者，可謂獨存而彌珍；而〈懷西溪七首〉（七首）及〈與九徵道兄夜話〔……〕。作詩四章爲贈〉（四首）中，除後者第一首見載於錢仲聯（1908～2003）主編之《清詩紀事》〔註45〕外，餘亦未見於它書。

　　今觀全氏既謂宗炎所撰之《周易象辭》、《尋門餘論》及《圖學辨惑》〔註46〕，自故居被火不存，并《六書會通》及《二晦》、《山棲》諸集俱亡〔註47〕；且言「遺書既不可見，而耆老凋喪，亦更無人能言其奇節，乃略具

冊，卷八，葉1～9）；其中，〈十二友詩〉於它書可見，而〈與九徵道兄夜話〔……〕。作詩四章爲贈〉第一首，錢仲聯主編之《清詩紀事》（南京：江蘇古籍出版社，1987年）亦有收錄（參「明遺民卷」，頁551～552）。三者，〔清〕黃慶曾等編纂之《竹橋黃氏宗譜》收錄宗炎之詩作，計有〈中秋無月次家兄韻二首〉（二首）、〈經筵銅鶴次韻和文與也〉（三首）、〈紅梅應文與也之請〉（二首）、〈陳簡齋和予雪中訪閒園詩見寄，復申兩韵，再疊奉答二首〉（二首）、〈武林客舍贈萬充宗三首〉（三首）、〈萬悔庵扇頭小像歌〉（一首）及〈哭萬充宗五首〉（五首），凡18首（卷十四，頁2～6）；其中，〈經筵銅鶴次韻和文與也〉第一首及第三首，分別見載於方祖猷點校本《續甬上耆舊詩》（頁211）及楊鍾羲所輯之《雪橋詩話三集》（卷一，頁126）。總此，去其重複者，則宗炎之存詩，至少有109首。

〔註41〕案：此「序」於它書皆不載；原文曰：「與九徵不晤二十餘年矣！辛亥初夏，予欲賣藥于北鄉村市，復信宿昌古齋，與九徵依依話舊。嗚呼！今日何日，尚有朋友之樂乎？歸家踰月，雨窻無事，取高麗繭紙，書贈十二友詩以就正，君亦吾老友，當同此感歎云。」（參《續姚江逸詩》卷八，葉2～3）案：「辛亥」即康熙十年（西元1671），宗炎時年五十六。

〔註42〕參見〔清〕倪繼宗選輯：《續姚江逸詩》，卷八，「石友」，葉4。案：原文曰：「其夏，天錫琬、琰二端，雖瑣細不中規繩，要亦希世之珍也。」此於它書則皆作「其夏，忽得二端（硯），希世之珍也」。

〔註43〕同前註，「同心友」，葉5。案：「同心友」，它書皆作「先友」；然據倪氏本所錄《易》文覈之，蓋以「同心友」爲善也。

〔註44〕同前註，「畏友」，葉5～6。

〔註45〕參見錢仲聯主編：《清詩紀事》，「明遺民卷」，頁551～552。

〔註46〕案：《周易象辭》、《尋門餘論》及《圖學辨惑》三書，即全祖望所言之「《憂患學易》一書」（參《鮚埼亭集》，卷十三，「鷓鴣先生神道表」，葉12）。

〔註47〕參見〔清〕全祖望撰：《鮚埼亭集》，收入《清代詩文集彙編》，第302冊，卷

本末，而詳載其論《易》諸篇之幸而未泯者，以付千人，使勒之墓上」〔註48〕，豈其所謂幸而未泯之「論《易》諸篇」，乃出乎傳世之《易》學三書耶？又其稱「或曰」宗炎「晚年嘗作一石函，錮其所著述於中，懸之欂上，謂其子曰：『有急，則埋之化安山丙舍。』身後果有索之者，其子遂埋之；而今其子亦卒，莫知所在，非火也」〔註49〕。然則，全氏所言，恐有前後相違之虞！

蓋宗羲五世孫黃璋（稺圭，1728～1803）嘗記云：「璋踰冠時，獻歲拜影堂，過花園（即忠端故址），老屋數楹，有遺書一籃，曁夾板懸之梁間，煤薰塵積；詢之，則曰：『已五六十年於茲矣！先人故物，前此尙歲時翻曬，今則無復問者；然自祖父相誡，勿輕示人。』璋故請，竟無從一啓視；然日以耿耿胷中，多方購之，不可得。蓋其家別有億虞，有不能以理曉譬者。」〔註50〕又指宗炎所著《憂患學易》全帙（即合《周易象辭》、《尋門餘論》及《圖學辨惑》），於乾隆三十七年（西元1772）「奉詔徵求遺書，於慈水鄭氏得之，屬同年張君義年另繕清本，進呈御覽，亦異數也。其底本爲立溪公手抄，現藏余家；爲子孫者，當世世不忘，謹識於後」〔註51〕。

觀此，則全祖望所稱宗炎「晚年嘗作一石函，錮其所著述於中，懸之欂上」者，固非虛言，而謂《憂患學易》於「故居被火不存」者，當爲謬傳之說；不然，宗炎之《易》著，何能傳至於今哉？至於宗炎《易》論外之著述，但存上述所載之詩文，餘則或皆眞俱亡於火噬矣〔註52〕！

　　　十三，「鷓鴣先生神道表」，葉12。

〔註48〕同前註。

〔註49〕同前註。

〔註50〕參見〔清〕黃璋撰：〈《圖學辨惑·跋》〉，收入黃慶曾等編纂《竹橋黃氏宗譜》，卷十五，頁66。案：黃璋生於雍正八年（西元1730），其「踰冠」之年，即在乾隆十五年（西元1750）後；而稱「已五六十年於茲」者，則「遺書」懸於梁間之事，當始於康熙三十四年（西元1695）前後，此距宗炎歿後約十年矣。此外，黃璋亦曾述及「甬上全謝山太史嘗舉及此，則曰：『梁間之物若何？』璋無以應命」云云（參《竹橋黃氏宗譜》，卷十五，頁66）。

〔註51〕同前註。案：文中所言「慈水鄭氏」，即指浙江慈溪鄭氏「二老閣」；又張義年，字淳初，學問淹博，時與黃璋、朱休度等同職《四庫》館，總司校勘。

〔註52〕案：近人方祖猷於〈餘姚《竹橋黃氏宗譜》的史料價值〉一文中，嘗謂乾隆二十二年（西元1757）及二十九年（西元1764），時值文字獄高漲，宗炎後嗣極可能因驚恐而將其家「付之一炬」（參《寧波大學學報》人文科學版，卷九，第2期，頁45）！此或可備一說；然所言「付之一炬」若含懸於梁間之「遺書」，則恐有待商榷矣！

第二節　黃宗炎之交游與治學

一、交　游

宗炎「稟性明白坦易，平生無藩籬，自房室箐匣，未嘗設一鎖鑰，盡歡而止，有入復然。遇事不合理，輒變色昌言；後雖懲敗，不敢置辭，究不能懌於顏面」〔註53〕，即梨洲且時有不滿意者。嘗從劉蕺山與聞緒論，惟「蒙蔽甚深，雖夫子諄諄訓誨，未能有所啓發」〔註54〕；雖然，宗炎自幼「好金石、書畫，其鑑別出人意表」，常令藏主「屈服而去」〔註55〕。夫古來以「豪邁之氣、詩文之長」著稱者，「多不簡於小節」〔註56〕；宗炎「固有豪邁之氣、詩文之長」，而「律身甚嚴，恆自訟其三過」，謂「此雖有媿於管幼安（管寧），而亦可云不欺屋漏者矣」〔註57〕！則其省過之志、好奇之義，斯可見矣。

竊觀宗炎之交游，固不免同其兄之囿於時勢，而往來「復社」與權貴、名士之間；其於市井小民、販夫冶客，亦能剖心相待！嘗云：「大江以南，公卿大夫、知名之士，畧見其梗概，聞及屠沽、博徒，亦與之瀝血、出肺肝相示，是上極九天、下及九岡矣。」即使如此，「終無若文虎、履安之知我者。士重知己，豈以死生異哉」〔註58〕！則文虎、履安者，宗炎「知己之

<hr>

〔註53〕 參見〔清〕黃宗炎撰：〈鷓鴣先生穴銘〉，收入黃慶曾等編纂《竹橋黃氏宗譜》，卷十四，頁6～7。

〔註54〕 參見〔清〕黃宗炎撰：《周易尋門餘論》，卷一，「序」，葉1。

〔註55〕 參見〔清〕黃宗炎撰：〈鷓鴣先生穴銘〉，收入黃慶曾等編纂《竹橋黃氏宗譜》，卷十四，頁8。

〔註56〕 同前註。

〔註57〕 同前註。案：三過者，一曰「與諸父論曲直」，二曰「一婢不即遣」，三曰「因就魏己任，移事於人」。又案：魏己任者，魏思澄也，宗羲之門士，「己任」乃其字；而據宗會於〈魏己任墓誌銘〉中所述，思澄乃黃氏兄弟從友，「性觥苦，能忍人所不能忍，其志氣可託緩急」（參《縮齋詩文集》，頁123）。故自清順治三年（西元1646）以來，黃氏兄弟「奉太夫人由中村而居化安者，雖以先墓所在，亦以去魏子（思澄）居稍近，朝夕可禦侮也」（同上）；此或宗炎所訟「因就魏己任，移事於人」之過耶！蓋順治七年（西元1650），「大帥治浙東，凡得名籍與海上有連者，即行名捕」（參《黃宗羲年譜》，卷中，頁27）；時「魏子步行數百里，出入鋒刃、刀槊之間」，與宗炎「同拳桔之苦，見者無不以為愚」（參《縮齋詩文集》，頁123）。

〔註58〕 參見〔清〕倪繼宗選輯：《續姚江逸詩》，卷八，葉4。案：「九岡」，或作「九地」；又此文亦見載於全祖望〈鷓鴣先生神道表〉，而言「束髮交賢豪長者不為不多，下及屠狗之徒，亦或瀝心血相示；雖然，但有陸文虎、萬履安二人為知我耳」（參《鮚埼亭集》，卷十三，葉7）。

交」、「死友」也。蓋文虎、履安二人，素與宗炎兄弟關係密切，宗會即嘗言：
「文虎與余兄弟游最久〔……〕。文虎死生交，同邑惟履安，他邑則最余兄
弟。」〔註59〕而宗炎亦自述「每與執友陸文虎共閱郝仲輿先生《九經解》，
其融會貫通，一洗前人訓詁之習；然而可指摘之處頗多，遂有白首窮經之約」
〔註60〕，俟後更有「文虎死矣，誰爲知音」〔註61〕之嘆！至於履安，宗炎
（年七十）嘗謂「予與悔菴，出必同寓，寢必同帳；雖旅次絕炊，亦掃地焚
香、漁弋山水。自悔菴之逝，予孤掌隻翼，客店船艙，不能如曩時之韻致矣」
〔註62〕！則宗炎與履安之交深，於焉明矣！此從其作〈萬悔庵扇頭小像歌〉
〔註63〕，亦可窺知。

　　夫宗炎既「遭生人之慘禍，盜賊、戎馬、刀兵、銀鐺，靡不備嘗之」
〔註64〕，乃於所游人品之清濁、情志之崇卑，皆能洞悉感悟。故生平除伯
兄宗羲、叔弟宗會及文虎、履安二「死友」外，能沁入其詩文或往來甚密者，
或爲「貧友」，如呂留良、高旦中、黃復仲（麗農）、朱聲始（爻山）等相約
賣藝者〔註65〕；或爲「老友」，如萬充宗（斯大）、萬公擇（斯選）、族弟宗
裔（道傳）等〔註66〕；或爲「難友」，如周子潔、周明在、魏交讓、魏州來
等；或爲「詩友」，如陳安讓、文與也、友山、九徵、省然禪師、印千禪師
等。此外，康熙三年（西元1664）二月，宗炎（年四十九）、宗羲與高旦中，
暨宏繼起、文蓀符、徐昭法、周子潔、鄒文江、王雙白等諸友，於天山堂「縱
談七晝夜」一事，更傳爲美談！至於宗炎〈十二友詩〉之稱「友」者，除「老
友」爲族弟宗裔（道傳）、「死友」爲文虎及履安、「益友」爲冶鳥木客、「小

〔註59〕 參見〔清〕黃宗會撰，印曉峰點校：《縮齋詩文集》，「祭陸文虎文」，頁153。
〔註60〕 參見〔清〕黃宗炎撰：《周易尋門餘論》，卷一，「序」，葉1。
〔註61〕 參見〔清〕黃宗炎撰：〈鷓鴣先生穴銘〉，收入黃慶曾等編纂《竹橋黃氏宗譜》，
　　　　卷十四，頁7。
〔註62〕 同前註，「武林客舍贈萬充宗三首」（第二首案語），頁4。
〔註63〕 同前註，頁4～5。
〔註64〕 參見〔清〕倪繼宗選輯：《續姚江逸詩》，卷八，葉7。
〔註65〕 參見〔清〕呂留良著，徐正等點校：《呂留良詩文集》，上冊，卷八，「賣藝
　　　　文」，頁184。案：宗炎嘗贈呂留良詩，其間有云：「依回往事千雙淚，慘淡
　　　　貧交四十年。今日與君皆老病，未知何物可流連？」（參方祖猷等點校之《續
　　　　甬上耆舊詩》，卷三十九，頁212）；又宗炎與宗羲皆交游於麗農，宗羲撰有
　　　　〈黃復仲墓表〉一文（參《黃宗羲全集》，第十冊，頁270～272）。
〔註66〕 案：其中，宗炎與斯大之交情，從其所作〈哭萬充宗五首〉，即可窺知矣。（參
　　　　《竹橋黃氏宗譜》，卷十四，頁5～6）

「友」爲孩提外，餘皆指物也〔註67〕；雖然，能藉事抒志、冠物爲友者，宗炎之卓爾不群，洵不失其「立谿」之號。

綜上所述，宗炎交游之大略，就現存文獻而言，除譜錄之外，蓋多覯乎其往來酬和之詩文；其中，作於晚年（五十之後）者，不可謂之「鮮矣」！諸如〈懷西溪七首〉、〈武林客舍贈萬充宗三首〉、〈哭萬充宗五首〉、〈與九徵道兄夜話〔……〕。作詩四章爲贈〉、〈與友山講六書，彼有執贄受業之語，因作八十韻示之〉、〈武林逢呂用晦，次日別去，代簡送之〉及〈十二友詩〉等；而康熙九年（西元1670）閏二月丙午（十九日），宗炎（年五十五）亦嘗偕伯兄宗羲及邛在、道傳諸公，宿於石井，賦詩紀事〔註68〕。以此觀之，宗炎自述擬以五十之年「屛斥詩文」〔註69〕者，豈淪戲謔之語？抑有其未履之由？亦不可知矣！

二、治　學

宗炎自述於七、八之齡，隨侍其父於京邸受《周易本義》句讀，然踰年未能省其大義；而忠端公蒙難時，宗炎方童稺（年十一），故於其父「理學之淵源、自得之精蘊，實未嘗窺其毫末」〔註70〕。年十二，宗羲「身自教之，講書發明大意，將心、意、性、命、仁、義、禮、智，融會貫通；一章明，則章章皆明，不與邨學究講貫逐節生解。初作制義，必令揣摩先輩，有一篇不似者，則訶之；久之，又令縱橫議論，才氣爲主，若拘守先輩者，訶之」〔註71〕。逮乎稍長，宗羲復「命讀王《注》程《傳》」〔註72〕，然「時隨行逐隊以圖進取，不過爲博士弟子之學」，故「无所得于心也」〔註73〕；而從學蕺山先生期間，雖夫子「諄諄訓誨」，亦「未能有所啓發」。

觀此，竊以「未能省其大義」、「未嘗窺其毫末」者，或囿於稺齡而有所

〔註67〕 案：計有「執友」（鄉杖）、「信友」（石印）、「石友」（石硯）、「亡友」（紅雲端硯及宣銅乳爐）、「同心友」（忠端公之遺爐）、「畏友」（酒）、「損友」（茶）及「端友」（《憂患學易》與《六書會通》）等八友，皆物也。
〔註68〕 參見〔清〕黃炳垕撰：《黃宗羲年譜》，卷下，頁37。
〔註69〕 參見〔清〕黃宗炎撰：《周易尋門餘論》，卷一，「序」，葉1。
〔註70〕 同前註。
〔註71〕 參見〔清〕黃炳垕撰：《黃宗羲年譜》，「附錄」，〈先遺獻文孝公梨洲府君行略〉，頁77。
〔註72〕 參見〔清〕黃宗炎撰：《周易尋門餘論》，卷一，「序」，葉1。
〔註73〕 同前註。

不悟；然「未能有所啓發」及「无所得于心」者，當爲宗炎自謙之辭也。蓋宗炎「性不喜隨時習」〔註74〕，嘗曰：「今人卒業兔園，孰不以風流自命，左捘又摛，東緶西纚，都欲駁正李杜之瑕釁、元白之卑弱，爲漢爲魏，爲陶爲謝，目空千古。苟從旁細覼，正如揚灰萬斛求半銖，銅鐵且不可得，況於金乎！此所以深歎於才難也。」〔註75〕夫明末學風頹靡，科舉既淪爲時人汲功立名之階，而彼等於詩文偶有所窺，即欲駁正前人之非；殊不知以徒求虛文之習，欲淬經略古今之才，其猶「銅鐵」尙不可得，況於「金」耶！故宗炎謂「事非閱歷，即得于書本、詳于傳述者，皆不能親切而可信」〔註76〕，斯或憾於時人學風而感於所遇也；對此，宗會即指其仲兄宗炎「具治略濟材，挫抑不偶，其發之古文辭者，攝千仞、弋百家而上下之」〔註77〕。此外，宗炎既與文虎共閱明儒郝敬（仲輿，1558～1639）之《九經解》，且能直言該書「可指摘之處頗多」，則「无所得于心」、「未能有所啓發」者，其爲謙辭可知矣！然則，宗炎之治學，雖有值年、淺深之異，而沾漑於父兄、前賢、師友者，洵不可掩也。

夫宗炎既與文虎有「白首窮經之約」，然「文虎捐館，麗澤零落」，而自身「更遭風波震盪，患難剔剝」，始悟「前日之非」，乃「屛斥詩文」，謂「立身與物，老而橫決，其『困而不學』之故乎」〔註78〕？又自述其作《憂患學易》與《六書會通》，洵非己之言，乃「窺測聖人之言也，窺測聖人之德功也，與二氏、百家援儒推墨者，確乎其不同矣」〔註79〕；斯能洞悉「二氏」（佛、道）、「百家」之底蘊，宗炎之博通可知矣〔註80〕！門人有問學者，則曰：「諸

〔註74〕 參見〔清〕全祖望輯選，方祖猷等點校：《續甬上耆舊詩》（杭州：杭州出版社，2004年），卷三十九，「同難周明在屬書格言，走筆相勗」，頁212。

〔註75〕 參見〔清〕查慎行撰：《敬業堂詩集》（《四庫全書·集部·別集類》），「原序」，葉4。

〔註76〕 參見〔清〕倪繼宗選輯：《續姚江逸詩》，卷八，「益友」，葉7。

〔註77〕 參見〔清〕黃宗會撰，印曉峰點校《縮齋詩文集》，頁90。

〔註78〕 參見〔清〕黃宗炎撰：《周易尋門餘論》，卷一，「序」，葉1。

〔註79〕 參見〔清〕倪繼宗選輯：《續姚江逸詩》，卷八，「端友」，葉8。

〔註80〕 案：綜觀宗炎於《易》論中所援引之典籍，涵蓋經（諸如《詩》、《書》、三《禮》、《左傳》、《公羊》、《論語》、《孟子》及《爾雅》等）、史（諸如《史記》、《漢書》、《後漢書》及《國語》等）、子（諸如《老子》、《莊子》、《墨子》、《韓非子》、《淮南子》、《孫子》、《白虎通》、《新論》、《說苑》、《鹽鐵論》、《陰符經》及《禽經》等）、集（如《文選》所錄宋玉〈風賦〉、西晉木華〈海賦〉）與字書（如《說文》、《釋名》、徐鉉《新附》）、醫書（如《黃帝內經·素問》）等，可謂蒐羅詳富。

君但收拾聰明，歸之有用一路，足矣。」〔註81〕審其言，治學當以致用爲務；雖然，徒抱用世之志，而無通經之學，亦將淪爲空談。故宗炎述其撰作《六書會通》者，因「小學既廢，童子務于躐等，六書棄而不講，將何以爲知言之經」〔註82〕乎？蓋通小學爲治經之本；即欲究古籍經義，則非知音韻、通文字、明訓詁不可，此亦清初考據學風之基本內涵。全祖望嘗指宗炎「雖好奇字，然其論小學，謂楊雄但知識奇字、不知識常字，不知常字乃奇字所自出；三致意於《六書會通》，乃歎其奇而不詭於法也」〔註83〕。

以此觀之，宗炎之博覽群籍、會通眾說、經世致用及質詰佛道等治學進路，固可擬於宗羲；而「不詭於法」之六書持論，則或出乎其兄也。

〔註81〕參見〔清〕全祖望撰：《鮚埼亭集》，收入《清代詩文集彙編》，第302冊，卷十三，「鷓鴣先生神道表」，葉11。
〔註82〕參見〔清〕倪繼宗選輯：《續姚江逸詩》，卷八，「端友」，葉8。案：「將何以爲知言之經」一語，它書皆作「將何以爲知言之逕」；然審其言，當以前者爲是。蓋「爲」字，此宜作「治」解，故「治」知言之「經」，始合「六書棄而不講」之諷意；此外，宗炎於〈與友山講六書，彼有執贄受業之語，因作八十韻示之〉一詩中，有「小學荒不講，汲古乏綆縆。六書別不詳，窮經殊足哇」（參《續甬上耆舊詩集》，卷三十九，頁3）之語，亦可爲資也。
〔註83〕參見〔清〕全祖望撰：《鮚埼亭集》，收入《清代詩文集彙編》，第302冊，卷十三，「鷓鴣先生神道表」，葉11。

第五章　黃宗炎之《易》學

第一節　黃宗炎之《易》學淵源

　　宗炎既生於治《易》世家，則其《易》學濡染於父、兄者，固不待言；儘管嘗自言「未能省其大義」、「未嘗窺其毫末」、「无所得于心」（參前文），亦不能泯沒斯情！蓋宗炎嘗述其父忠端公「手澤所遺」者，銅爐也；「《易》曰：『同心之言，其臭如蘭。』斯爐伴予焚香讀《易》，呼之爲同心友」〔註1〕。所謂「伴予焚香讀《易》，呼之爲同心友」，非止乎睹物思親，乃復寄其承父治《易》之志也；而覽其《易》著之文（如批判先天諸圖及《河圖》、《洛書》），是受宗羲影響者尤深矣（詳後）！又宗炎與其兄皆師學於蕺山先生，則宗炎《易》學思路同蒙劉氏啓發，誠可推之；此閱其相關《易》說，即可知悉。故「雖夫子諄諄訓誨，未能有所啓發」〔註2〕之語，洵爲謙辭也。

　　夫宗炎嘗與文虎「共閱」明儒郝仲輿之《九經解》，並贊其能「一洗前人訓詁之習」〔註3〕，是宗炎《易》學有取諸郝氏者，當可據斯而繹之；惟其復指郝氏之書「可指摘之處頗多」〔註4〕，故於《易》著中雖不乏援郝氏之語以爲說〔註5〕，然於郝氏之謬解者，亦能直斥而不諱也〔註6〕。又嘗云：

〔註1〕　參見〔清〕倪繼宗選輯：《續姚江逸詩》，卷八，葉5。
〔註2〕　參見〔清〕黃宗炎撰：《周易尋門餘論》，卷一，葉1。
〔註3〕　同前註。
〔註4〕　同前註。
〔註5〕　案：例如，引郝仲輿之釋文以輔其解〈大過〉「棟宇」二字（詳後）。
〔註6〕　案：例如，於《周易象辭》中嘗謂郝氏「留心字學，作《讀書通》」（釋〈賁·卦辭〉），然將「賁」之義（飾）謬爲「虎賁之賁」，且「牽強其說以合之，實

《易》以卜筮，獨不懼秦火，其民間自相授受，亦止言卜筮而不敢及乎理義。故漢儒《易》學大抵多論災祥禍福，以象數爲重，蓋其由來使然也；然其章句之沿習與訓詁之垂傳者，固未嘗廢也。乃宋人竟詆之，謂：「秦火焚書而書存，漢儒窮經而經絕。」豈其然哉？輔嗣生當漢後，見象占之牽強拘泥，有乖於聖教，始一切掃除，暢以義理，天下之耳目煥然一新，聖道爲之復觀。唐太宗詔長孫無忌與諸儒刊定《義疏》十餘家，凡辭尚虛誕者，皆所不取；惟王《注》獨冠古今，亦其學、其辭有足以折服群賢，豈徒以當時習尚而漫爲回護之者哉？乃宋儒竟詆之，謂崇尚虛無，雜述異端曲說，晉、魏談玄，自王倡始；至神州陸沉，中原魚爛，皆輔嗣所肇，甚或擬其罪爲桀、紂。噫！亦太過矣。夫談象數則斥之如彼，詮辭理則咎之如此，爲宋以前之儒者，不亦難乎？〔註7〕

審其意，非惟爲漢儒、王弼平反，且寓理、象並存於其中；此從「談象數則斥之如彼，詮辭理則咎之如此，爲宋以前之儒者，不亦難乎」之語，即可窺其梗概。又謂「王輔嗣曰：『義苟應健，何必〈乾〉乃爲馬；爻苟合順，何必〈坤〉乃爲牛。』程正叔曰：『理无形也，故假象以顯義。』此數語者，眞足以解膠固執滯之失矣」〔註8〕；稱孔穎達於《說卦》「天地定位」章所疏，乃就「卦象明重卦之義，其理簡易可曉」（釋《說卦》第3章）。

就此而論，宗炎《易》學之持說，實有沾漑於漢儒之章句、訓詁，暨輔嗣、孔氏、程子諸賢之義理者；雖然，宗炎嘗指「王弼未知爻象異，楊雄不解事形常」〔註9〕，且於《周易象辭》中云：「《序卦》義理似乎淺近，昔賢多有疑之者〔……〕。六十四卦、三百八十四爻，苟非《序卦》聯絡指點，尚如金未就鎔、玉未成器，陳列之謂何？〔……〕遺此《序》，則紊昧而無定識。彰往察來，以前民用；得此，如視諸掌旨哉！程《傳》其有得於此者乎？」（釋《序卦》文末）並指孔穎達釋「卦」爲「掛也，掛之于壁也」，「其義可謂粗

逕庭矣」（釋〈賁〉）！

〔註7〕 參見〔清〕朱彝尊原著，業師林慶彰等編審，許維萍等點校：《經義考》，第一冊，頁196～197。

〔註8〕 參見〔清〕黃宗炎撰：《周易尋門餘論》，卷一，葉23～24。案：王弼此〈乾〉馬〈坤〉牛之黜象論，嘗爲宗羲所駁；則宗炎於其兄之《易》論，亦有所不從也。

〔註9〕 參見〔清〕倪繼宗選輯：《續姚江逸詩》，卷八，葉4。案：「事形」者，宗炎於下註曰：「指事、象形也。」

疏矣！夫《易》卦豈指縣壁爲義？不過以縣掛之掛有似乎卦爻之羅列，因聲
而借其意，烏有《易》卦反從此出之事乎」〔註10〕？以此觀之，宗炎於先儒
《易》說，乃有取有捨、有貶有譽；而觀其持異之論，頗多著眼於先儒所釋
之《易》文，此蓋與「吾當學《易》時，奇耦叩吉凶。得遇文字祖，子母解礙
窒」〔註11〕，息息相關也。故其稱宋儒鄭樵（漁仲，1104～1162）所言「六
書明，則六經如指諸掌」〔註12〕，洵「非妄語也」（釋〈泰・象辭〉）。然則，
宗炎之六書理論除根源古字書之說解外，於前儒以文字釋《易》之說例，亦
多有承襲者；而以六書詮解《易》文，儼然已成其治《易》之常法矣。

此外，宗炎固與其兄同處於清初回歸經典之學術場域，則其詮釋《易》
文（卦爻辭象）輔之以傳（《易傳》）、據經傳以批判離《易》諸說（詳後），
乃爲自然之舉；斯亦爲其《易》學淵源之構件也。至若所引孔子「不占」、「不
可爲巫醫」、「學則可无大過」〔註13〕諸語，並孟子「性善」之說（詳後），直
可見其宗法聖訓之持念；而此持念可謂貫串於所陳《易》論中（姑且不論其
於經傳歸屬之指涉確然與否）。

綜上所述，宗炎之《易》學淵源，仍不外乎「家學」、「師友」、「經傳」、
「先儒」之範疇；而衡諸辟舊說、創新論之文（詳後），則其《易》學底蘊，
亦猶宗羲之例，實有「自得」者也。

第二節　黃宗炎《易》著述略

夫宗炎既感於「前日之非」，復悟聖人憂患作《易》之旨，乃「擬以五十
之年，息絕世事」，「專攻畢力，以補少壯之失」〔註14〕。故於康熙五年（西
元 1666），以琬、琰二端硯「起草《憂患學易》」〔註15〕，並明其撰述該書之

〔註10〕 參見〔清〕黃宗炎撰：《周易尋門餘論》，卷一，葉 27。
〔註11〕 參見〔清〕全祖望輯：《續甬上耆舊詩集》，卷三十九，頁 3。案：「子母解礙
　　　　室」一語，《續修四庫》本《續耆舊》同此；而方祖猷等點校之《續甬上耆舊
　　　　詩》，則作「子母鮮礙室」，恐爲刊印之誤！
〔註12〕 參見〔宋〕鄭樵撰，王樹民點校：《通志》（北京：中華書局，1995 年），〈假
　　　　借第六〉「序」，頁 319。案：鄭氏於「序」首謂「六書之難明者，爲假借之難
　　　　明也」，故於「六書明，則六經如指諸掌」下，緊繫「假借明，則六書如指諸
　　　　掌」之語。
〔註13〕 參見〔清〕黃宗炎撰：《周易尋門餘論》，卷一，「序」，葉 1。
〔註14〕 同前註。
〔註15〕 參見〔清〕倪繼宗選輯：《續姚江逸詩》，卷八，葉 4。

緣由，曰：

> 「太上立德，其次立功，其次立言」，爲此説者，其有衰世之意乎？
> 上古聖人得諸心爲德、見諸事爲功，發于口語爲言，隨所施而異其
> 名，非云三者有差等、可以區分而派析也。降至衰季，聖人之道不
> 可見乎行事，其所爲功者，以威武劫奪，行不義、殺不辜，君子恥
> 之。徒守此德，託之空言，庶幾後之誦詩、讀書者，舉而措之事業；
> 又有不必有德、冒其言以欺人者，德也、功也、言也，始破碎而不
> 可合矣！爲之列位焉，首德，而功，而言。言也者，似乎不能成功；
> 未嘗抱德之人之所處，宜其卑下見擯于君子，而何以不得志者爭爲
> 之，豈碩果、匏瓜欲留其種類，以待他時之發生與？予生不辰，妄
> 希以傳言，苟僅僅學爲文章，是虎豹皮毛、山雞羽翰，言亦雲焉！
> 電光之滅，誰復取而商榷之？聖人之言，具在簡策，德功竝著，厄
> 于詖淫邪遁，晦而不顯，作《憂患學易》。〔註16〕

依其意，「立德」、「立功」、「立言」三者，本上古聖人「隨所施而異其名」，
非三者有「差等」、「分殊」；然降及衰世，乃以「行不義、殺不辜」之「威
武劫奪」爲「功」、以「託之空言」之「誦詩、讀書者」爲「德」、以「不必
有德」之「欺人者」爲「言」，致「德」、「功」、「言」三者「破碎而不可合」
矣！是以宗炎（年五十一）既悟「虎豹皮毛、山雞羽翰」之文猶「電光之滅」，
復憂「聖人之言」厄於「詖淫邪遁」，致德、功「晦而不顯」，乃思撰《憂患
學易》。蓋宗炎於《尋門餘論》「自序」文末言：「若夫全書成與不成，尙未
可知，先附于茲，庶存其志焉。」〔註17〕此所謂「全書」者，即指《憂患學
易》一書；而觀其「全書成與不成，尙未可知，先附于茲」及《周易象辭》
所載「无，解見《尋門餘論》」（釋〈无妄・卦辭〉）、「聖人卦畫之神化，莫
可思議如此！詳見《尋門餘論》」（釋〈大過・上六・象辭〉）諸語，則《尋
門餘論》當爲宗炎《易》著之開先，且是《憂患學易》之附論。至若所以名
之「尋門餘論」者，乃「因其未能鱗次，姑隨筆雜述，以備散忘」，而「見
予得門而入之難也」〔註18〕；清儒陸嘉淑（孝可）則云：「晦木名書之意，
以〈乾〉、〈坤〉爲《易》之門，恐不得其門而入，故探索以尋之。」〔註19〕

〔註16〕同前註，葉7～8。
〔註17〕參見〔清〕黃宗炎撰：《周易尋門餘論》，卷一，「序」，葉2。
〔註18〕同前註。
〔註19〕參見〔清〕朱彝尊原著，業師林慶彰等編審，許維萍等點校：《經義考》，第

此外，宗炎於〈河圖洛書辨〉文末云：「士君子果能觀象玩辭、觀變玩占，則《圖》、《書》之星羅碁布者，可屏諸稗諧之林，于《易》、《範》奚取焉？互見《上繫》第十二章注。」〔註20〕於辨〈先天橫圖〉文末亦謂「太極、倆儀、四象、八卦，注見《繫辭》」〔註21〕；而於《周易象辭》釋《說卦》第 2 章、第 3 章之文末，乃分別註有「詳《圖學辯惑》」、「詳附錄」〔註22〕之語。竊以囿於文獻之載闕，並審其「互見」之實，則《圖學辨惑》與《周易象辭》成書之孰先孰後，實難遽以論定；而從「附錄」二字觀之，《圖學辨惑》與《尋門餘論》當如《四庫》館臣所稱，皆「附」於《周易象辭》，亦即清儒黃璋所謂《憂患學易》全帙之原貌，而「非別自為編」〔註23〕也。又宗炎於《圖學辨惑》中嘗自述「二十年學《易》」〔註24〕、於《周易象辭》亦言「愚生長患難，棲遲道途，二十年于茲矣」〔註25〕（釋〈旅〉），倘衡以《憂患學易》之「學易」二字，並其「困而不學之故乎」、「學則可无大過」等語，則《憂患學易》全帙之撰成，或遲至康熙二十四年（西元 1687）矣！此雖已近其卒年（康熙二十五年），然覈之所言「全書成與不成，尚未可知」，則前後之應，亦非全然無據也。

宗炎所撰《憂患學易》全書，凡二十五卷；其中《周易象辭》二十二卷，《尋門餘論》二卷，《圖學辨惑》一卷，見於《文淵閣四庫全書》。另有吳江

二冊，頁 758。案：陸嘉淑（1620～1689），字孝可，號冰修，晚號辛齋，浙江海寧人，乃宗炎（年長陸嘉淑四歲）詩友查慎行（夏重）之岳翁，為清初詩人、書畫家及藏書家。

〔註20〕參見〔清〕黃宗炎撰：《圖學辨惑》（世楷堂本《昭代叢書‧癸集》），葉 8。案：「互見《上繫》第十二章注」一語，乃指《周易象辭》所釋《繫辭上傳》第12 章「河出《圖》、洛出《書》」之文：其中有云：「伏羲得圖而畫卦，夏禹得書而演疇。兩儀、四象、八卦，雖无圖，不見其損；如之圖，但見其支離。《洪範》之于《洛書》亦然，是圖書所得，星羅碁布，已不足信，況于龍馬神龜之誕妄乎？」（參《周易象辭》卷十八）

〔註21〕同前註，葉 19。案：此指《周易象辭》所釋《繫辭上傳》第 12 章「《易》有太極，是生兩儀，兩儀生四象，四象生八卦河」之文（參《周易象辭》卷十八）。

〔註22〕案：宗炎於《周易象辭》釋《繫辭上傳》第 12 章文末，亦有「其詳見附錄」之語。

〔註23〕案：《四庫》館臣雖謂《尋門餘論》與《圖學辨惑》二書，「各有別本單行，然考《周易象辭》目錄，實列此二書，謂之『附錄』，則非別自為編也。今仍合之，俾相輔而行焉」（參《四庫》本《周易象辭》提要）。

〔註24〕參見〔清〕黃宗炎撰：《圖學辨惑》，葉 29。

〔註25〕案：此所謂「棲遲道途，二十年于茲矣」，其義與「二十年學《易》」一語同也。

沈懋惠「世楷堂」《昭代叢書‧癸集》本（簡稱《世楷堂》本），收錄《尋門餘論》及《圖學辨惑》二書；然《尋門餘論》但作「一卷」，有別於《四庫》本。觀《世楷堂》本《尋門餘論》與《圖學辨惑》，其內容或有異於《四庫》本者，而就行文、語法及用字言之，實較諸《四庫》本爲勝。故筆者於下節所論《憂患學易》，《周易象辭》乃據《四庫》本；至於《尋門餘論》與《圖學辨惑》，則採用《世楷堂》本，惟於部分原文闕處，則酌參《四庫》本補之。

第三節　黃宗炎《憂患學易》析論

夫歷來治《易》者，習奉《四庫》館臣所謂「二派六宗」之說，而將「象數」、「義理」攤分二派，甚而相互攻訐；然若咀嚼《周易》經、傳，則可窺其象數、義理俱在，實非确然可截斷者。覽宗炎之《憂患學易》，其對宋代圖學固嚴加批判，而於《易》之象數、義理，則多所闡發，無有偏執。有鑑於此，故本節乃依全書之指涉，析爲「象數篇」、「義理篇」及「圖學篇」，並於其下分繫相關條目，逐次論之，以窺其底蘊。

一、象數篇

（一）理象合一

《四庫》館臣謂宗炎「解釋爻象，一以義理爲主」，此說恐非實情！蓋宗炎嘗謂「夫有其理，乃有其象；无其象，斯无其理矣！天下豈有理外之象、象外之理哉」〔註26〕？故其解〈大畜〉「天在山中」，乃云：

> 天在山中，先儒言「有其理而无其象」，是理與象有分矣！苟无其象則无其理，古今无象外之理、理外之象也。〔……〕士君子窮經，當曠觀遠視，得其綱領之所在，則繁枝瑣葉，无不迎刃而解；倘屑屑于毫末之微，則處處皆鐵門限矣！〔註27〕

又謂「《易》不必離象，即象以見《易》」、「即器以見象」（釋《下繫》第 2 章）；故「學《易》者，貴乎觀象」（釋〈旅‧象辭〉），「學《易》觀象，天

〔註26〕 參見〔清〕黃宗炎撰：《周易尋門餘論》，卷一，葉26。
〔註27〕 案：此說亦可見於《周易尋門餘論》，其云：「有其理乃有其象，无其象斯無其理矣！天下豈有理外之象、象外之理哉？」（參《世楷堂》本，葉26）

地之至理大道」（釋《下繫》第 2 章），「讀《易》不能觀象，則理爲虛理，未可據也」（釋〈小畜・象辭〉）。然則，宗炎之解《易》，固以「理、象合一」，而「象」爲貴，非獨重「理」也。

　　夫宋儒王炎（1138～1218）嘗云：「捨象，則理不著矣！捨畫，則象不明矣！〔……〕畫變則象異，畫不變則象同，象有體而理無迹也。有體則顯，無迹則隱。本隱以之顯，聖人立象之意也；即顯以索隱，學者觀象之方也。〔……〕聖人之經，或言約而旨博，或語密而義深〔……〕。開其端於言之中，而存其意於言之外，欲學者深思而自得之；則象所蘊畜，義味深長，可玩而不可厭也。」〔註 28〕依其意，則讀《易》貴在觀象，象蘊既明，則理自無所遁；即體象而達理，讀〈易〉之道也。

　　竊以王氏此說，覈諸宗炎之《易》論，蓋有前後遙契之感！惟宗炎於理象之著墨，乃能多所闡發，非攘篇綴句所能擬者。例如，謂〈中孚〉卦畫以四陽包二陰，外實內虛，似「鳥卵」，乃「以天包地之象」；〈小過〉則以四陰包二陽，內實外虛，有「飛鳥之象」。蓋前者初、上爻爲蛋殼，二、五爻爲蛋白，三、四爻爲蛋黃；後者初、上爻爲鳥羽，二、五爻爲鳥翼，三、四爻爲鳥身。又如解〈旅〉，謂「其卦以山遇火，日在山上，乃日泊西山之象。日之向夕，惟遊子之情最迫，計程而行，將暮而止，徬徨四顧，惜時戀日，宛然見于卦畫之間，先儒未有能舉其實象者」；解〈謙・九二〉「鳴謙」，則指山體下虛，乃「山鳴谷應」之象；是鳥之悅鳴，群鳥從之，猶君子處恭，人樂從之也。此有別於姚信「三體爲震，爲善鳴，二親承之，故曰鳴謙」〔註 29〕之解；而其謂「上之鳴」爲「登高而嘷」之象（釋〈謙・上六〉），亦異於虞翻「應在震，故曰鳴謙」〔註 30〕之釋矣。

　　以此觀之，宗炎之取「象」，乃「自然」之象，此正應其「聖人作《易》，俱因造化之自然，絕無勉強布置于其間。〔……〕縣象于天者，氣有遷轉；賦形于地者，質有進退。形象互有升降，自有之无，自无之有，變化從此而現矣。天地自然之道，聖人悉取而著之卦畫爾」（釋《上繫》第 1 章），以及

〔註 28〕參見〔宋〕王炎撰：《雙溪類彙》（《四庫全書・集部・別集類》），卷二十五，「《讀易筆記・序》」，葉 19。

〔註 29〕參見李鼎祚撰：《周易集解》，頁 94。案：此爲「互體」之說，即以三、四、五爻爲「外互」，三爲震主：而〈震〉善鳴，乃取諸《說卦》震「爲雷」、「善鳴」之語也。

〔註 30〕同前註，頁 95。

「兩卦上下相錯，天地自然之象」〔註 31〕之說，實有別於漢《易》；而其取象之細膩，亦非望文生義者能比。例如，其解〈漸〉，謂下卦卑，象雁南飛之象；上卦高，象雁北翔之事。今觀六爻之辭，驗之無不妙合；如九三爻「婦孕不育」，宗炎謂「鴻卵伏於北，今未離乎南，是失其生育之道」，其說誠非侈論也。

　　至若說理，亦能符節。例如，解〈隨〉九五爻「孚于嘉」，引孟子「食而弗愛，非孚也；愛而弗敬，非嘉也」之語，謂人君視才，必恭敬如見大賓，誠敬如對家人、父子（〈隨·九五〉）；解〈豫〉六二「介于石」，謂「得地之中，其於土也爲骨，土之骨則石矣，稟性堅固，廉隅有別，介不可移」；解〈漸〉初六爻「鴻漸于干」，謂「鴻之夜宿，長大者安居于善地，幼小者警衛而向外，應時鳴號，以防不側」，有「事君敬長」之道，故能「无咎」。又如〈大畜〉六四爻辭「童牛之牿」，《周易集解》引虞翻語，解爲惡童牛之觸害，故以繩縛小木，橫著牛角。朱子謂「施橫木于牛角，以防其觸」，蓋本諸此；伊川言「童犢始角而加之以牿」，亦爲此意。然宗炎則以童牛未角，豈能觝觸而預施橫木於其上？故童牛之鼻未可穿，但以「竹籠」籠其口，防其殘害稼穡耳。竊以爲，其觀察之入微、說理之適切，實有勝於前人者。

　　宗炎之取象既有別於漢《易》，於義理亦有出程、朱之外者，非僅於治《易》之精、之勤，其宗原典、通考據，亦爲重要關鍵。故於《繫辭傳》所載「制器」十三卦，直言「非謂後聖必因此象乃制此器，不過謂後聖既制此器，從學《易》者觀之，此象已先現于《易》中」（釋《下繫》第 2 章）也。

　　夫宗炎之解卦爻辭，除上述所舉之「外包內」（如〈中孚〉、〈小過〉）、「上下卦解」（如〈漸〉），以及逐爻分釋外，多有可論者；茲略述如下：

1·象外之象

　　宗炎以爲，〈頤〉「上止下動，二陽爲之覆載其中空虛四陰，鑿鑿有似乎齒」，中四陰「狀舌之播蕩卷舒」，「自成一體，或上或下，辨五味，出音聲」；「齒剛舌柔」，乃「象外之象」（釋〈頤〉）。解〈益〉，謂卦辭何以有「涉川」之語？夫「風雷交作，必有雨以應之」，是爲「象外之象」；以其「非本卦之所有，故僅見涓滴于器中爾！蓋爲非分之增，水亦從卦外而至」（釋〈益·卦辭〉）矣！依宗炎之意，前者以山（止）雷（動）爲「象」，齒（剛）舌（柔）

〔註31〕參見〔清〕黃宗炎撰：《周易尋門餘論》，卷一，葉 25。

爲「外之象」；後者以風雷爲「象」，雨爲「外之象」也。又如解〈漸〉，謂「卦體上木下山，无水之象，而〈漸〉之文，有水鴻之性；喜水者，何也？中藏有〈坎〉故也。此言外之理、象外之象」（釋〈漸〉）。

　　就此而言，宗炎所謂「象外之象」，其前「象」乃《易》之卦象，即天、澤、火、雷、風、水、山、地；後「象」則或以爻辭所涉立論，或依卦象所示推衍，或據剛柔實虛模繪，是爲擬義之象也。又其解〈泰〉九二「包荒」，謂「天地相交，中惟一水，水包地外，流乎地上，不就川瀆，汎濫而无歸，湯湯浩浩，『包荒』之象也。〔……〕。蓋〈乾〉之中畫，原爲〈坎〉，居於下體，所承所乘，无有偶畫，以爲涯涘不得所，夾持左右兩奇，皆化爲水，故有此象」；解〈大有〉，謂其卦「取象於車。下體三陽，健行不息，二居中爲車，初、三在旁，爲軸端之轄，車形已備，御日而行；上體三爻，乃行車之事」（釋〈大有・初九〉）；解〈渙〉，謂其卦畫「二爻一奇象舟底，三、四兩偶象虛中，五、上兩奇象乘舟之人，初爻一偶象雙楫在後而進舟」（釋《下繫》第 2 章）；〈噬嗑〉本以火雷取象，宗炎則謂「卦畫上下二陽，有似乎頤中含三偶，物之柔脆者也；九四一奇，物之剛硬者也。既入于頤，剛柔齊化；既制爲刑獄，則強弱同歸于善」矣！餘如解〈隨〉，謂其卦畫「初一奇象車，二、三爻兩偶象馬足，四五爻兩奇象左右乘車之人，上一偶象牛角」（同上）；解〈小過〉，謂其卦畫「從其旁而橫視之，上下四偶象米、象臼，中二奇象兩杵對舂」（同上）；解〈夬〉，謂其卦畫「下連五奇象記數，始一終五；其上一偶，象五窮而變，左半當五，右半當五，如今算子，每行列數十五也」（同上）；解〈剝〉，謂「一奇橫列于上而五偶承之，中虛隆起，牀之象也。詳諸爻文義，非寢處之牀，乃薦牲之牀也」〔註 32〕（釋〈剝・初六〉）。凡此，雖無「象外之象」之明文，而義已蘊其中矣。然則，其「象外之象」實爲象徵、類推之發揚，正可與其釋《說卦》「〈乾〉爲馬」章所言「一物不必泥于一卦，一卦亦不必執于一物，不過得其似是而已」相呼應矣。

　　至於解〈泰・六五〉「帝乙歸妹」，言此卦二體中含「雷」、「澤」，有歸妹之象；釋〈節〉九五爻，指「水出于山則甘，五流而入澤，藏〈艮〉象，故云『甘節』」。又謂〈益〉之卦畫，「中含〈坤〉土」（釋《下繫》第 2 章）；謂〈鼎〉之卦畫，「其中隱〈乾〉、〈兌〉。〈乾〉、〈兌〉皆金，爲鼎之質，其物重

〔註32〕案：依宗炎之意，乃以一奇爲「牀」、五偶爲「足」，此解同於其兄宗羲；惟宗炎以「薦牲之牀」爲名，宗羲稱之「俎豆」耳！

大，合兩金而成體；〈兌〉為澤，在于金上，始有烹飪之具、成熟食之功」（釋〈革〉）；謂「卦惟澤水，无〈震〉、〈巽〉，何以〈困〉有木象？〔……〕以其中藏〈巽〉也。藏〈巽〉，則其為木也，鬱而不舒，有〈困〉之義」（釋〈困〉）；謂〈漸〉中藏〈坎〉為「象外之象」。凡此，文雖不見「互體」二字，而義實有之矣！

以此觀之，宗炎雖謂王弼及程頤（1033～1107）黜「互體」諸語〔註33〕，「眞足以解膠固執滯之失」〔註34〕；又以朱子駁漢儒「互體」諸說〔註35〕，乃「發蒙振瞶之論，泥象者可以出暗室就光天矣」〔註36〕！然從其釋例覈之，洵寓「互體」於「象外之象」；此猶朱子之解〈大壯‧六五〉，而謂「卦體似兌，有羊象焉」。蓋宗炎用「含」、用「藏」、用「隱」，朱子用「似」，而皆不直言「互體」者，洵以避嫌也〔註37〕；然此焉能飾其「互體」之實耶？其欲蓋彌彰之舉，或可謂一疵矣！

2‧對反取象

將本卦分別與「對卦」、「反體」並論，且「象」、「義」兼具，亦宗炎解《易》之法；而其內涵誠有異於其兄宗羲之「反對」取義說。

首先，本卦與「對卦」並論。例如，其解〈歸妹〉，謂〈歸妹〉以雷出澤，澤與之俱升，旋降而為雨，如女之從男，故以「說」為主；〈隨〉以雷在澤中，澤與之俱息，如臣民之從君、朋友之相從，故以「動」為主。觀宗炎此論，蓋以二卦之形（對易）既異，其質（「說」與「動」）亦有別矣！解〈訟〉，以為〈需〉乃逆行之水，自北而西，由天歸澤，故亨；〈訟〉則順行之水，自北

〔註33〕 案：此即指王輔嗣「義苟應健，何必〈乾〉乃為馬；爻苟合順，何必〈坤〉乃為牛（……互體不足，遂及卦變）」、程正叔「理无形也，故假象以顯義」等語（參《周易尋門餘論》，葉23～24）。

〔註34〕 參見〔清〕黃宗炎撰：《周易尋門餘論》，卷一，葉24。

〔註35〕 案：此指朱子所謂「〈乾〉之為馬，〈坤〉之為牛，《說卦》有明文。馬之為健，牛之為順，在物有常理。〔……〕。漢儒求之《說卦》而不得，則肆為互體、變卦、五行、納甲、飛伏之法，參伍以求，而幸其偶合。然不可通者，終不可通；其可通者，又皆傅會穿鑿，而非有自然之勢」云云（參《周易尋門餘論》，葉24）。

〔註36〕 參見〔清〕黃宗炎撰：《周易尋門餘論》，卷一，葉24。

〔註37〕 案：宗炎嘗云：「中四爻，先儒多取互體，夫子未有明訓，要皆穿鑿，近于陰陽家言，不必增此一重障蔽。」（釋《下繫》第8章）是宗炎不以「互體」之名取象也（朱子亦然，此從《本義》中可窺知）；雖然，從諸釋例觀之，其用「互體」之義，實與宗羲無異矣（宗羲且直稱「互體」）。

而東北，遇山而阻塞，故窒。且言水在上，雖險而不險，故利涉；水在下，波濤洴濞，遠與天齊，故不利涉。然何以逆行之水能亨、順行之水反爲窒耶？夫宗炎之言象，多取之自然，今其象（地勢）既明，則其占（亨、窒）亦昭然矣！故其指「〈旅〉『小亨』，〈賁〉『小利』，往卒无大用者，何與？山止于下，日行于上，全无感發之情；朝而暘谷，暮而昧谷，亦无留滯之跡故也」（釋〈旅〉）。又〈豐〉與〈噬嗑〉同爲刑獄，然前者「明罰勅法」、後者「折獄致刑」，何耶？宗炎解云：「〈噬嗑〉，電在上、雷在下，電未下照、雷未上升，中有物以間之，有人未罹于網羅之象，故明其罰而使之知避、勅其法而使之不敢犯〔……〕；〈豐〉，電下雷上，既燭既威，是罪人斯得之象，故折獄以竭明之力、致刑以示愼之至。」（釋〈豐・象辭〉）此以雷電居上處下之別，合以「知避」、「不敢犯」及「竭明」、「示愼」之義，並其「未罹于網羅」、「罪人斯得」之象，即卦象、卦義合參，亦宗炎解〈易〉之常法也。

　　其次，本卦與「反體」並論。例如，其解〈蒙〉，謂〈蒙〉爲〈屯〉之反體，故〈屯〉五、上爲「屯膏」、「澀洫不通」，水在上也；〈蒙〉初、二則「克家」、「脫桎自適」，水在下也（釋〈蒙・上九・象辭〉）。竊以宗炎於〈需〉、〈訟〉二卦，謂水在上爲「利涉」、水在下爲「不利涉」，此則相反者，是取其水性潤下之義，其象既不同，故其占亦異矣。又其解〈豫〉，謂「蓋初自〈謙〉上來。〈謙〉多遏抑，令聞廣譽，表暴而爲鳴；及至此，則宣泄無餘蘊，正與敬愼、退藏相反。小人一處順境，讙呼叫笑，不能自持者也」（釋〈豫・初六〉）；解〈蠱〉，指「卦反〈隨〉而成〈蠱〉」（釋〈蠱・象辭〉），蓋「〈隨〉之成〈蠱〉，以畏事釀爲多事也。彼動者至此而止，說者安此而入，頹惰之氣象已成，腐泿之狀貌未露；蝕其內無損于外，飾其外不察于內。從來身心、家國、天下之禍，未有不如此者」（釋〈蠱〉），故「所謂〈隨〉者，正知其不可而爲也；所謂〈蠱〉者，即易天下之滔滔而砥柱之也。讀《易》者，宜三復焉」（釋〈蠱・上九・象辭〉）！解〈觀〉，則言：「〈臨〉下二陽合德，皆稱『咸臨』；〈觀〉上二陽合德，皆云『君子无咎』。〈臨〉雖剛浸而長，然非君位，故剛中須應，始可行其志；〈觀〉雖剛欲退位，然中正以觀天下，其權在我，化民設教，風行地上，孰敢不從。使天下永爲大觀，則羣陰方聽命之不暇，何能乘時而進哉？」（釋〈觀・上九・象辭〉）然則，以本卦與反體並論者，蓋以爻爲據，且底蘊多有相似者；此與宗炎所稱「他卦兩兩相對，以往來之爻爲主，而辭象髣髴者爲多，如〈夬〉、〈姤〉之三、四，〈損〉、〈益〉之二、五，〈既〉、〈未

濟〉之三、四之類」（釋〈旅‧上九‧象辭〉），直相呼應也。

夫類此以本卦與「對卦」、「反體」並論者，其例多見，此不一一贅舉。至於其謂〈臨〉「陽之上往，周而復始，歷茲八位，反而爲〈觀〉〔註38〕，是爲八月，秋風行地，殘蘀黃損，和藹唱茂，會幾何時，而凋零至矣，故曰『至於八月，有凶』。人之童稚，倏忽衰老，學問無成，德業不立，非凶而何？使其好學嗜修，不知老之將至，則天運移轉、死生旦莫，吾何所取舍貪惡哉？君子唯有及時進修而已」（釋〈臨‧卦辭〉）！斯固爲本卦與「反體」並論之例，然以「爻」計「月」解〈臨〉，亦同於其兄宗羲〔註39〕，但備一說耳！

3‧重畫取象

宗炎之「重畫」取象，其法或來自宋儒，或直承其兄宗羲；而亦有別於王弼之「重畫」也〔註40〕。其解〈大壯〉，謂全卦似重畫之〈兌〉，故以羊取象；且謂五、上二爻在外，包四剛於內，好自牴觸羊之象（釋〈大壯〉）。解〈小過〉，指「雷有天水藏于中，山有地包于內」〔註41〕，其「卦形似坎爲雲，似重畫之坎爲『密雲』，然實非坎也」，故有「不雨」之象（釋〈小過‧六五〉）。又謂〈中孚〉木上澤下，「象重畫之〈離〉；孕木者爲陽火，陰澤中者爲陰火。有形之二象相合，无形之象隨之而顯，此則順其序而生者」〔註42〕。觀宗炎「重畫」之義，蓋合初二、三四、五上爲三爻，即以「二合一」取象。若依此，則〈臨〉當可重畫爲〈震〉雷、〈觀〉爲〈艮〉山、〈遯〉爲〈巽〉風矣！然其「重畫」之用，僅此三卦，豈其就爻辭而有所擇耶？亦不可知矣！

此外，宗炎以〈頤〉「不似〈坎〉而似〈離〉，其象散漫，如石火藏于高山、雷火匿于深淵，似是而非」〔註43〕；〈大過〉「不肖〈離〉而肖〈坎〉，其象汎濫，如澤水盈溢而亂流，如木水浸漬而壞爛，似盛而實衰」〔註44〕。夫以〈頤〉似〈離〉、〈大過〉似〈坎〉，亦猶筆者論宗羲「夾畫」（夾其兩端以包之）之說例；然前者「其象散漫，如石火藏于高山、雷火匿于深淵，似是而非」、後者「其象汎濫，如澤水盈溢而亂流，如木水浸漬而壞爛，似盛而實

〔註38〕 案：宗炎於解〈觀〉，則謂「卦反〈臨〉而成象。五、上兩陽，巍巍居上，其下四陰俯伏以仰視，正所謂『聖人作而萬物睹』也」（釋〈觀〉）。
〔註39〕 案：參本書論宗羲「駁『以卦爻生換』之卦變說」一節。
〔註40〕 案：此「重畫」名義，可參本書論宗羲「重畫之象」一節。
〔註41〕 參見〔清〕黃宗炎撰：《周易尋門餘論》，卷一，葉34。
〔註42〕 同前註，葉34～35。
〔註43〕 同前註，葉35。
〔註44〕 同前註。

衰」之語，則有別於其兄以「卦中二陽養人，四陰待養」釋〈頤〉〔註 45〕、以「二木在外，以夾四陽；四陽互體爲二〈乾〉〔……〕，是棺椁之象」釋〈大過〉〔註 46〕，亦與其自言「以兩剛包四柔，有以骨含肉之象」(釋〈頤·初九〉)、「卦之四陽，塡塞于內。以爲學問，則自是而不受善；以爲養生，則藏府充滿而氣血不行。上下二陰，朽腐于外，進无窮理盡性之門，退无安身立命之處」(釋〈大過〉)迥異。然則，宗炎之解《易》，或如其所稱，凡「取象取義」，其有「至此而小變」者，亦《易》「不可終窮之意」〔註 47〕；抑秉乎《易》道「屢遷」，「不可爲典要」〔註 48〕之聖喻也。

4·陰陽取象

宗炎嘗云：「凡《易》中取象，陽在前，則云『戶』；陰在前，則云『門』。戶奇陽象，門偶陰象。」(釋〈同人〉初九) 故其解〈節〉，乃謂「初前奇象戶，二前偶象門」；此「前奇」(陽)、「前偶」(陰)，分指九二爻、六三爻。解〈小畜〉「夫妻反目」，言「三老夫，四長女，陰陽密比，有夫妻之象；然以柔乘剛，夫制于妻，又非正應，而異體睽隔，有反目之象」(釋〈小畜·九三〉)；此綜陰陽之象與「承乘」之說。又謂「坎，陽水，身自爲水，流行而不息。〔……〕。澤，陰水，乃地卑而承水、停蓄而不流。〔……〕。水澤一體，上下相合，稍過則溢矣！所以制度數也」(釋〈兌〉)。

觀宗炎之取象於陰陽，其例雖寡，而所釋頗能會通理、象，固非執守於一隅者可擬之也；至於「陽水」、「陰水」之喻，或有擷取前人者〔註 49〕，然究其底蘊，畢竟有別，是不可齊而論之。至若所謂「天地之有六子，雷風爲男女之長，其象屬天；山澤爲男女之少，其象屬地；水火爲男女之中，其象行乎人間。天地各僃其體，火在天爲日、在地隱于木石，水在天爲雨露、在地爲江河；此二者，人所日用，其流行于人間最盛，故居中而專屬之人」(釋〈坎〉)，斯發端於乾(陽)坤(陰)父母，乃陰陽合混之論；然以雷風(長)、

〔註 45〕參見〔清〕黃宗義撰：《易學象數論》，卷三，「原象」，葉 12。

〔註 46〕同前註，葉 12～13。

〔註 47〕同前註，葉 39。

〔註 48〕參見〔魏〕王弼注，〔唐〕孔穎達疏，〔清〕阮元校勘：《周易正義》，《十三經注疏》，卷八，頁 173、174。

〔註 49〕案：例如，〔宋〕丁易東（漢臣）謂「坎，陽水，能生物；兌，陰水，爲鹵，不能生物也」(參《四庫》本《易象義》，卷十六，葉 28)；俞琰（1258～1328）則云：「坎水之流、兌澤之潴，雖有陰水、陽水之分，均是水也。」(參《四庫》本《周易集說》，卷十八，葉 13)

水火（中）、山澤（少）「六象」分屬於「天」、「人」、「地」三才，究有造作之嫌！蓋六子固有倫序之別，皆本乎天（乾）地（坤）也；天地無所不包（含人間），豈獨水火之象行乎人間，其餘則否耶？是失陰陽氣化、往來流轉之義矣！

5・五行取象

夫以五行解《易》，乃歷來學者之常，宗炎亦然；惟宗炎所解，多能融義於其中，非徒就五行而言象也。例如，解〈大過〉，指爻之「『老夫女妻』爲重婚之男、『老婦士夫』爲再醮之女」，俱有「雜亂死王」之象！或謂木上之水（〈井〉）可以「養人」，而木上之澤（〈大過〉）乃象「死亡」（滅木），何相背之若斯？對此，宗炎以爲，坎水流行，過而不留，「水生木者」也；澤水潛畜，停積不去，「金剋木者」也。故「過有失中之義、有已往之義。言行失中，貴于能改；屬諸以往，則不可追」（釋〈大過〉）矣！又謂「捘諸五行，火本生土」，故〈晉〉「子承其母，臣朝其君」，乃「明出地上之象」；〈明夷〉「子擒其母，諸侯伐其天子」，則爲「明入地中之象」也（釋〈明夷・上六・象辭〉）。依其意，火生土，故火爲母、爲君、爲天子，土爲子、爲臣、爲諸侯；此其象所以不同者也。蓋宗炎嘗云：「火自木出，火氣猛烈而騰上，風又自火出以矣！風木一象〔註50〕，木禪形于火，火發爲風，母子相生，各成一物。」（釋〈家人・象辭〉）故「火蘊于木，惟木出火，火即然木；風以熾火，火即鼓風，風隨爐火」（釋〈家人〉）。餘如「火澤原有戰爭之象，遇則相克而戰爭，不遇則征不服而戰爭，所以威天下、取諸侯也」（釋〈睽〉），「火澤異趨」、「澤火異性」（釋〈睽〉），「水火相遇，兩光激射，播盪變幻，其狀多端，故皆象鬼」（釋〈睽〉上九）等，觀其所解，多植根於《易》文。凡此，皆宗炎以五行生剋取象之底蘊，而皆能自圓其說也。

此外，宗炎復輔以四時抒論，而謂「歷四時之序，春木生夏火，秋金生冬水，冬水復生春木；惟夏秋之交，火克金」（釋〈革〉）；即藉四時運行之序以言五行生剋。又曰：「乾、兌皆金，爲正秋之令。天氣嚴肅，日月、星辰之象，俱炆采而煥發；澤體澄清，漣漪、紋縠之形，俱明徹而溶淨。」（釋〈履・象辭〉）是合秋時之氣、天澤（金）之性，以釋〈履〉之象也。

〔註50〕案：宗炎嘗謂「凡《易》象言風，必兼指木于其中，故素問云：「風木同氣」（釋〈蠱〉）。

　　至於解「天與水違行」，乃謂「乾、坎位連，金、水同氣，其居使之然也。及其動而行，天親上、水親下，天西旋、水東流，乖暌違戾，〈訟〉之象也」（釋〈訟・象辭〉）。依其意，乾金、坎水能同氣、相連者，以其居靜故也；倘動而行，天則親上、西旋，水則親下、東流，二者乖違之象成矣！就此而論，金水本相生，終成相違者，洵以自然之象也；雖然，其嘗言「天日違行」（釋〈同人〉九四），又以「火金相克，二體上下之交，有不相得而戰爭之象」（同上），豈於「違行」之義，前者（〈訟〉）爲金水而取乎自然，後者（〈同人〉）爲火金而取乎生剋耶？若然，則宗炎於五行取象，或有落於生剋取捨無定之境者；此觀其稱「天金日火，其行相克，君臣之相得者危，朋友之相親者離，此〈同人〉之戒也」（釋〈同人〉），又謂「卦爲火天同德，君臣一體」（釋〈大有〉），即可窺知矣！

6・成卦之主

　　宗炎多有「卦主」、「成卦」之說；而此實遠紹於漢魏《易》家〔註 51〕。首先，以上下卦而言。例如，謂「〈渙〉之所以『亨』者，以九二爲〈坎〉主，爲水之象。〈坎〉水原乎天，不捨晝夜，其性至剛，來而不窮也。六四爲〈巽〉主，居外而得正」（釋〈渙・象辭〉），「迫近〈坎〉水，能以一陰加主險之上，與五、上兩陽同舟共濟！〔……〕而涉川之功、乘木之利，維四獨當之，其吉更爲大也」（釋〈渙・六四〉）；解〈頤〉，謂「初爲動主，主〈頤〉下體，欲動之至者」（釋〈頤・初九〉），「然而初之能動，又係于上之能止，則六爻之頤，皆由乎上也」（釋〈頤・上九〉），即以初、上兩陽爲成卦之主；解〈損〉，指「卦所以命名，正在三、上兩爻。陰陽迭換，變天地之體，而成少男、少女」（釋〈損・六三〉），即以六三爲〈兌〉之主、上九爲〈艮〉之主；解〈震〉，謂「卦之六爻，初、四兩剛主之」（釋〈震〉），初九一陽動乎下，「成卦之主也，故以卦辭歸之」（釋〈震・初九〉）。觀宗炎之意，蓋指卦（上或下）爲一陰二陽者，以一陰爲主；卦爲二陰一陽者，以一陽爲主。

　　其次，就全卦而言。例如，謂〈大有〉「卦以一陰爲主，而居五位，上

〔註 51〕　案：《京氏易傳・豫卦》載「成卦之義，在於九四一爻」；又〈大畜〉載「二陰猶盛，成于畜義〔……〕以柔居尊，爲〈畜〉之主」。此外，王弼解〈小畜・象辭〉「柔得位而上下應之」，云：「謂六四也。成卦之義，在此一爻者也。」（《周易集解》）解〈履・象辭〉「柔履剛」，云：「凡《象》，言乎一卦之所以爲主也。〔……〕三爲〈履〉主，以柔履剛，履危者也。」然則，宗炎「成卦」、「卦主」之說，實有所承矣。

下諸陽環而應之。爲人君者，虛己聽人，端拱无爲；爲人臣者，賢能任職，政事畢舉。此誠治道之極美，王化之至盛也」（釋〈大有〉）；言〈謙〉「卦之所以成〈謙〉，以九三一陽當上下之交，覆山而載地，有能不矜，有功不伐，勞而謙者也」（釋〈謙·九三〉）；指〈豫〉「卦何以謂之『豫』也？九四一剛爲卦之主，五柔應之，聽其轉布、施爲，莫或違之者。君子之所懷抱，志無不行矣」（釋〈豫·象辭〉）；又以「〈小畜〉、〈履〉俱一陰，居上下之介爲成卦主。〈畜〉四『愓出』，懼有事也；〈履〉三能『視』、『履』，喜有事也」（釋〈履·上九·象辭〉）。凡此，宗炎雖但言「凡一陽五陰之卦，皆以陽爲主」〔註52〕（釋〈比·九五·象辭〉），未有「凡一陰五陽之卦，皆以陰爲主」〔註53〕之語；然就實而論，其意已在其中矣！

以此觀之，宗炎取「主」於上下卦、全卦，皆以陰陽之寡者爲資，即繫於「一」，而爲成卦之樞紐，非必君位者也〔註54〕；此亦可從其解〈需〉、〈同人〉、〈損〉、〈履〉、〈屯〉諸卦窺知！如解〈需·六四〉，以爲「卦之所以得名，全在於此；六爻之關鍵，亦全在於此」；解〈同人〉，謂「卦以柔爲主」，「卦之所以爲〈同人〉者，以六二一柔。陰爻居於陰位，又在下卦之中，既得其位，復得其中，而上應九五爲〈乾〉之君；如以小國弱侯有其才德，而誠信交結於天子，心同道合，故曰『同人』」（釋〈同人·象辭〉）；解〈損〉，謂「卦所以命名，正在三、上兩爻，陰陽迭換，變天地之體」；解〈履·六三〉，稱「〈履〉之成卦在三，三有專制之象；『爲于大君』，乃盜竊神器而作威作福者也」。

至於解〈屯〉，謂「卦惟二陽，爲眾陰所歸。五爲〈坎〉主，〈屯〉膏不施，人民離心，天命去矣！初方拮据，撐拄艱難，天下无不想望其德澤」（釋〈屯·初九〉），故「居下而爲卦主」（釋《雜卦》）；雖然，「上下二體之象，

〔註52〕 案：此說或直承王弼所言「五陰而一陽，則一陽爲之主」（參《王弼集校釋》，「明象」，頁591）；至於「一陽五陰」者，乃〈師〉（九二）、〈比〉（九五）、〈謙〉（九三）、〈豫〉（九四）、〈剝〉（上九）、〈復〉（初九）等六卦。。

〔註53〕 案：「一陰五陽」者，有〈小畜〉（六四）、〈履〉（六三）、〈同人〉（六二）、〈大有〉（六五）、〈夬〉（上六）、〈姤〉（初六）等六卦；其中〈夬〉九二爻，宗炎指其「爲下卦之主，乃藩屏之臣」（釋〈夬·九二〉），蓋以上、下卦復論，而九二居下卦之中故也。

〔註54〕 案：宗炎嘗謂「〈夬〉之君位在上爻而不在五爻」（釋〈夬〉）；以全卦六爻而言，唯此〈夬〉（一陰五陽）之卦主（上六）爲君位。此外，《京氏易傳·姤卦》云：「定吉凶，只取一爻之象。」又稱「少者爲多之所宗」（〈大有〉）。然則，宗炎於「卦主」之取義，可溯自京氏之說矣。

專重於初也」(釋〈屯・初九〉)。蓋宗炎以爲,「〈震〉繼〈乾〉出治,爲天之子,因時而動,布其德澤,此乘時升進之初九也。水之在天,其位雖高,久而不下,則无恩澤之及民,人物无所仰賴,是爲成功退處之九五也。〈屯〉之貴在初,而不在五者,此也。先儒以初爲侯、五爲天子,不知諸爻若二、若三、若四、若上,玩其爻辭,皆侯國也;將驚天位者,乃初耳」(釋〈屯〉)。

此外,宗炎既以六五一陰爲〈大有〉之「卦主」,遂指朱熹「偏云君道貴剛,太柔則廢,是以漢、唐之盛爲盛也,豈其然哉?〈大有〉略與〈豐〉相似;〈豐〉爻詞无一盡美,〈大有〉爻詞无一不善。蓋〈豐〉之盛火在上,君王富而驕侈也;〈大有〉之蓄積在下,百姓足,君孰與不足也」(釋〈大有〉)。又謂「一陽統五陰,惟大君坐明堂而朝諸侯,爲宜此之象也。外是則將帥率師,亦一人操權而號令億萬,故〈復〉、〈師〉、〈謙〉、〈豫〉皆有『行師』之辭;獨〈剝〉不言『行師』者,上陽無位,止於極外,不能指麾在下之羣陰故也」(釋〈豫・卦辭〉)。觀其所言,蓋前者所黜「君道貴剛,太柔則廢」云云,皆以「君位」立論,非謂陰陽無貴賤;後者固明「一陽五陰」之卦有其「操權」之共性(行師),而「上陽無位」之說,亦有別於王弼所稱「初上无陰陽定位」〔註55〕。

綜上所述,竊以宗炎於「卦主」之論,固有承襲先儒之跡,而其析象辨義,實有出乎前人者;惟其解〈豐〉,既謂「二主〈離〉,四主〈震〉」(釋〈豐・九四〉),復指「五爲〈豐〉主,下與六二同德相應。〔……〕。二之來合于五,君臣相得」(釋〈豐・六五〉)。然則,宗炎卦主之論,恐仍不脫「君位」之縛矣!

7・承乘比應

夫以「承乘比應」解《易》,乃歷來治《易》者尋常之舉,宗炎固亦如是,而多能言之成理。例如,解〈小過〉六二爻「過其祖,遇其妣」,謂「以二居三下,視四爲祖,上應六五之柔,是過祖而遇妣」;解〈師〉六三、六四爻辭,謂三恃五,故敢「輿尸」,四從二,故能「左次」;解〈履〉之三、四爻,謂「四,才稱其位,猶小心謹畏而愬愬;三,位踰于才,猶自爲能視能履而咥人」;解〈臨〉六五爻「知臨,大君之宜,吉」,謂「六五柔順虛中,下應九二澤中止水,光明澂澈,舍己從人,无自用、自專之蔽,天下之耳目聰明皆其耳目聰明、天下之聰明睿智皆其聰明睿智也;此以大知臨天下,大君之所

〔註55〕參見〔魏〕王弼撰,樓宇烈校釋:《王弼集校釋》,「辯位」,頁613。

宜无過于是，故吉也」。解〈蹇〉上六爻「往蹇來碩」，以爲「碩」乃山之象，且謂「〈剝〉之碩在上，故云『碩果』，言其高也；〈蹇〉之碩在三，故云『來碩』，言來而向下也」；竊觀所解，既能通其義，且能得其象，亦可謂善矣。

此外，宗炎於「承乘比應」皆剛（陽爻）、皆柔（陰爻）者，亦有其獨見。例如，解〈屯〉六三爻「即鹿无虞，惟入于林中」，以爲「上不麗於五，下不近於初，承、乘、比、應皆陰柔而無可因依，徒知鹿之可羨，遂身即之！无虞人爲之向導，羅網不施，弓矢不備，思鹿之棲息桓在林莽之中；入而左瞻右顧，思以得鹿，雖勞力而費時无庸也」；解〈姤‧九三〉，謂「三位上下之介，承、乘、比、應皆剛，欲隨風而颺起，則上礙下于四；欲隨木而深入，則下窒于二。故爲進退不果之象」；解〈夬〉九四「臀无膚，其行次且」，言「承、乘、比、應皆剛，格格不入。居則臀无膚，難以安席；行則次且，而不能前進」。

然則，承乘比應皆剛、皆柔者，其爻辭多不美乎？竊以爲「非也」，若其處「中」、「正」之位，或可轉危爲安！如〈復‧六五〉，其「承、乘、比、應皆陰」，而能「无悔」者，「特以虛中之德，天資混厚，可以自考于己而信于初」（釋〈復‧六五‧象辭〉）也。是以宗炎此論，亦僅爲解《易》之一法，實非常則。

（二）駁「卦變」、「卦氣」諸說

1‧駁「卦變」說

宗炎嘗指「卦變」說以「一陰一陽自〈姤〉、〈復〉來，二陰二陽自〈臨〉、〈遯〉來，三陰三陽自〈泰〉、〈否〉來，四陰四陽自〈大壯〉、〈觀〉來，五陰五陽自〈夬〉、〈剝〉來」〔註56〕，「不知所據何理」？蓋「一陰一陽之卦即是五陰五陽之卦，二陰二陽之卦即是四陰四陽之卦，不知何所分別？若須搬演成圖，則宜每卦必用，何以六十四卦所見，不及十之一二」？其「牽強支離，初無理義可縐合」矣！且「八卦相盪即有六十四卦，孰在先而孰在後？烏得有此卦自彼卦來之事」〔註57〕耶？依其意，卦體「一陰一陽」即是「五陰五陽」、「二陰二陽」即是「四陰四陽」，豈有所別〔註58〕？至於總其卦變

〔註56〕參見〔清〕黃宗炎撰：《周易尋門餘論》，卷一，葉12。案：此乃朱熹「卦變」之說；朱子此說亦源自虞翻而略異之，詳參本書「宗羲『論諸家之卦變説』」一節。

〔註57〕同前註，葉12～13。

〔註58〕案：就漢代《易》學家而言，「一陰一陽」與「五陰五陽」、「二陰二陽」與「四

圖之「來」數，猶不及六十四卦之十分之一二！況乎六十四卦乃相錯而成，固無孰先、孰後之蘊，焉有「此卦自彼卦來」之事耶？基此，宗炎乃駁朱熹「〈訟〉自〈遯〉來」之說，而云：「〈訟〉與〈遯〉何所交涉？『係遯』、『畜臣妾』與『不克訟』、『歸逋』何所髣髴？六十四卦齊列，安見其先有〈遯〉而後有〈訟〉？」（釋〈訟‧象辭〉）又謂「聖義本自直截」，《本義》以〈渙〉「自〈漸〉而來」，「安見八卦相錯，〈艮〉先錯〈巽〉，而〈漸〉在〈渙〉先；〈坎〉後錯〈巽〉，而〈渙〉在〈漸〉後乎？況夫子明明並提『剛來』、『柔得位』二語，何故偏抹煞六四一爻」（釋〈訟‧象辭〉）？然則，卦變所以致此繆誤者何由？宗炎乃曰：「亦因揲蓍求卦有某卦之某卦，遂以謂羲、文卦爻辭象如此造端也。」〔註59〕

　夫宗炎以爲，若言「往來」，「安見一陽一陰之卦不可與二陽二陰、三陽三陰、四五陽四五陰之卦往來？二三四五陰陽之卦不可與一陽一陰之卦往來？而必其一陽一陰止與一陽一陰往來、二三四五陽陰止與二三四五陽陰往來也？安見純奇、純耦又不錯襍，而往來諸卦也？又誰能禁之、誰能牽引之，而使就此截然不亂之規矩乎？愚謂學人宜一概掃除，自解桎梏」（釋〈訟‧象辭〉）。故其解〈泰〉「小往大來」，以「往來」猶錯行代明之謂，乃陰陽消長、循環無端，豈容有毫髮之間；若「卦變圖」以〈泰〉自〈歸妹〉來，「何巍巍天地碗然不靈，无能自爲往來，而乃假手於長男、少女，始克變而爲天地，不亦本末倒置也乎」？則《繫辭下傳》「日往則月來，月往則日來」諸語，「將又指何物而云然耶？或以『帝乙歸妹』爲巧合，則〈否〉之自〈漸〉來，寧復有別說耶？无增此非理之障也」（釋〈泰‧卦辭〉）；即直斥〈否〉、〈泰〉卦變自〈漸〉、〈歸妹〉之臆說〔註60〕。竊觀其「何巍巍天地碗然不靈，

陰四陽」等，其陰陽爻數固然無異，然上下之位，自是不同，洵非宗炎所稱「何所分別」？此覈諸《乾鑿度》所載「水旱入軌」之法（參《緯書集成》，頁48），以「消息卦」之陰陽爻位爲判，從初爻至上爻，合其陰陽之數，以得「入軌年數」，即可爲證。例如，〈剝〉（消卦）、〈復〉（息卦）之陰陽爻數雖同（陽一陰五），然依初爻至上爻之序觀之，前者初爻爲陰、上爻爲陽，後者則初爻爲陽、上爻爲陰，陰陽之位，皆相反也。

〔註59〕 參見〔清〕黃宗炎撰：《周易尋門餘論》，卷一，葉13。

〔註60〕 案：宗炎既以「八貞錯八悔」爲六十四卦之生成原理，則於「卦變」之說，自當駁之；而此逕實有別於伊川之言卦變也。蓋伊川云：「以卦變言之，〈乾〉之上來居〈坤〉之下，〈坤〉之初往居〈乾〉之上，陽來下于陰也。以陽下陰，陰必說隨，爲〈隨〉之義。」故朱子謂「程子專以〈乾〉、〈坤〉言變卦」（參本書「宗義論『卦變』說」一節）。

无能自爲往來」之語，戚戚之感油然生焉〔註61〕！

　　此外，又有取二卦之變以成一卦者，如言〈隨〉自〈困〉九二來居初、自〈噬嗑〉上九來居五；對此，宗炎則直斥，〈隨〉初九「官有渝」、「出門交有功」，何近乎〈困〉九二「困于酒食，朱紱方來，利用享祀」？〈噬嗑〉上九「何校滅耳」，何合乎〈隨〉九五「孚于嘉」〔註62〕？蓋〈隨〉之「出門」與〈困〉之「方來」相對，〈隨〉之「孚于嘉」與〈噬嗑〉之「何校滅耳」亦有反義，此豈彼者所持之由乎？亦不可知矣！而宗炎駁之以非，且謂「作者費精神于无用之地，學者淆視聽于昏迷之路」〔註63〕也。至於其解〈觀‧上九〉，謂「九五君位，上下環聚而觀，然下四陰仰觀，或觀其美，或觀其惡，以決從違。上一陽俯觀，惟其盡美，方能稱己之職；不然，左右之羣陰睥睨，將消五爲〈剝〉，則上爲『小人剝廬』。如上自不能輔五而成〈觀〉，則上變陰，而爲〈比〉之「（比之）无首」，正與『顯若』之義相反。故兩爻之詞相似」（釋〈觀‧上九〉）；此乃用以輔說「觀其生」之義，非同乎卦變者也。

　　然則，宗炎洵以「卦變」殊無可取乎？此亦不然；其即嘗指「卦變」之說，輔嗣《略例》及穎達《正義》「于理可通」〔註64〕。蓋王、孔二氏所持論者，皆發端於《繫辭下傳》「〈乾〉、〈坤〉，其《易》之門邪？」（第6章）一語，如孔氏即以「《易》之變化，從〈乾〉、〈坤〉而起，猶人之興動，從門而出」〔註65〕也。故宗炎乃謂「門則出入之所由，六十四卦皆從此而變；若以爲從他卦往來，則斷斷必无者也」〔註66〕。

　　夫迹宗炎之駁卦變，其思路多與其兄宗羲同；惟於闡釋六十四卦之卦名，固依《序卦》排列，然其中亦有言「某卦」自「前卦」來者，如謂「〈需〉從〈蒙〉來」（釋〈頤〉）。審其語式，猶前人所謂「某卦自某卦來」；尤其「〈小過〉從〈中孚〉而變」（釋〈小過‧卦辭〉）、「〈頤〉所以變而爲〈大過〉也」（釋〈大過〉）之語，其「變」字，實有「卦變」之餘蘊，豈其取諸「旁通」之卦變耶？斯所疑者！又既謂六十四卦皆由〈乾〉、〈坤〉而變，「若以爲從他

〔註61〕　案：此詳本書「宗羲論『卦變』說」一節。
〔註62〕　參見〔清〕黃宗炎撰：《周易尋門餘論》，卷一，葉13。
〔註63〕　同前註。
〔註64〕　同前註。
〔註65〕　參見〔魏〕王弼注，〔唐〕孔穎達疏，〔清〕阮元校勘：《周易正義》，《十三經注疏》，卷八，頁172。
〔註66〕　參見〔清〕黃宗炎撰：《周易尋門餘論》，卷一，葉14。

卦往來，則斷斷必无者」；然觀其欲藉釋「易」爲「析易」〔註67〕之象，而稱「《周易》卦次，俱一反一正，兩兩相對，每卦六爻，兩卦十二爻，如析易之十二時，一爻象其一時。在本卦者，象日之六時；在往來卦者，象夜之六時」〔註68〕，恐亦有涵藏「卦變」之虞！何者？蓋覈其「本卦」與「往來卦」之語法，是謂「兩兩相對」之後卦乃由前卦而「來」；即後卦「變」自前卦也。然則，宗炎雖斥卦變，亦難脫「卦變」之泥淖矣！

2·駁「卦氣」說

宗炎嘗云：「〈復〉之爲卦，陽氣初回，雷藏地下，有冬至之象；夫子曰『至日閉關』，可徵、可信者也。若〈姤〉之『天下有風』，吾已不敢信其必爲夏至。」〔註69〕然則，宗炎於《易》卦「冬至」、「夏至」之模繪，咸以聖人言之有無爲據，未敢臆斷也；而此亦成其駁「卦氣」說之軌度。故於以「〈臨〉爲十二月、〈泰〉爲正月、〈大壯〉爲二月、〈夬〉爲三月、〈遯〉爲六月、〈否〉爲七月、〈觀〉爲八月、〈剝〉爲九月」〔註70〕論者，乃指其「已爲充類致義之盡，卦爻辭象絕不相蒙」〔註71〕；況「《易》惟變動不居而始神」，其「排方逐位，實鄰按圖索冀，非《易》也」〔註72〕。又謂「〈乾〉爲四月，〈坤〉爲十月，以〈乾〉、〈坤〉屬于一月，益紕繆矣」〔註73〕！

夫宗炎所指「以〈坤〉屬十月、〈泰〉屬正月」者，即所謂「十二辟卦」（或「十二消息卦」），乃以周之建子爲「十一月」立論；邵雍、朱熹皆持此說。故或以「六陰爲〈坤〉，于時爲十月」（釋〈坤·上六〉）者，宗炎則斥之曰：「龍之爲物，秋分已潛，十月而戰，恐无是事。以〈坤〉屬十月、〈泰〉屬正月，此邵堯夫之論，未嘗見于聖《翼》，不足據也。若然，則四時之錯行，止在十二卦中，餘俱无涉也，是十二卦爲陰陽之道路！何以十二卦中，自〈復〉

〔註67〕案：宗炎以爲，《易》取象於「析易」，其色一時一變，一日十二時，改換十二色；因其倏忽變更，借爲「移易」、「改易」之用（參《周易尋門餘論》，葉20～21）。夫宗炎此說，或本乎《說文》而發揚之也；蓋《說文》釋「易」曰：「易，蜥易，蝘蜓，守宮也。」

〔註68〕參見〔清〕黃宗炎撰：《周易尋門餘論》，卷一，葉21。

〔註69〕同前註，葉16～17。

〔註70〕同前註，葉17。

〔註71〕同前註。案：「充類致義之盡」者，語出《孟子·萬章》；原文作「充類至義之盡」。

〔註72〕同前註。

〔註73〕同前註。

外，文、周、孔子絕不及此？六偶重陰，陰盛已極，正堅冰凜冽之象，此時之陽甚微；及孟春，陽盛陰退，一戰而天地交、萬物生，非一畫、二畫、死煞分配之者」（同上）。蓋宗炎以為，〈坤〉上六「龍戰于野，其血玄黃」，其象見於孟春；孟春「陽氣正彊，足與陰敵，兩相抗衡，亦相薄而戰。其為戰也，溽濕之氣上騰，自山川、河谷，下逮昆蟲、艸木，莫不奮怒而欲起，發為風雲雷電，劈開其錮蔽，然後陰陽和合，時雨盡成膏澤」（釋〈坤·上六〉）。

此外，宗炎既非邵雍「卦氣」之論，乃言：「『七日來復』有取《易緯·稽覽圖》『卦氣起〈中孚〉』、『六日七分』為『復』，朱子從五月〈姤〉一陰、六月〈遯〉二陰、七月〈否〉三陰、八月〈觀〉四陰、九月〈剝〉五陰、十月〈坤〉六陰；至此十一月，一陽生而為〈復〉。」（釋〈復·卦辭〉）雖然，宗炎指「〈復〉本一陽在初，而二，而三，而四、五、上，則成〈剝〉矣！〈剝〉則〈復〉來居初」（同上）！是以「七日」者，乃〈剝〉返〈復〉之期，「其義甚明，何用支離」（同上）？然則，宗炎釋「七日來復」之義，亦猶宗羲，皆視〈剝〉返〈復〉之「爻數」為「日數」，非有涉於「卦氣」也；惟宗炎駁「卦氣」之言，未若其兄之詳盡〔註74〕！

3·駁五行生化說

宗炎嘗云：「《易》但有陰陽，不及五行；說五行，自箕子始。」然「箕子之序五行，初未嘗言為生化之本原。自周茂叔《圖說》一譌，百口繁興，莫能指正矣」〔註75〕！然則，宗炎以「五行」非《易》本有，其說始於〈洪範〉；至若「五行生化」〔註76〕論，實出周子《太極圖說》，亦非箕子所序「五行」之義也。蓋〈洪範〉之「五行」，乃言「天地氣化之運行，若有似於水、火、木、金、土五物」〔註77〕，非「真五物」〔註78〕也；即〈洪範〉所言「水、火、木、金、土」者，非「物」也，但藉其所蘊之「序」義，用以模繪「天

〔註74〕案：參本書論宗羲「辨諸家之『卦氣』說」一節。
〔註75〕參見〔清〕黃宗炎撰：《周易尋門餘論》，卷一，葉5。
〔註76〕案：東漢王充嘗云：「或曰：五行之氣，天生萬物。以萬物含五行之氣，五行之氣，更相賊害。〔……〕故天用五行之氣生萬物，人用萬物作萬事〔……〕。曰：天生萬物，欲令相為用，不得不相賊害也〔……〕一人之身，含有五行之氣，故一人之行，有五常之操；五常，五行之道也。」（參《論衡校釋》，卷三，〈物勢〉，頁146～147）此雖有五行「氣生萬物」之意，然究屬初步概念，尚無演化之完整統緒也。
〔註77〕參見〔清〕黃宗炎撰：《圖學辨惑》，葉34～35。
〔註78〕同前註，葉41。案：即言五種性能也。

地氣化之運行」耳！故宗炎直指「定爲五行者，乃人也，非五行之能生人也」
〔註79〕；又曰：

> 夫春氣溫和，萬物向榮，草木尤其顯著者，故以春爲木，云木氣者，
> 特春氣之變文耳！非木能使春溫和也；夏氣暵熱，其逼于物如火之
> 焦燥，故以夏爲火，非火能使夏暵熱也；秋氣肅殺，物至此而堅剛，
> 有侶金，故以秋爲金令，因亦謂之金氣，非金能使秋肅殺也；冬氣
> 凝結，而萬物閉藏，凝結者如水之向寒冰凍，閉藏者如水之會聚无
> 隙，故以水爲冬令，非水能使冬凝結閉藏也。木无土不植，火无土
> 不宿，金无土不生，水无土无所歸。土之无位者，非无位也，无地
> 非其位也，木火金水之時，皆其所休養也，故王于四時；然就四時
> 之和合而言，有似乎土之于木火金水，非土能使四時休養也。〔註80〕

審其意，「五行」洵以名春、夏、秋、冬之異，非其眞能「生」四時也；其
中「土」似「無」名四時之「位」，而能使四時「休養」者，以其涵藏木、
火、金、水故也。就此而論，宗炎以「五行」非惟不能「生人」，亦無「生」
四時之事；況乎「生陰陽」〔註81〕哉？故其但採五行「相生」、「相克」（釋
〈未濟〉）之義，不取五行「生化」之說也。

　　至於「納甲」、「飛伏」，宗炎所著墨者固不多，亦不及宗羲之推原詳考，
然觀其所舉，亦可窺其駁正之大概。例如，〈蠱〉「先甲三日，後甲三日」，
宗炎以東漢鄭司農（眾，？～83）取「更新」、「丁寧」之義，乃後人「納甲」
之法，非文王大中至正之論，故不取（釋〈蠱〉）。解〈巽〉九五爻「先庚三
日，後庚三日，吉」，謂「古帝王之用民，不過歲三日，皆于農事既畢之後。
庚位西方，秋時萬物庚庚有實也，其收斂之功告成。出令于三日之先，趣事
于三日之後，先庚而命，後庚爲期，民誰不樂從乎？故又吉也。〔……〕。先
庚三日取『丁』，後庚三日取『癸』，既穿鑿類于飛伏，且不知字義。〔……〕。
古作『先庸三日，後庸三日』；庸者，租庸調也」（釋〈巽・九五〉）。依其意，
前人以「丁」至「癸」（凡七日）解「先庚三日，後庚三日」者，猶「飛伏」
之說〔註82〕，非也！其義當以王「出令于三日之先」（「先庚而命」），民「趣
事于三日之後」（「後庚爲期」）；蓋古者但歲取「三日」爲用民之期，所謂「先

〔註79〕　參見〔清〕黃宗炎撰：《周易尋門餘論》，卷一，葉35。
〔註80〕　同前註，葉42。
〔註81〕　同前註，葉41。
〔註82〕　案：「飛伏」之內涵，可參本書論宗羲「辨術家之『月建』說」一節。

庸三日，後庸三日」是也。觀其所言，或可備爲一說；然直以「租庸調」釋「先庸三日，後庸三日」之「庸」字，恐有所不宜！明鄭善夫（繼之，1485～1523）即嘗言：「租庸調之法，歲庸二十日；既免其役，日收庸絹，戶丁一尺。夫庸者，猶古『歲庸三日』之名〔……〕；然去古遠矣！」〔註83〕斯可爲參。

（三）論《易》之數

1・大衍之數

宗炎以爲，「大衍之數五十」者，「衍〔註84〕一至五，復大衍之自六至十，其數爲五、爲十，乃夫子『五十學《易》』之五十」（釋《上繫》第9章）；宗炎此以「五」、「十」爲「初衍」、「大衍」之數，洵異乎前人之說，豈其「好奇」之故耶？恐不然也。蓋宗炎既以《十翼》爲孔子所贊（詳後），則其佐以《論語》所載夫子學《易》之文，亦順理成章也。故其解「其用四十九」一語，但稱「蓍草四十九莖爲用，所以用四十九莖之故」，而指「諸儒穿鑿牽強，未有得其自然之理者；夫子亦无明訓，不敢不闕疑矣」（同上）！即以夫子載言之有無爲據；雖然，「五十以學《易》」一語，歷來學者多有異見，可謂聚訟紛然〔註85〕！是以宗炎此「爲五」、「爲十」之論，亦聊備一說耳！

至於詮解「揲蓍之法」，則云：

> 初變，掛扐之數，不五則九；再變，不四則八；三變，亦不四則八。凡三變之後，得五與四、四，通計十三，則過揲所得者，四其三十六，而其數九；得九與八、八，通計二十五，則過揲所得者，四其二十四，而其數六。合十有八變，計之爲〈乾〉之策二百一十有六、爲〈坤〉之策百四十有四，共爲三百六十，以當一期季之日數也。（釋《上繫》第9章）

此所謂「扐」者，揲之餘策，即「歸奇」也。依其意，蓋指初變之餘策，其

〔註83〕 參見〔明〕鄭善夫撰：《少谷集》（《四庫全書・集部・別集類》），卷二十一，葉21。案：「租庸調」之法，初定於唐武德二年二月乙酉（參《新唐書》，卷一，「高祖本紀」，葉8）。

〔註84〕 案：宗炎釋「衍」爲「引申」之義。

〔註85〕 案：「五十以學《易》」一語，歷來學者或以「五十」爲「歲數」、「天地之數」，或指「易」字爲「亦」等。今人程石泉則謂「五十」二字，當爲後儒誤讀「用」字而來：蓋「五十」二字，古合文作「𠄡」，近乎已遭毀損之「𝕌」（「用」）字。故文字苟更爲「假我數年，用以學《易》，可以無大過矣」，則文通而字順，疑義頓失（參《易辭新詮》，頁286～287）。竊以其論亦可備一說。

數非五即九：再變之餘策，其數非四即八；三變之餘策，其數亦非四即八。總其初、再、三等「三變」之餘策，其數大者二十五，其數小者十三。「大數」以四十九減之，得二十有四，此揲蓍之正策也；復以四除之（四策爲一數）得「六」（陰爻）之數、以六乘之得〈坤〉之策百四十有四。「小數」以四十九減之，得三十有六，此揲蓍之正策也；復以四除之（四策一數）得「九」（陽爻）之數、以六乘之得〈乾〉之策二百一十有六。合〈乾〉、〈坤〉之策爲三百有六十，當期之日也。故宗炎乃謂「筮法，前賢大備，不必蹈襲」，蓋「求得一爻之法若此，則引伸觸類，可得六十四卦；如云再加于六十四卦之上，而爲四千九十六卦，則荒誕不經之論矣！非易簡也」（釋《上繫》第9章）。

竊觀宗炎此論「揲蓍之法」，其「三變」正策但取「三十六」、「二十四」，而無「三十二」、「二十八」，故其數（爻）亦僅「九」、「六」，而無「七」、「八」；斯與其「所謂『七』、『八』爲少者，誣也；老變、少不變者，教人揲蓍以求卦，非古聖作《易》以畫卦也。二事截然不同，解者多混爲一事，學人益瞢瞢矣」〔註 86〕之語，直相呼應。然則，宗炎所釋「揲蓍之法」，不啻與宗義所稱「得九爲老陽，得六爲老陰，得七爲少陽，得八爲少陰」〔註87〕，成一對峙之勢矣！此外，宗炎於「掛一以象三」一語，謂「當是置一莖于象兩之間，故云『象三』，非掛于小指間」（釋《上繫》第 9 章），而宗義固釋以一策橫於案上，不必在左手小指之間，然指「變中凡三掛，故曰『象三』，非蒙上『象兩』而爲三」〔註88〕；斯復昆仲之異者也。

2・天地之數

宗炎謂「天地之數」五十有五者，「天爲陽，陽數奇，一、三、五、七、九是也；地爲陰，陰數偶，二、四、六、八、十是也。〔……〕。天之奇數乘之，則爲二十有五；地之偶數乘之，則爲三十。總天地之數，則爲五十有五，用以推詳事物之理，窮盡屈伸之妙，成變化、行鬼神，斷在是矣」（釋《上繫》第9章）。蓋此解實無異於前人之說；而其駁宋儒以「天地之數」爲《河圖》之數，「既无聖訓，牽此就彼，甚覺支離」，誠與《先天》等圖「同屬矯揉，未敢信也」（同上），亦無逾其兄宗義之持論。

〔註86〕參見〔清〕黃宗炎撰：《周易尋門餘論》，卷一，葉 15〜16。
〔註87〕參見〔清〕黃宗義撰：《易學象數論》，卷二，葉 56。
〔註88〕同前註，葉 55。

　　雖然，宗炎藉天地之數闡釋「參天兩地」（《說卦》第 1 章）、「參伍以變，錯綜其數」（《上繫》第 10 章）諸語，則有特出之處者。蓋宗炎謂「天數五，地數五，兩五相合而成爻」〔註 89〕；「爻者，交也，言陰陽參伍也。蓋一奇一偶，兼而爲三；三者，陽也。偶不能兼奇，則依然二也；二者，陰也。偶得奇而參之，故曰『參天』；偶自相偶而不亂，故曰『兩地』」〔註 90〕。依其意，陽爻得兼偶爲「三」，故曰「參天」；陰爻不能兼奇爲「二」，故曰「兩地」也。此外，其指「三以一奇兼一偶，至于五是一奇兼二偶也，故曰『參伍以變，錯綜其數』」〔註 91〕；觀其所解，言簡意賅，毫無揉雜穿鑿之弊也。

　　總此，宗炎乃謂「今解『參』爲『天圓』，圓者徑一圍三，陽用其全，故『參天』；『兩』爲「地方」，方者徑一圍四，陰用其半，故『兩地』。吾不知於此何取乎方、圓？何關乎徑、圍？又何從而知其用全、用半也？徑一圍三，是天數四也；徑一圍四，是地數五也。用全者，孰使其多取？用半者，孰使其廉讓也」（釋《說卦》第 1 章）？依其意，以「天圓」、「地方」並「徑一圍三」、「徑一圍四」釋「參天兩地」〔註 92〕者，焉知「天」（陽）當多取而用「全」、「地」（陰）當廉讓而用「半」耶？若然，則天數爲「四」、地數爲「五」矣！豈不悖於《易》乎？是以宗炎矯之曰：「三奇象天爲參，兩其三奇爲三偶而象地〔……〕。凡天所統，地皆順承。統者，統地於中，故曰『參』；承者，承天於上，故曰『兩』。」（釋《說卦》第 1 章）斯以天統地承釋「參」、「兩」之義，蓋有鍼砭前儒以蓍數立說之寓意也。

3・九、六之數

　　夫《易》卦爻稱「九」、「六」，乃春秋晚期以後至戰國中期之事〔註 93〕；而所以爲名者，歷來眾說紛紜〔註 94〕，莫衷一是！宗炎既釋「參天兩地」之

〔註 89〕　參見〔清〕黃宗炎撰：《周易尋門餘論》，卷一，葉 28。
〔註 90〕　同前註，葉 28～29。案：「偶得奇而參之，故曰『參天』」一語，宗炎於他處則謂「奇得偶而參之，故曰『參天』」（參《周易尋門餘論》，葉 65）；其義同也。
〔註 91〕　同前註，葉 66。
〔註 92〕　案：朱子即謂「天圓地方，圓者一而圍三，三各一奇，故『參天』而爲三；方者一而圍四，四合二耦，故『兩地』而爲二」（參《周易本義》，頁 267）。
〔註 93〕　案：據《左傳》、《國語》所載，則知春秋時人於《周易》之占筮，尚用「之卦」稱爻，而無以「九」、「六」名之者；而《文言》（約成於戰國晚期）已載有〈乾〉、〈坤〉六爻之稱名。
〔註 94〕　案：例如，舊說多以合天之生數一、三、五爲「九」（陽爻屬之），合地之生數二、四爲「六」（陰爻屬之）；對此，朱子則云：「有人說『參』作『三』，

義，遂云：「天起於一；一者，奇也。一奇既畫，一偶中分，奇偶並列，已相參矣。偶畫象地，自相爲偶而成兩；參者，奇一偶二，參和於其間也。〔……〕。天數奇，一、三、五參之，奇而成九，故用九；地數偶，二、四兩之，倚而成六，故用六。」（釋《說卦》第1章）然則，宗炎此釋「九」、「六」，固以天地之數立論，而其得數乃合「參」（奇一偶二）、「兩」（自相爲偶）之義，非以「積數」充之；斯從「☰之經卦三奇，其數三；三奇而三偶隨，其數六。陽能兼陰，合之而成九，故凡陽爻皆九也」（釋〈乾·初九〉）、「畫生于奇偶，卦成于三畫；三偶之數六，陰畫取之。以陰之六交于初之虛位，謂之初六」（釋〈坤·初六〉）諸語，即可窺知矣。又謂「以參益兩，其倚止五，原未及乎五之外。參伍者，三五也；三其五則爲十五，從而兩分之，一『九』、一『六』適合其數」〔註95〕、「一、三、五爲陽，參而倚之爲九，陽爻用之；二、四爲陰，兩而倚之爲六，陰爻用之。合之得十五；十五者，三其五也。分之爲九、爲六，陰陽之用也」（釋〈乾·用九〉）；則宗炎之釋「九」、「六」，非拘守一法，亦能融通其餘以成說也。

　　此外，宗炎以爲，「坤純陰，三畫皆偶，其數爲六，陰之變自此始矣。以其三偶交錯于三奇而生六子，順承乎天而定八方；八方定，其位正矣。云『用六』者，用此三偶也；陰爻一百九十有二，皆用之也。〔……〕惟六則得其三偶之正，所以用之當位故也」〔註96〕、「☰三奇、☷三偶，合之爲九。陽也者，非孤陽之謂也，必兼陰而後成其爲陽也。凡陽爻一百九十有二，皆用之也；惟「三奇不可以獨行，三陽不可以自用」，故「陽不用三而用九」〔註97〕也。蓋此釋「用九」、「用六」之義也。審其言，陽爻一百九十有二、陰爻一百九十有二，固皆爲「用」，然以三奇（三陽）不可自用，必兼三偶而能行，故不「用三」而「用九」；以「六」得三偶之正，乃「當位」用之，故云「用六」。對此，清儒顧炎武則云：《易》有七八九六，而爻但繫九六者，舉隅之義也。故發其例於〈乾〉、〈坤〉二卦，曰『用九』、『用六』，用其變也。」〔註98〕然則，諸家於「用九」、「用六」之義〔註99〕，各自發端，

　　　　謂一、三、五；『兩』謂二、四。一、三、五固是天數，二、四固是地數；然而這卻是積數，不是倚數。」（參《朱子語類》，卷77，「《易》十三」，頁1967）
〔註95〕參見〔清〕黃宗炎撰：《周易尋門餘論》，卷一，葉15。
〔註96〕同前註，葉66～67。
〔註97〕同前註，葉68。
〔註98〕參見〔清〕顧炎武撰：《日知錄》，頁49。

亦各有所持也。

至於所謂「初、上二爻不稱『一』、『六』，具位而已」！是以「『二四同功』、『三五同功』，而不及初、上」〔註100〕；即指卦畫六爻，其最下、最上不稱「一」、「六」，而稱「初」、「上」者，但「具位」耳！故不在「二四」、「三五」同功之列。然宗炎此說，未必得其旨。竊以《易》卦之稱「初」、「上」者，洵有妙合時、空之義；蓋「初」、「上」本爲「時間」、「空間」之概念，且《易》卦六爻既統「天道」、「人道」、「地道」（三才），則其涵天地、蘊萬物，亦已明矣！故《易》可「範圍天地」（《上繫》第4章）、能「與天地準」（同上）者，洵以「初」、「上」概括六爻，而爲時、空之結合；所謂《易》「能彌綸天地之道」（同上），即是此意。

二、義理篇

（一）陰陽相待

1・「相錯」──六十四卦之生成

宗炎以爲，「太極」乃至精至神之理，無可復加；「兩儀」爲《易》中之奇偶，謂其「象」天地，則可，若語其「爲」天地，則謬矣！此「聖人獨見太極之理，化而爲 ━ 奇；奇者，一也。有奇，則上下岐而爲 ━━ 偶；偶者，兩也。即老子所謂『道生一，一生二』（釋《上繫》第12章）之義也。至於「兩儀生四象」，亦同老子所云「三生萬物」（同上）；其「四象」者，即八經卦，而非「先天八卦圖」所謂「老陽」、「少陽」、「老陰」、「少陰」〔註101〕。蓋宗炎以八經卦乃天（純陽）、地（純陰）三畫相錯而成；陽索於陰得雷、水、山，陰索於陽得風、火、澤，即六子爲天地所生，而八經

〔註99〕 案：例如，朱子釋「用九」，言「凡筮得陽爻者，皆用九而不用七，蓋諸卦百九十二陽爻之通例也」（參《周易本義》，頁30）；王弼、孔穎達及程頤諸人，則分別解以「用天德」（參《周易正義》，頁10）、「乾剛之道」（參《易程傳》，頁4）。至若「用六」，亦皆各仿其「用九」之例。

〔註100〕 參見〔清〕黃宗炎撰：《周易尋門餘論》，卷一，葉29。

〔註101〕 案：宗炎此說，蓋本於《繫辭上傳》「《易》有四象，所以示也」之語。其謂「四象」之能「示」者，以其三畫既成，則「天、地、雷、風、水、火、山、澤」之象亦明矣；若謂「老陽」、「少陽」、「老陰」、「少陰」爲「四象」，則二畫之形何足以「示」人？宗炎此說有別於船山及宗羲。蓋宗羲、船山雖謂「四象」即八經卦，然仍名其曰「老陽」（三奇）、「老陰」（三偶）、「少陽」（一奇二偶者三）、「少陰」（一偶二奇者亦三）。

卦之排列亦陰陽相間。此外，八經卦乃自然之象（八象）〔註102〕，不得有「乾、坤、巽、震、離、坎、艮、兌」之名〔註103〕，其與人事、經綸變化、吉凶悔吝無涉。八經卦既成，除本卦「自重」外，皆各「錯」其餘七經卦〔註104〕，上者爲「悔」，下者爲「貞」，而六十四卦成；至此乃可呼其名，而經綸變化、吉凶悔吝亦從此生焉。茲將其相錯之法臚列於下〔註105〕：

澤	山	火	水	風	雷	地	天	←悔 ↓貞
夬	大畜	大有	需	小畜	大壯	泰	乾	天
萃	剝	晉	比	觀	豫	坤	否	地
隨	頤	未濟	屯	益	震	復	无妄	雷
大過	蠱	鼎	井	巽	恒	升	姤	風
困	蒙	未濟	坎	渙	解	師	訟	水
革	賁	離	既濟	家人	豐	明夷	同人	火
咸	艮	旅	蹇	漸	小過	謙	遯	山
兌	損 〔註106〕	暌	中孚	節	歸妹	臨	履	澤

　　觀宗炎所謂「自重」與「錯」，即「相錯」之整體義，亦合「相重」、「相盪」之旨，非三者（即相錯、相重、相盪）有別也。向世陵先生於〈「重」、「錯」之義與六十四卦的生成〉一文中，以爲「相重」乃上下位卦間重疊之

〔註102〕案：「八象」之名見於宗炎《圖學辨惑・先天卦圖辨》。
〔註103〕案：如其釋〈乾・大象〉「天行健」，謂必重卦乃有健之象，始有〈乾〉之義。竊以爲，謂「重卦」始可名〈乾〉則可，若云「必重卦乃有健之象」則不可矣！蓋《說卦》所論，皆八經卦之象，其「乾，健也」之語，豈能視之不見？餘者亦然。
〔註104〕案：宗炎論六十四卦之生成，皆以「自重本卦外，錯某象爲某卦」之形式呈現。
〔註105〕案：宗炎僅以「八貞錯八悔」爲六十四卦之生成原理，至於各卦之先後，則依《序卦》順序排列。
〔註106〕案：宗炎於解〈兌〉時，疏漏此卦，依例當云「錯山爲〈損〉」。

關係、「相錯」則爲平行并列之卦交互作用之關係，而謂孔穎達以「相重」等同「相錯」之論爲謬；又以朱熹混淆「重卦」與「錯卦」，指其不諳「錯」之涵義；然評宗炎則言其乃承襲朱熹合「相重」與「相錯」爲一體之思路，而爲今人掌握「重」、「錯」之方及「六十四卦生成」之理論導向〔註 107〕。竊以向氏所言，一者失其公允，二者前後矛盾；此或囿於文字之定向詮解！蓋宗炎以「八貞」各錯「八悔」，即寓「自重」、「錯」於「相錯」之義，此乃直承《繫辭傳》所云「八卦成列，因而重之」之語，亦如宗炎自謂「『重之』非有他也，即此八卦也」（釋〈乾〉），而非必承襲朱熹之說〔註 108〕。

　　雖然，宗炎謂八經卦乃「自成其一物」，而無有「經綸變化」、「吉凶悔吝」者，豈視八經卦（八象）爲封閉之個體？其說解《說卦》「雷以動之」一章，謂「此複舉八物之用，所以相因而成變化」、「天象地形，无論或微或隱，莫不載以元氣。元氣之流行周到，固无時而不動者也」，斯與其無有經綸變化之論，似有矛盾之處矣！此外，其於「八卦取象」三章下言「一物不必泥于一卦，一卦亦不必泥于一物，不過得其似是而已」、「凡可髣髴，具從類想像，皆合於卦義也」。然則，八經卦（八象）乃天地萬事萬物之「象徵」，即聖人仰觀俯察，以「通神明之德」、「類萬物之情」者，故其形象變化無定，而吉凶悔吝亦自生其中。是以宗炎謂八經卦無有「經綸變化」、「吉凶悔吝」者，非僅失其「重之」、「相盪」、「相錯」之義〔註 109〕，亦泯其「定吉凶」〔註 110〕之情矣！

　　此外，宗炎以上篇三十卦俱屬太古言之，是人於此時「未必有禮義行乎其間」，而謂人之「生長養育與鳥獸草木無異」（釋《序卦》）。竊觀《序卦》

〔註 107〕　參見向世陵撰：〈「重」、「錯」之義與六十四卦的生成〉，《中國哲學》，2001年，第十期，頁 56、64。案：原載《周易研究》，2001 年，第三期，頁 25～35。

〔註 108〕　案：《四庫》館臣云：「至謂『朱子從而字析之，更流于釋』，則不免有意深文，存姚江朱、陸之門戶矣！」（參《四庫全書總目‧周易象辭提要》）；又朱子以〈訟〉自〈遯〉而來（此卦變之說），宗炎非之（見〈訟‧彖〉）。

〔註 109〕　案：「相盪」、「重之」見於《繫辭傳》，「相錯」見於《說卦》；三者皆立意於交錯往來之中，乃有機之生命體系，非僅能「自成一物」，亦可與外界神通，豈能言其「無有經綸變化」哉？

〔註 110〕　案：宗炎所以言八經卦（八象）與吉凶悔吝無涉者，蓋謂「八卦定吉凶」之八卦，乃指六十四卦，而非「天、地、雷、風、水、火、山、澤」八象也。然《繫辭上傳》載有「《易》有四象，所以示也；〔……〕定之以吉凶，所以斷也」之語，宗炎既言「四象」爲八經卦，則其與「吉凶」豈能無涉乎？是宗炎此說，實有待商榷！

上篇云：「物畜然後有禮，故受之以〈履〉。」則「禮」在其中矣，焉得有「未必」之語，且與「鳥獸草木」並論，豈能無失？而謂「上篇」屬「太古」者，其經緯之界為何？宗炎此「好奇」之說，恐有待商榷矣！

2・陰陽一體

宗炎既謂「天地之道，不外于陰陽。聖人作《易》，所以盡陰陽之能事，兩間无處」（釋《上繫》第 5 章），又指「聖人深明剛柔不可偏用，陰陽无有相離之意」（釋〈坤・用六〉），「有陽不能无陰，有陰不能无陽，天地之氣豈可判隔」（釋〈坤・文言〉）？故其論陰陽，蓋以二者體一而位殊也。

「體一」者，陰陽不能獨存，猶君子、小人之莫能獨養。例如，解〈乾・文言〉「乾元用九」，謂「陽不可以孤行，奇出而偶隨。龍之為物，性陽而質陰。潛而陰隨，其質也；飛而陽隨，其性也。天之所以為天，陰陽兼運，以三奇兼偶六」；又謂「陰不能獨行，必附于陽而後行」（釋〈坤〉）、「陰陽消長，雖遞有偏勝，斷無獨絕之事；冬未嘗無陽，夏未嘗無陰。至治之世，亦有小人；極亂之世，亦有君子」（釋《序卦》）。然則，陰陽自是一體，非陽自陽、陰自陰也。故宗炎謂世儒以「扶陽抑陰」、「進君子退小人」發論者，非僅屈經傳之旨，亦隘天地度量、聖賢之胸次矣（釋〈大壯〉、〈解・六五〉）！

「位殊」者，陽性「輕清而圓轉」，陰性「重濁而執滯」（〈隨・上六〉），是以「陰不為先而為後、為輔而不為主」（釋〈坤〉），即陰（坤）以順陽（乾）為正；又云「天主氣，地主形。氣者，无乎不到，莫可間隔，故云實；形者，有无相對待，有之處少，无之處多，故云虛」（釋〈坤〉），是地配天、坤承乾，乃因形、氣而別，此陰陽所以「位殊」也。宗炎以程子「坤元承天，是地之道」之論，最得〈坤〉之深義，故其於〈坤・象辭〉「至哉坤元」下謂「〈乾〉以元施而〈坤〉受之，即為〈坤〉之元」之語，即本此（程子之論）而推之，而能發前人之所未發也。

陰陽既為一體，又為殊位，故宗炎於釋〈坤〉即云：「其（〈坤〉）義全取乎順承，故夫子直指為地道、臣道、妻道，非云天與君與夫即不可象也。〔……〕先儒拘泥于此，至謂〈坤〉不可為君，五位非〈坤〉所當有。」其意即謂〈坤〉取承天時行之義，非不能致君也。又其解〈坤・六三〉象辭「含章可貞，以時發也」之語，以「含」、「發」比之君、臣，謂原非二事，蓋因時之次第而異，是以「君臣民雖有高卑等級之殊，實同為人」（釋〈臨〉），即民奉君、君愛民，兩相親附，互求互與。以此觀之，宗炎於陰陽之詮解，

頗得《易》之精髓矣！

　　雖然，宗炎解〈乾〉則云：「陽得兼陰，陰不得兼陽。」又承歷來之治《易》者，以爲「陽大陰小，陽貴陰賤」（釋《下繫》第 2 章），終不可亂。竊以爲，動靜者，陽陰之性；柔剛者，陰陽之體。陰固有承陽之「順」義，然二者實無大小之別，此於「乾元」、「坤元」即可知矣！宗炎謂「陽得兼陰、陰不得兼陽」與「陽大陰小」者，恐囿於「用九」、「用六」之論〔註 111〕，昧於「天尊地卑」〔註 112〕、「小往大來」〔註 113〕之語，而失「虛實相參」、「陰陽相待」之道，亦有違其「陰陽一體」、「天地氣交」（釋〈坤·用六〉）之義矣！是以「扶陽抑陰」固爲違逆自然之人爲造作；而謂「陽大陰小」者，亦未嘗非困於封建人文之階級觀，即禮義化成之後設認知也。

（二）理氣合一、道器不離

　　夫《繫辭上傳》載有「形而上者謂之道，形而下者謂之器」之語；對此，宗炎以爲，「因形而不局于形，能求其所以然之故，則形達于上而謂之道；因形而泥于形，執卦畫、爻象而不知其本，雖乾坤之功用，亦不過一法象爾！道者，四通八達，莫有窮盡；器者，一定不移，莫可通方。形在上下之交，道器所由分也」（釋第 13 章）；又謂「聖人示人，道不離器，即器即道；器不遺道，非道无器。使智者毋徒循形上之名，愚者毋徒守形下之質」（同上），故「无器非道，形下皆形上也」（同上）。宗炎此說，誠與其「非理无以行氣，非氣无以載理，理與氣固未嘗分；分之者，後儒之失」及「理與氣同生，合一又何疑乎？以謂理在氣先，此理懸空，何所附麗」（釋〈坤·文言〉）之論相類，即理氣合一〔註 114〕，道器亦不離也〔註 115〕。而「使智者毋徒循形上

〔註 111〕　案：宗炎於〈乾·用九〉下云：「三奇爲☰，是爲天德，其數三，三過剛，不可以爲首，故兼三偶而用之，其數九。」於〈坤·用六〉下則云：「卦唯三畫，地三偶，其數六；陰不能兼陽，但自爲偶爾！」

〔註 112〕　案：此見於《繫辭上傳》「天尊地卑，乾坤定矣；卑高以陳，貴賤位矣」。竊謂天地本一體，何來尊與卑？生命無高下，何來貴與賤？「尊卑」與「貴賤」爲人文發展過程之價值判斷，乃人類主觀意識之詮釋，亦爲心靈之投射，其與事物之本質無涉也。

〔註 113〕　案：此〈泰〉卦辭；另〈否〉卦辭亦有「大往小來」之語。竊以爲，所謂「陽大陰小」者，蓋以「大」喻君子、「小」喻小人，乃象徵、類比之謂，固隨「時」而異，非指實質階級「大小」之論也。宗炎亦嘗言「陽有似君子，陰有似小人」（釋〈夬〉），則此說之出，可謂怪矣！

〔註 114〕　案：宗炎之「理氣合一」，蓋承蕺山、宗羲之說，其思路與朱子「有是理，必有是氣，不可分說」大同；所異者，朱子以「理」爲本，蕺山、宗羲、宗炎

之名，愚者毋徒守形下之質」之語，尤顯宗炎崇尚務實、鼓舞生命之積極氣度，《繫辭上傳》所云「顯諸仁，藏諸用」者，此之謂也。

筆者以爲，道器之不能獨行，猶陰陽之不能獨存、理氣之不能強分。有道無器，道無所依；有器無道，器無終成。道濟天地，器養萬物，天地萬物盡在道器之間充養，生命亦從茲而光，此道器所以不離者也。

（三）明天時、重人事

《周易》言「時」之卦多矣，而明載「時義大矣」者凡五〔註116〕，故宗炎之闡發時義，順理成章也。嘗云：「治歷明時，因天道而知人事；有孚改命，因人事而信天道也。順天應人，舍時无能爲也。」（釋〈革〉）又謂「古今功業，皆人之所爲，然必因乎時〔……〕；唯謀晷預備，乘時應用，鮮不克濟者」（釋《下繫》第4章）。

夫宗炎之解〈乾・文言〉「潛之爲言〔……〕是以君子弗用」一節，謂「勿者，時不可示之以勿用也；弗者，心知其不可安焉而弗用也。勿屬外，弗屬內」。觀宗炎之意，蓋以「外」者言天時，「內」者謂人時，二者皆寓「時義」。雖然，天時乃人力所不能易者，故但戒愼而「勿用」；人時則操之在己，故能洞見而「弗用」也。宗炎釋〈解〉初六爻「无咎」，即謂「難之初解，人人喜補過之有地，此非人力，乃天時也，故直云『无咎』」；又稱「天者，何時而已矣；時者，理勢之自然，天地鬼神所不能違」（釋〈損〉），故〈姤〉之言「遇」，而六爻多有不遇之象者，蓋人生遇合，繫之天時，不敢枉尋也。孟子云：「行、止，非人所能也。吾之不遇魯侯，天也。臧氏之子，焉能使予不遇哉？」〔註117〕即此之謂。故「違天逆時」者，乃「庸愚之妄作、妄爲」，非「羲、文、周、孔之道」（釋〈隨〉）也。

以「氣」爲尊也。宗炎即嘗云：「宋儒俱以『造化流行，陰陽錯綜，本自秩然不亂，所以指性爲理』，此語雖若深入一層，實不免于顚倒。夫理之云者，謂玉雖至堅，无可從入，而其中自有文理爲縱橫之質也。是先有氣有質，而後有理；氣質未具，理將焉附？錯綜、秩然，非見之于氣質，于何知之？畫有奇耦，然後分陰陽，然後知條理；苟事物物必欲原其无始之始，去聖人躬行實踐之義，遠甚！」（參《世楷堂》本《周易尋門餘論》，葉80）。

〔註115〕　案：宗炎此説，或有繼踵蕺山「器在斯道在，離器而道不可見」（參《黃宗羲全集》，第十冊，「先師蕺山先生文集序」，頁 54）之跡；然審其底蘊，確有其自得者。

〔註116〕　案：此五卦爲〈豫〉、〈隨〉、〈遯〉、〈姤〉、〈旅〉等。

〔註117〕　參見〔漢〕趙岐注，〔宋〕孫奭疏：《孟子正義》，《十三經注疏本》，〈梁惠王下〉，頁47。

　　然則，天時不可違矣！「天時」既不可違，則古往今來，天地萬物之離合、危安、成敗，豈非命定而不可移易哉？此亦不然。宗炎云：「君子乘時則不受天損，知時則不欲受人益。」（釋〈損·象〉）又謂「天下唯有隨時而已。隨時者，適其幾宜之謂。因之而千變萬化以施其經綸，因之而事半功倍以成其德業。天道、人事得其所隨，故無不善」（釋〈隨·象〉），其「趨時求譽者，小人也；違時干譽者，亦未可爲君子」（釋〈坤·文言〉）。宗炎此論，洵以順天承時以成其善，既無違逆自然之弊，亦無縱放人事之失，可謂得《易》道「時止則止，時行則行」（〈艮·象辭〉）之旨矣！由此觀之，「天時」雖不可違，然能乘時而作，知時而止，即知「進退」之道、「隨時」之義者，天於我何損、人於我何益哉？故宗炎以爲，「惟能自損，故不受人之損，此以人事而合天者」（釋〈損〉），即「盛衰興廢，猶晝夜寒暑，君子第盡其人事而已」（釋〈蠱·象〉）。

　　宗炎之重人事，亦可從其詮解卦爻象窺知一二！例如，其解〈謙〉，云「山爲剛土，地爲柔土；剛土爲骨，柔土爲膚。地上之山（〈剝〉），如人身骨節隆起於膚外；山藏於地，如人身諸骨隱伏於膚內」；解〈乾〉「天行健，君子以自強不息」，謂「人身一呼一吸爲息，脈行三寸，天行八十餘里一晝夜；人有一萬三千五百餘息，脈行周身，天行一百五萬餘里」；解〈復〉，以爲人身之氣血原與天地氣化相通，人身疾病亦與節候相因，故天地之贊化，本順時令以調天下之氣血（釋〈復·大象〉）；解〈无妄〉九五爻「无妄之疾，勿藥有喜」，引《素問》「以妄爲常」之語，謂「无妄則无疾，无疾則何所施藥哉」？凡此，或比之軀體，或喻之血脈，或援引醫籍，足窺其於「人事」之情之重；《繫辭下傳》所云「近取諸身」者，宗炎誠得其真矣！

　　竊謂宗炎「明天時、重人事」之思維，實與其「道器不離」之論相契無間，乃感於前人之治《易》，或疏於生命價值之闡釋，或流於玄妙虛無之空談；既失「乾道變化，各正性命」之旨，亦有違聖人憂患作《易》之德。故其解〈遯〉九五爻辭「嘉遯」，讚歎其「合乎天時、人事之正道」，如「堯之舉舜，舜之傳禹」，俱於「至治之時，即思退避」，故「吉」；此即明天時、知進退之功也。

　　是以宗炎以爲，「通變之權，全歸人事」（釋《上繫》第 5 章）；《易》有卦吉而爻凶者，有卦凶而爻吉者，皆因情而異，故學《易》者不可執一，當就其象而求其情（釋《下繫》第 12 章）；即《易》貴「變易」，不貴「拘執」

也。例如，其解〈蠱〉，謂卦之名不美，而六爻皆無凶咎，且其辭俱善者，蓋以卦自〈隨〉來，是〈蠱〉之成在昔不在今，此所以凶咎皆在〈隨〉也；又以〈恒〉之德甚美，而爻辭無一美者，洵以執中無權、乏窮變通久之義故也。然則，君子當處之以何？曰「通權以用中」。例如，其解〈遯〉「君子以遠小人」，謂君子、小人由來如水火，然處之得宜，則小人亦能收斂其鱗甲，自效其才能；此即「通變在人，豈數之所能囿而盡信夫占」（釋《上繫》第 5 章）之義也。

觀宗炎此論，誠與其「陰陽之道不同，其用中亦各有異」（釋〈恒·六五〉象辭）、「執中無權，或不可行，必旁通曲盡以行之，又不流溢于時中之外」（釋《上繫》第 4 章）及「常其理，不常其跡」（釋〈恒〉）之語渾然相契，無扞格之失，其思維之縝密，於此可見一斑。

（四）孚誠感格

宗炎嘗云：「〈升〉自下而達上，九二又稟陽剛之氣，其上而應五也，乃其時勢之固然，孚誠感格，通于鬼神，竟可略其儀文度數，即用禴祭之薄而已！」（釋〈升·九二〉）又謂〈萃〉六二「得地之中位之正，率羣陰而歸于有位之大人，相引其朋類」，「其孚誠之感格，可以達于幽明，不必備物盡禮；即用禴祭之薄，鬼神亦歆享而來萃矣！況于人之有形有質者哉」（釋〈萃·六二〉）！竊觀此反覆叮嚀之文，並覈其於〈泰〉、〈同人〉、〈大有〉、〈咸〉、〈隨〉、〈晉〉、〈恒〉、〈解〉、〈損〉、〈姤〉、〈萃〉、〈升〉、〈中孚〉諸卦之釋例，則「孚誠感格」爲宗炎治《易》之所重，亦可推之矣！茲略述其中。

夫宗炎解〈泰〉，謂「惟當勿愛，恤其孚誠，以維係夫人心，使二氣長交而不散」（釋九三爻）、「三四上下，陰陽之會，兩誠孚信；陽主唱，陰主隨。三『勿恤其孚』，以誠信施於陰也；四『不戒以孚』，誠信相感，彼動而此覺，自然應於陽也」（釋六四爻）；釋〈解〉，言「其誠其信，感格于愚夫愚婦，天地同流」（釋六五爻）、「凡爲我之同類者，俱進而孚誠，自不可散矣」（釋九四爻）；解〈損〉，指「萬物之賦受，无不氣先而質後者。山本居高，澤本居卑，其形質固然；惟澤之氣能上通乎山，山之氣能下貫乎澤，則山常潤而澤常積，草目藉以培養而發生，有交相感應之義，其卦爲〈咸〉。今山之高者自高，澤之卑者自卑，雨露之所濡渥，俱流而就下，其所承受者，不能展輸上達，則山將枯稿而不榮、澤惟一往而不返，其爲焦土、爲淤濁，俱无生生之機，所以謂之『損』也」（釋〈損〉）；而解〈咸〉，則謂「咸者，

兩相感應，彼此交格，无阻滯隔礙，亨通之道也」（釋〈咸・卦辭〉）。

蓋宗炎以爲，卦之六爻能相應、相感者，皆以「誠」；且謂「天下之事理，莫神於虛；人身之智力，莫貴乎誠。虛則無礙，誠則必通」（釋〈中孚〉）。此與孟子「誠者，天之道也。思誠者，人之道也。至誠而不動者，未之有也。不誠，未有能動者也」〔註118〕之語相類，皆以「誠」爲彼此感通之樞機〔註119〕；而此「樞機」亦爲《易》道之精神內涵。故「學者神明默成，察其動、變、易，不泥于方策、卦爻、象辭，即身、心、意知也」（釋《下繫》第1章）。

雖然，其以〈家人〉、〈睽〉二卦，往來於三女，盛衰存乎其間，遂謂「家之離合、興廢，係于婦人」（釋〈睽〉）者，則未免拘於「利女貞」、「二女同居，其志不同行」之語。蓋〈睽・象辭〉不亦有「男女睽而其志通」之載，且言〈睽〉之「時用」大矣哉？即以男女質性固有陰陽、剛柔之異，而彼此唱和、因時而動，其志亦可通矣。竊以爲，家道之盛衰、國事之興廢，端視彼此、上下能否以誠相待，而達相應、相感之境，《繫辭上傳》所云「二人同心，其利斷金」，即寓此義。是以宗炎此說，與其論「三代之亡，俱以女禍」（釋〈歸妹・象辭〉）之義同，皆有失公允矣！

（五）析文字、辟舊說

宗炎之治《易》既勤，於文字考據亦精，嘗云：「桓譚《新論》謂『《連山》八萬言，藏之蘭臺；《歸藏》四千三百言，藏之太卜』，是殷書與《周易》等，夏之文字幾二十倍于文王、周公，此亦不明古今之通義也。」〔註120〕依其意，蓋以文字之造作，乃隨歷史演化、社會日用而遞增，豈有前多而後寡之理，斯違「古今」之通義也。又謂「今日而孜孜于《連山》、《歸藏》、太卜之書，是求逸《詩》于石鼓、逸《書》于冢壁，其不爲君子所笑乎」〔註121〕？故其指《歸藏》尚留六十四卦名而缺其四，其間有別於《周易》者，多《緯書》之傅會，不足深信〔註122〕！蓋《漢志》本無《歸藏》之載，故《隋志》

〔註118〕參見〔漢〕趙岐注，〔宋〕孫奭疏：《孟子正義》，《十三經注疏本》，〈離婁上〉，頁133。

〔註119〕案：「誠」乃《周易》精神感通之內涵；有關此論，可參拙著〈論《周易》的「感應」與「共性」思維〉一文，收錄於《東吳中文研究集刊》，第九期，頁228～230。

〔註120〕參見〔清〕黃宗炎撰：《周易尋門餘論》，卷一，葉46。

〔註121〕同前註，葉14。

〔註122〕同前註，葉46～47。

逕稱《歸藏》於漢初已亡〔註123〕；雖然，宗炎乃姑釋之，以爲好事者之決疑。例如，〈需〉爲〈溽〉，雲上于天而將雨，必有溼溽之氣先見乎下；〈大畜〉、〈小畜〉爲〈龓畜〉、〈䢇畜〉，毒取『亭毒』（亦畜也）之義；〈艮〉爲〈很〉，其有「反見」之象，無言笑而面目可徵，故取「剛很」之義；〈升〉爲〈稱〉，地之生木，土厚者茂，土瘠者瘁，言木與土相稱也；〈家人〉爲〈散家人〉，則義不可考；〈遯〉爲〈逺〉，形意本通，無有異義；〈蠱〉爲〈蜀〉，蜀亦蟲也，但〈蠱〉之義深遠〔註124〕。至於〈瞿〉、〈欽〉、〈規〉、〈夜〉、〈分〉五卦，〈岑霤〉、〈林禍〉、〈馬徒〉三複卦名，其於《周易》不知爲何卦？宗炎固測之以〈瞿〉爲《觀》、〈欽〉爲〈旅〉、〈規〉爲〈節〉、〈夜〉爲〈明夷〉、〈分〉爲〈暌〉、〈岑霤〉爲〈賁〉，餘則不詳；然猶言「其當否，亦未可知」矣〔註125〕！則其釋文之從嚴，未敢專斷也。

　　蓋宗炎以爲，「不知字義，而讀他經，所失猶有二三；以之讀《易》，十不得其二三矣！然泥于古篆，更多不可通曉之處，是又自增一重障蔽也」〔註126〕；又謂「鄭康成于經文多所改竄」，「說多穿鑿，不可盡信」〔註127〕，且「其字多俗，反有不若石本者」〔註128〕！乃歎曰：

> 自文、周以來，古文變而篆籀，篆籀變而小篆，小篆變而隸書，隸書變而俗楷，其傳寫失眞，有不勝計校者！況遷改而從俗者，十之九或不通其意，偶存一字之舊文；加偏旁者，十之九或不辨其聲，偶留一字之假借，學者益混淆而難測度矣！〔註129〕

有鑑於此，故宗炎直謂「窮經者，不可不知六書」（釋〈泰‧象辭〉），「不知六書者，不可以解經」（釋〈賁〉），亦「難與論經學」〔註130〕；「白首窮經而未閑于小學，雖欲躐等，其誰信諸」（釋〈師‧上六‧象辭〉）？而「欲明六書之道于天下，非盡削俗字不可」（釋〈坤‧象辭〉）。是以其析解《易》文之舉，實不足爲怪矣！所解者，於卦、爻辭皆「推原篆書」，以得「文、

〔註123〕參見〔唐〕魏徵等撰：《隋書》（北京：中華書局，1997 年），卷三十二，葉913。

〔註124〕參見〔清〕黃宗炎撰：《周易尋門餘論》，卷一，葉 46～47。

〔註125〕同前註，葉 47。

〔註126〕同前註，葉 22。

〔註127〕同前註，葉 19。

〔註128〕同前註，葉 20。

〔註129〕同前註。

〔註130〕同前註。

周立象之微旨」；於《文言》、《彖傳》、《象傳》則「闡明經義，因附注篆以
證之」〔註131〕。至於《繫辭》、《說卦》諸篇，宗炎指其「已屬『窮神知化』，
不必局躓夫文字之端倪，而索太羹、元酒之滋味也」〔註132〕。竊觀其所析
之《易》文，或字、或詞、或句，而多兼辟前人之說。茲各舉數例，略述如
下：

1‧析字者

宗炎解「朋盍簪」之「簪」，指其本為「兂」，「象人首加物束髮之形，
以竹為之；俗遂從竹諧兂作『簪』，轉展疊加，贅疣反從，正義不可問矣」
〔註133〕（釋〈豫‧九四〉）！又如解「德合无疆」之「疆」字，謂其本為「畺」，
從二田，中外所畫三道，乃「界限」之意；後人則加「土」於「疆」之「弓」
上，而成「疆」字，「以諧其聲，而『畺』之字反不用矣！俗字轉展疊加，
每多此類」（釋〈坤‧象辭〉）。解「莧」為「澤羊」（釋〈夬〉），語其大尾細
角，俗呼「綿羊」，特著其尾以別於山羊；並指舊解作「莧荣」名，語多牽
強，乃誤羊角為「艸」也（釋〈夬‧九五〉）。張立文先生於《帛書周易今注
今譯》一書中引船山《周易稗疏》之說，以為當作「山羊細角」，近人高亨
亦持此解；然謂之「山羊」，則與宗炎異也。又如解「包有魚」、「以杞包瓜」，
宗炎以為「包」即「庖」字（《正義》作「庖有魚」），並謂前者猶《孟子》「庖
有肥肉」之義，後者則以杞之美材為薪，充庖廚而烹瓜也。竊觀其解，誠有
所據，非俗儒之臆說，且較程子作「包裹」者為勝。

此外，〈既濟〉六四爻「繻有衣袽」，前人多作「以敝敗之棉帛塞舟之罅
漏」解，即釋「袽」為「絮」。然宗炎以為，「袽」當作「短衣」，其服適身，
便於作事、防患；且火上已溫之水，非可泛舟者，安得有波濤之險而備敗絮
以塞漏耶？觀宗炎之析文取義，頗能合於卦之二體，非空言也。考象辭云：
「終日戒，有所疑也。」若依前人所解，則「絮」之置於舟者，蓋以塞其漏；
然則，何所疑哉？苟此，不亦遲矣！舟焉能不沉乎？又如「鼎耳革」（〈鼎‧
九三〉），前人多解「革」為「變革」之義，然宗炎以為，耳在鼎口，本可受
鉉，今反附耳於腹（九三爻），鉉不可通，必「以革貫耳」乃可行，而終不
若鉉舉之便矣！其於理、象之合，能出前人之思也。又〈大過〉「棟橈」之

〔註131〕同前註，葉82。
〔註132〕同前註。
〔註133〕案：《說文》云：「簪，俗兂，从竹从兂。」段氏於「俗兂」下亦注云：「今俗
　　　　行而正廢矣！」

「棟」，先儒多作「棟宇」解，惟郝仲輿釋「橋梁」，宗炎宗之，謂「澤中之木，橋也，非屋也」；此解亦可從上六爻「過涉」一語證成之。則宗炎之取象，頗能與理合；且引郝氏之解，亦可見其慧眼獨具矣。又如〈大畜〉上九「何天之衢」，宗炎以爲，「『何』，讀與『何校滅耳』之『何』〔註134〕同，謂衢之通達平正，无所隔礙，无所遮蔽，舉目四望，遠與天接也。程子欲衍去『何』字，朱子以爲『何其通達』，若疑詞；俱費力矯揉，而『天之衢』三字，益不可解矣！一作『負荷』，便直截痛快」。解〈井〉，謂「井」兼有「井田」與「汲水之井」二義；其「汔至」之「汔」應解爲「水涸」，程、朱訓「幾」，乃重蹈《正義》之誤，於義理不合〔註135〕。夫以「負荷」釋「何」、以「水涸」解「汔」，宗炎之說誠然有據，非憑空之臆測也。

雖然，其解「速」爲「從辵、從束」（釋〈需・上九〉），又謂「水骨爲滑」、「水皮爲波」（釋〈坎〉）者，恐有淆亂「形聲」爲「會意」之嫌矣！類此之例，實不乏焉！即如《四庫》館臣所言，「不免有安石《新義》務用《字說》之弊」〔註136〕也。又如〈咸〉「取」字，宗炎以「耳聞之熟，然後以手取之」釋之，且指《周禮》所載，獲者取左耳，爲軍法獻馘，乃春秋、戰國之俗，非上古事；而聖人制字，俱寓仁愛于其間，不以慘刻立教也（釋〈咸〉卦辭）。考甲骨文「取」作「🔘」，金文作「🔘」，皆以手刈耳之實象，乃會意字〔註137〕。是以宗炎此說，恐有待商榷！又其謂《易》取象於蜥，「易」（🔘）之爲文，象其一首四足之形，即今之析易〔註138〕，或繼踵《說文》之解；而清儒戴震（1724～1777）則云：「事物之變換遷移謂之『易』，此一名也；蜥易之爲物，以雙聲名之，此又一名也。未立蜥易字之前，不可謂無變

〔註134〕案：宗炎解「何校滅耳」之「何」爲「儋也」（釋〈噬嗑・上九〉）。

〔註135〕參見〔清〕黃宗炎撰：《周易象辭》，卷十四，〈井〉卦、辭解說。

〔註136〕參見〔清〕紀昀等編：《四庫全書總目》，卷六，「經部六・易類六」，頁56。案：此言雖可擬於宗炎析字之弊，然若逕謂王安石（1021～1086）《字說》通篇無稽，亦已過矣！蓋宗羲嘗謂安石《字說》一書，「穿鑿傅會，流入佛老」（參《黃宗羲全集》第十一冊，頁515）；然於王氏原旨亦有所申明，而以楊龜山（1053～1135）《字說辨》未免有矯枉過正之病者。例如，「鴻」字，王安石云：「大曰鴻，小曰雁。所居未嘗有正，可謂反矣。然而大夫贄此者，以知去就爲義，小者隨時，如此而已。乃若大者隨時，則能以其智興事造業矣。」楊龜山（時）辨曰：「鴻、雁一物也，有小大之義，亦無興事造業之理。」宗羲則引《考工記・梓人》註：「鴻，傭也。」而謂「興事造業，非無稽之言」（同上，頁519）。

〔註137〕參見許進雄：《中國古代社會》（臺北：臺灣商務印書館，1998年），頁551。

〔註138〕參見〔清〕黃宗炎撰：《周易尋門餘論》，卷一，葉20～21。

易之語。專就蚚易傅會變易之義,可乎?《易》之爲變易,《象》之爲像,無涉于蟲獸。說者支離穿鑿,由六書不明,不知假借之說耳!」﹝註 139﹞以此觀之,宗炎釋「易」爲「析易」,固非獨創;而其所持解,亦不足成篤論。至若其駁「日月」爲「易」之說,則多有見地﹝註140﹞,當別而觀之。

2‧析詞者

宗炎解〈剝〉六五爻「貫魚」,引《儀禮》魚每鼎用十五頭,〈昏禮〉用十四頭,以其數多,故烹者必須貫。宗炎此說,既有所據,復得其情,可謂治《易》有功。又如〈師‧六五〉「執言」二字,宗炎以「稟其號令而使眾人奉行」釋之,而謂先儒多徒知誦章句、習步趨,而以「奉詞伐罪」、「師出有名」解,蓋流於功利之論,非先王大公無私之意,亦有違性命精微之道也。此外,〈渙〉六四爻「渙其群」,先儒多解爲「散其朋黨」;宗炎則謂〈渙〉之象與義皆「乘木涉川」,即喻「疏散」、「疏通」之義,使天下各得其位、各事其事也。竊以此驗之上九爻辭「渙其血」﹝註141﹞、象辭「遠害也」,於義無不契合。又其解〈屯‧上六〉「乘馬班如,泣血漣如」,以先儒謂「哭泣見血」,於象不類,而云:「五屯膏不施,上雖近水,不能有所滋潤,溝洫猶澀而不通,僅僅如霧露之著於草木,水珠相連屬而已。」又指〈困〉九二「困于酒食」,歷來傳注皆作「厭沃苦惱」(如《本義》),象既不類,理更不通,而謂水漏澤枯,原野有旱乾之憂,如士人之窮約,隱居至艱難,何能得此酒食之荒淫,且爲之苦哉?凡此,皆可見其於文字說理剴切、考據詳實。

雖然,其指〈既濟〉、〈未濟〉皆云「鬼方」,〈睽〉曰「載鬼」者,洵以水火相激,變化播盪,其狀多端,故皆象「鬼」;唯〈革〉之澤已就烹,雖有光怪,但如虎豹牛皮(釋〈睽‧上九〉)。竊以宗炎之論,於〈睽〉或可,蓋豕負泥塗,其狀似鬼;然於〈既濟〉、〈未濟〉則不可矣!所謂「鬼方」者,國名也;且謂〈革〉之澤已就烹,則〈既濟〉之水能全乎﹝註142﹞?此外,宗

﹝註139﹞ 參見〔清〕戴震撰,張岱年主編:《戴震全書》(合肥:黃山書社,1994 年),
　　　　 第二冊,頁 371。

﹝註140﹞ 案:宗炎謂以「日月」爲「易」者,其舛繆有七,詳見《周易尋門餘論》,葉
　　　　 21～22;此恕不贅言。

﹝註141﹞ 案:宗炎以〈渙〉上九爻應作「渙其血,去逖出,无咎」。且謂「血」爲「洫」
　　　　 之通假字,即溝洫也;先儒不知其義,遂以人身之血釋之,則一旦「渙」(散)
　　　　 之,人死矣!何來「无咎」?又云:或解「血」爲「傷」者,然六爻非吉則
　　　　 无咎,未嘗有爭鬥傷人之事;即以陷險爲血,溺水之人亦未有見血者。

﹝註142﹞ 案:宗炎解〈未濟〉時,嘗云:「〈既濟〉之火,薪傳者也,其火易爐;〈既濟〉

炎以〈周禮〉僞書，「不可爲訓」（釋〈噬嗑‧九四〉）、「不足論矣」（釋〈歸妹‧初九〉）；然於文字之析解，則多引之，怪哉！如解「中饋」（〈家人‧九二〉），引《周禮》「凡王之饋」以證「饋」爲祭禮；解「履校」（〈噬嗑〉初九），引《周禮》「六廄成校」，以證「校」爲兩木相並。類此者，不可勝舉矣！

3‧析句者

宗炎指先儒以「鳥巢」比「旅次」，其義未合；蓋「鳥之有巢，如人之有家」、「焚次者，猶可退歸；焚巢者，无復可歸。爻辭『旅焚其次』（九三爻），先言旅，後言次；『鳥焚其巢』（上九爻），先言焚，後言旅人，義尤明顯」（釋〈旅〉上九）。依其意，「焚次」猶可「退歸」，「焚巢」則無可「復歸」矣！宗炎此解，實爲纖密之論也。又〈姤〉九五爻「以杞包瓜」，宗炎謂前人欲「屈喬木以包裹一瓜」爲解，其牽強亦已甚矣！夫「聖人不爲此影響不切之象，蓋曰『用杞之美材爲薪，充庖廚而烹瓜』云爾！〔……〕瓜乃蔬菜之凡品，而蘢蓯之杞以然之而供庖，不亦高卑易序也乎？然五以君下民、以賢下愚，如以美材烹常羹，正施命誥于四方之元后也」（釋〈姤‧九五〉）。夫〈姤〉凡三言「包」〔註143〕，宗炎皆以「庖廚」釋之；而其「用杞之美材爲薪，充庖廚而烹瓜」之言，非惟符義經文，亦能懸解前人所執也。解「履霜堅冰，陰始凝也。馴致其道，至堅冰也」，宗炎謂『履霜堅冰』者，初一偶居下，陰氣甚微，始凝聚而見端也。自是而後，陰氣日長，陽氣日消，徐徐而行于此道；馴致其極，則至于堅冰也。言由漸而往，不覺其已至此。後儒敷會陰陽，分配節氣，以五月一陰始生爲〈姤〉，此爻當屬五月；然五月非霜時也。六陰爲〈坤〉，屬之十月；然十月之冰未堅也。何節候之可定乎？《易》者，變也，不可按圖爲死煞不靈之物！但言微陰則象霜、陰盛則象堅冰」（釋〈坤‧初六‧象辭〉）。觀宗炎以「微陰則象霜、陰盛則象堅冰」釋「履霜堅冰」之義，非惟兼排前人傳會卦氣之說，亦得《易》文「履霜，堅冰至」之旨矣。

此外，《說卦》載有「其究爲健、爲蕃鮮」（〈震〉）、「其究爲躁卦」（〈巽〉）二語，宗炎分別以「分〈乾〉初體，剛不可抑，其究爲健；正東得木之氣純，自此而茂盛，初生之色新而且潔，爲蕃鮮」及「一陰附於二陽，雖下必上、

之水，鼎烹者也，其水立涸。」
〔註143〕案：三言「包」者，九二爻「包有魚」、九四爻「包无魚」及九五爻「以杞包瓜」也。

雖入必出；初而進退不果，後則騁於一決，其究爲躁耳」論之；且謂兩卦「皆言其究竟」者，蓋「〈震〉、〈巽〉爲陰陽初變」，「因始以測其終也」（釋《說卦》第9章）。審其所解，實有特出於前人者〔註144〕。又〈乾〉用九「見群龍无首，吉」，前人之解，多發端於象辭「用九，天德不可爲首」（〈小象〉）一語而推衍之，或謂「能用天德，乃見『群龍』之義焉」（如王弼注），或稱「『群龍』之義，以无首爲吉」（如孔穎達疏），或言「觀諸陽之義，无爲首，則吉也」（如程子《易程傳》），或指「六陽皆變，剛而能柔，吉之道也」（如朱子《周易本義》）；宗炎雖亦言「六爻皆龍，六龍皆天德」（釋〈乾·象辭〉），而謂「是羣龍藏其首而不露，見而不盡見，所以爲神，所以能變化也；變化且神，悔、吝、凶、咎何得及之？惟『吉』而已」（釋〈乾·用九〉）。竊以宗炎此釋，能遙契漢儒鄭玄所云「六爻皆龍體，羣龍之象」（《周易鄭康成注·乾》）及宋儒司馬光所言「龍者，神獸，能隱能見，有變化之象」〔註145〕，且較彼等託諸「義理」、「陰陽」者爲勝〔註146〕；其中，「見而不盡見」一語，猶有《老子》「迎之不見其首，隨之不見其後」（第14章）之餘蘊也。

雖然，其解〈比·九五〉「王用三驅，失前禽」，謂「王者之田，驅馳進退，以三爲節」，並引《周禮》「三表」說，以爲「禽之左、右去者不殺，向我來歸者不殺，惟背而往者取之。蓋去其三而取其一」。觀宗炎「向我來歸者不殺」之語，洵與程子「來者撫之」之意同，而與朱子「來者不拒，去者不追」〔註147〕之論異也。至於「去三取一」之語，則與程、朱「去一取三」之

〔註144〕案：如孔穎達於「其究」之「究」字，皆疏曰「極也」；且於「其究爲健、爲蕃鮮」、「其究爲躁卦」二語，分別釋以「極於震動，則爲健也；爲蕃鮮，鮮，明也，取其春時草木蕃育而鮮明」、「取其風之近極於躁急也」（參《周易正義》，卷九）。

〔註145〕案：司馬光於此下謂「勿爲之首，爲之首則亢矣」（參《四庫》本《溫公易說》，卷一，釋「用九」）；則其取義（釋「首」爲「首領」）與宗炎有別也。

〔註146〕案：明來知德嘗言：「羣龍者，潛、見、飛、躍之龍也；首者，頭也。〈乾〉爲首，凡卦，初爲足，上爲首，則上九即羣龍之首也。不見其首，則陽變爲陰，剛變爲柔，知進知退，知存知亡〔……〕，不與時偕極，乃見天則而天下治矣，所以無悔而吉。」（參《四庫》本《周易集註》，卷一）竊以來氏「羣龍者，潛、見、飛、躍之龍也；首者，頭也」之語，於經文之義固可言通；然其後所解「不見其首，則陽變爲陰，剛變爲柔」云云，則恐致前後不能相契之病矣！

〔註147〕案：此語出於《周易本義》，而《朱子語類》有「田獵者，自門驅而入，禽獸向我而出者皆免，唯被驅而入者皆獲」之語。所以如此者，李光地《周易折中》以爲《本義》乃朱子未修改之書，故其後之講論，每有不同者，皆此類也。

解有別；此宗炎寓教化於其中，但備一說耳〔註148〕。

（六）以史解《易》

前文已述，以史解《易》之例，漢儒鄭玄已發其端，後世繼踵而興焉！故宗炎之以史解《易》，非存造作之情也。如其解〈豫・九四〉象辭「志大行」，指四為雷主，雷出而行乎空中，得以阻隔，正伊尹、周公之事；解〈同人・九五〉「同人先號咷而後笑」，言「堯以不得舜為憂，舜以不得禹、皋陶為憂。大君之求賢以自助，不憚大聲疾呼以招同心；求之既得，則喜說之色形於顏面，此〈同人〉『先號咷而後笑』之象也」；以「窮而來隨」解〈隨〉上係於五，謂此乃微子、箕子之象；取「神宗用安石之法，變亂祖宗法度，逐輾轉相因，至於糜爛」之事，以解〈蠱・六四〉「裕父之蠱」。又如以〈泰〉為大禹治水之事。初，民艱食而聖人有憂；二，治水之道；三，洪水既平，樹藝方修，而惟恐隄防之或決；四，盤庚之遷；五，聖賢之君繼作；六，殷之末世。解〈離〉九三爻「日昃之離，不鼓缶而歌，則大耋之嗟，凶」，謂「人至日昃，任達之士托情物外，則自謂有『觀化』之樂，故『鼓缶而歌』；不然，憂生嗟老，戚戚寡歡。不彼則此，人間惟此二種，皆凶道也。君子任重道遠，死而後已，衛武公之所以賢也」〔註149〕。蓋此呼「任達之士托情物外」者，即指莊子；而「『觀化』之樂」、「鼓缶而歌」，皆莊生論死生之事也。

又其解「大人否亨，不亂群也」，乃言「後儒多以狄仁傑為亨否，成反周復唐之功，吾獨以謂『不然』。夫仁傑失身牝雞而榮其祿，是亂羣也。及忽死盧陵，猶未反正，則所稱『梁公』〔註150〕者，依然武曌之偽爵；惟薦

〔註148〕　案：《史記・殷本紀》載：「湯出，見野張網四面，祝曰：『自天下四方皆入吾網。』湯曰：『嘻，盡之矣！』乃去其三面，祝曰：『欲左，左。欲右，右。不用命，乃入吾網。』諸侯聞之，曰：『湯德至矣，及禽獸。』」宗炎「去三取一」之說，或可與此相參。

〔註149〕　參見〔清〕全祖望撰：《鮚埼亭集》，收入《清代詩文集彙編》，第302冊，卷十三，「鷓鴣先生神道表」，葉11。案：《四庫》本《周易象辭》與此不同，較為冗長，且無「衛武公」諸語；然據清儒陸嘉淑所載：「人至日昃，任達之士，托情物外，則自以為有觀化之樂，故鼓缶而歌；其若不然，憂生嘆老，戚戚寡歡。不彼則此，人間惟此二種，皆凶道也。君子不然，任重道遠，死而後已，正使一息尚存，此志不容少息。衛武公九十猶戒，豈敢蹈此等之轍？」（參《經義考》，第二冊，頁757～758）則與全氏大同。就此而言，全氏與陸氏所引，當有所本也。

〔註150〕　案：狄仁傑（630～700），字懷英，號德英，唐并州陽曲縣（今山西省太原市陽曲縣）人，乃唐武周之宰相，死後諡「文惠」。唐中宗繼位，追贈「司空」；

一張柬之，爲得人而謀事，多暗使曌傳位三思〔註151〕，成夫篡奪，柬之必不能爲周勃〔註152〕之事，仁傑不免爲亂臣賊子，何得稱從權之大人哉？於戲小人道長，妄曰『大人』，徒爲亂臣耳」（釋〈否・六二・象辭〉）！解《象傳》「志大行」，以爲「論人者當觀其志，不當疑其跡也；此正伊尹、周公之事」（釋〈豫・九四・象辭〉）；解〈蠱〉，言「趙宋之天下，正當承平無事，所謂『裕父之蠱』；神宗急于圖治，深信王安石之躁妄，變亂祖宗法度，遂展轉相因，至於糜爛國家，則不宜往而往之，爲禍也大矣」（釋〈蠱・六四・象辭〉）！

觀宗炎所解，或異於舊釋，或能出前人之外；然以「失時」（釋〈泰・上六〉象辭）喻「盤庚之遷」（四爻），則恐有語昧之嫌！竊以「失時」者，當謂盤庚「治亳」之前也。蓋《史記・殷本紀》載盤庚之時，「迺五遷，無定處」，是以殷民皆怨而不欲徙；雖然，盤庚告諸侯大臣之諭後，「遂涉河，南治亳，行湯之政，然後百姓由寧，殷道復興」〔註153〕。然則，盤庚之遷「亳」，非「失時」可知矣。

（七）四聖之《易》

宗炎以「《易》始於伏聖，六十四卦畫皆具」，「文王演爲《彖辭》，周公繫以《爻辭》，而《易》始大備」，「故專屬之周，曰《周易》」〔註154〕；此說或直承於蕺山先生。蓋蕺山嘗曰：「《周易》者，文王本伏羲畫卦，而爲之繫《彖辭》，周公又繫《爻辭》而得名也。」〔註155〕至以孔子「繫《彖傳》及大、小《象傳》，則《傳》體也。合之皆得稱《周易》」〔註156〕，前人多已言之矣！故宗炎乃謂「自夫子贊《易》後，三聖不顯之精微始照然于旦晝，後之學者方得階《十翼》而窺卦象；求夫子，即所以求三聖也」〔註157〕。然則，宗炎

其後，唐睿宗復追封爲「梁國公」。

〔註151〕 案：指梁王武三思（？～707），其爲武則天之姪也。

〔註152〕 案：周勃（？～前169）爲西漢之開國功臣。漢高祖六年，受封「絳侯」；繼以弭平韓信叛亂有功，擢爲太尉。其後謀滅呂（呂后）氏諸王，擁立文帝；於漢文帝十一年卒，諡號「武侯」。

〔註153〕 參見〔漢〕司馬遷撰：《史記》，卷三，頁58～59。

〔註154〕 參見〔清〕黃宗炎撰：《周易尋門餘論》，卷一，葉4。

〔註155〕 參見〔清〕朱彝尊原著，業師林慶彰等編審，許維萍等點校：《經義考》，第二冊，頁630。

〔註156〕 同前註，頁630。

〔註157〕 參見〔清〕黃宗炎撰：《周易尋門餘論》，卷一，葉11。

所謂「四聖」〔註158〕者，伏羲、文王、周公及孔子也。茲將宗炎所論四聖之《易》，並其中可議者，概述於下：

1・伏羲畫卦、重卦

宗炎嘗云：「羲皇示以卦畫，引而不發；文、周身逢衰世，憂患演《易》，左右逢原。羲皇如閉門造車，文、周如驅車當道也。」（釋《下繫》第 5 章）又謂「八卦之理」，「或見于純，或見于雜」，乃「自然之法象」，「非羲皇不能重，非文王不能序」〔註159〕。依其意，非惟乾☰、坤☷、震☳、巽☴、坎☵、離☲、艮☶、兌☱爲伏羲所畫，即六十四卦，亦「皆伏羲所重之卦」（釋〈乾〉）也。此外，宗炎指「〈乾〉、〈坤〉、〈坎〉、〈離〉，本體无反對，凡四卦；〈震〉與〈艮〉遇，〈巽〉與〈兌〉遇，合體无反對，亦凡四卦。聖人卦畫之神化，莫可思議如此」（釋〈大過・上六・象辭〉）！所謂「合體」者，即指〈小過〉、〈頤〉、〈中孚〉、〈大過〉四卦；前二卦爲「〈震〉與〈艮〉遇」，後二卦爲「〈巽〉與〈兌〉遇」。

以此觀之，宗炎於伏羲畫卦、重卦之神妙，可謂推崇備至矣！夫攸關《易》卦之形成，歷來學者多據《繫辭下傳》「古者包犧氏之王天下也〔……〕。於是始作八卦」（第 2 章），並《史記・周本紀》「西伯蓋即位五十年，其囚羑里，蓋益《易》之八卦爲六十四卦」〔註160〕諸語而抒論；即以八卦爲伏羲所作、六十四卦爲文王所演也。宗炎以伏羲重八卦爲六十四卦，其說雖有所承，且同於宗羲〔註161〕，然覈諸古籍，究竟未有明載，斯爲推測之論；至若以六十四卦爲文王所重，固不足取也。蓋據《繫辭傳》所載，神農時已有〈益〉、〈噬嗑〉二卦，至黃帝、堯、舜復增數卦〔註162〕；宋儒鄭樵（漁仲）亦嘗言：「三《易》皆始乎八，而成乎六十四。有八卦即有六十四卦，六十四卦非至周而備也；但法之所立，數之所起，皆不相爲用。」〔註163〕然則，「文王重卦」之

〔註158〕同前註，葉 5。
〔註159〕同前註，葉 35。
〔註160〕參見〔漢〕司馬遷撰：《史記》，卷 4，頁 71。
〔註161〕案：參本書論宗羲「駁邵雍『先天橫圖』說」一節。
〔註162〕參見〔魏〕王弼注，〔唐〕孔穎達疏，〔清〕阮元校勘：《周易正義》，《十三經注疏》，卷八，頁 165～168。
〔註163〕參見〔宋〕鄭樵撰，王樹民點校：《通志》，「藝文略・《易》」，頁 1449。案：鄭氏此說，或據《周禮・春官》太卜「掌三易之灋，一曰《連山》，二曰《歸藏》，三曰《周易》。其經卦皆八，其別皆六十有四」（參《周禮注疏》，卷二十四，「太卜」，頁 370）之語而發揚之。

論，不攻自破矣！

2・文王命卦、繫彖

宗炎以爲，「伏羲作《易》，止于畫卦，有名无辭。文王作《彖辭》，繫之卦下」（釋《上繫》第 1 章）；所謂「彖辭」，即指卦辭也。蓋「文王既玩其象，復繫之辭，曰『元』，曰『亨』，曰『利』，曰『貞』〔……〕。此四者，在天爲春、夏、秋、冬之四時，在地爲東、西、南、北之四方，在人爲仁、義、禮、知之四端，在物爲生、長、成、實之四事」（釋〈乾・卦辭〉）；斯以〈乾〉卦辭「元亨利貞」爲例，指爲文王所繫，但發其一端耳！六十四卦皆然；至於「此四者，在天爲春、夏、秋、冬之四時」諸語，洵爲宗炎之衍繹，非即聖人繫「元亨利貞」之旨也。此外，宗炎謂文王「觀伏羲所重之三奇之卦，六畫皆陽，上下俱天，而名之曰『乾』」（釋〈乾・卦辭〉），觀「伏羲以三偶重三偶」之畫而「思其象，命之曰『坤』」（釋〈坤・卦辭〉）；又指「《周易》首〈乾〉次〈坤〉，以及六十四卦之次第，文王之所序列也」（釋《序卦》）。

綜其所言，則《易》成於文王者有三：一爲「卦辭」，二爲「卦名」，三爲「卦序」。夫三者之中，文王繫「卦辭」固有疑義〔註164〕，文王列「卦序」亦屬臆斷〔註165〕；惟「卦名」爲文王所定，則或可備說。蓋《繫辭下傳》載「《易》之興也，其當殷之末世、周之盛德邪」（第 11 章）、「作《易》者，其有憂患乎」（第 7 章）？所謂「周之盛德」，當指文王將《易》道用於修身、治國、德澤天下，即「《易》之興」一語所指涉者；而「作《易》」二字，或可解爲定《易》卦之名〔註166〕，諸如〈屯〉、〈訟〉、〈豫〉、〈剝〉、〈无妄〉、〈坎〉、〈恆〉、〈遯〉、〈蹇〉、〈損〉、〈渙〉……等，以符「其有憂患乎」之義。就此而論，《周易》六十四卦定名於文王，非純屬無稽也。

〔註164〕案：清以前《易》學家，多視卦辭爲文王所作，然〈晉〉卦辭載有「康侯用錫馬蕃庶」之語；「康侯」即「康叔」，乃武王同母少弟，此屈萬里先生於〈周易卦爻辭成於周武王時考〉一文中考辨甚詳（參《易學論著選集》，頁 151～153）。然則，卦辭當成於武王之後（屈氏謂成於武王時，恐有所不宜），非文王所繫，亦可推知矣。

〔註165〕案：宗炎所以指六十四卦之次第爲文王所序，蓋以其既謂《序卦》成於夫子（詳後），乃上而推之，以彰聖人相繼作《易》之旨也：雖然，「通行本」六十四卦之排列次第，既有異於「帛書本」，又無確鑿之史料可資說，則逕視其爲《易》之原貌，且爲文王所序，恐不能服人也。

〔註166〕案：《繫辭下傳》所載神農氏「蓋取之〈益〉」、「蓋取諸〈噬嗑〉」（第 2 章），其「蓋」字乃「未定」之意，爲象徵性之表述，非指〈益〉、〈噬嗑〉定名於神農；其下所繫「黃帝、堯、舜」諸語（同上），亦當如是看。

至若宗炎謂「聖人憂患作《易》，原示人以敬愼恐懼之道，欲其補過而无咎」（釋〈乾‧文言〉）者，恐不盡然！蓋聖人之作《易》，固有示人以敬愼恐懼之意，然所謂「興神物以前民用」（《上繫》第 11 章）、「和順道德而理于義，窮理盡性以致於命」者（《說卦》第 1 章），洵爲順天承德、審察民故、完善人生之積極思維；苟《易》之爲書，必爲「補過」而作，則聖人作《易》之宏旨隘矣！是可議者也〔註167〕。

3‧周公繫爻

夫《易》爻辭之作，前人或亦歸諸文王，或謂成於周公；對此，宗炎則直指「周公因伏羲之重卦，每書爲一爻而繫之以辭」（釋〈乾〉）；而聖人憂患之思即寓其中。例如，「泰卦六爻，絕不言『泰』，豈非致泰之難而失泰之易乎？下體三陽，初亂未終，二方用力，三即防患；上體三陰，四已失時，五當倦勤，六已作亂〔註 168〕。國家閒暇，日中則昃，盛明之世，聖人所憂危也」（釋〈泰‧上六‧象辭〉）。依其意，爻辭乃周公所繫，且寓憂患之思於其中，以爲後世之殷鑑也；故又曰：「先儒疑象辭未見其危，危者多在爻辭，遂謂爻辭亦文王所繫，不知文王象辭含藏不露，尚存天王聖明之意。至于周公繫爻，已當誅紂之後，雖暗指殷、周，辭亦稍稍顯著；但周公以文考（文王）之心爲心，每存謙讓，哀惻于其間！若以爲文王，則登天入地、虎變革面、无號求主、殺牛禴祭，諸如此辭，皆革命以往之實證，焉得漫加至德之聖人乎？則爻辭爲周公所繫无疑。」（釋《下繫》第10章）

觀宗炎上述之論，固皆能合義，且可呼應朱子所言「謂爻辭爲周公者，蓋其中有說文王，不應是文王自說」〔註169〕，即「文王斷无自述其事之理」

〔註167〕 案：歷來治《易》者，多有此論，然或囿於《繫辭上傳》「无咎者，善補過也」（第 3 章）之語，或就孔子「加我數年，五十以學《易》，可以無大過矣」（《論語‧述而》）一語而發。竊以《繫辭傳》所言，但因「占」以立「教」，即「神道設教」之謂，乃人文自覺之過渡也；況「无咎」之占，於三百八十四爻中，不及四分之一，若逕以此直指《易》乃「補過」之書，不亦「過」乎？曰「善補過」者，乃《繫辭傳》作者「勸民修德」之用心，亦明聖人作《易》「以前民用」之旨。此外，「憂患」一辭，或《繫辭傳》作者上擬聖人之心，其果爲作《易》者本意耶？恐不然！但以患於前事而憂及後人，故立如履薄冰之戒、未雨綢繆之語，則不失「无咎」之旨矣。至若「無大過」者，乃學《易》之用，非《易》道之本；況此語猶夫子謙遜之辭，非謂夫子必有過而學《易》；苟此，則夫子「五十而知天命」者，又何以言哉？

〔註168〕 案：宗炎既稱「初亂未終」，而此謂「六已作亂」，則於「初」、「上」相應之道，似有未盡其宜者；當作「上已作亂」也。

〔註169〕 參見〔宋〕黎靖德編：《朱子語類》，卷67，「三聖《易》」，頁1648。

（釋《下繫》第 10 章）；然逕謂爻辭爲周公「所繫」、「所追述」（同上），誠不脫前儒之持言，是有可議之處。蓋爻辭中載有「拘係之，乃從維之，王用亨于西山」（〈隨・上六〉）、「爲依遷國」（〈益・六四〉）諸語，據屈萬里先生詳考，其事皆在武王之時〔註 170〕；而「箕子之明夷」（〈明夷・六五〉），亦肇乎武王之世〔註 171〕。就此而言，通行本《周易》爻辭，當成於武王之後，其非周公所繫，殊可推知也。夫覈諸周人之卜筮觀，暨《周禮》所載卜筮之言〔註 172〕，竊以《周易》爻辭之初型，蓋爲卜史從眾多筮辭中，藉由分析、篩選（是否應驗）所陸續編輯而成，其占筮之法雖有別於龜卜，其型式則與卜辭（事、兆、人、時）〔註 173〕相類；後經賢君聖人之殫思審度，乃去其「人」、「時」，變單一事件爲普遍事理（即今所見爻辭），遂成「神道設教」（〈觀・彖辭〉）之依據也〔註 174〕。

此外，宗炎嘗自述其「反覆」〈大有〉初九爻，「嫌其詞語重複！既曰『无交』與而无傷害，又曰『匪咎』，又曰『无咎』。同一意也，而至再、至三，无是理也。日之行天，猶車之行地，所以從來有『和馭羲轡』之語」（釋〈大有・初九〉）。然則，宗炎於周公所繫之爻，豈不有所疑乎？又其解〈豐〉「豐其蔀，日中見斗」，謂「『日中見斗』亦天變之所有，但震雷障日，必无斗視之理，于卦象不類；『豐蔀』乃自蔽其日，非日无光，何從見斗？于爻象不通。漢本作『日中見主』；主者，燈火也。言日出而厭厭夜飲、庭燎不息也；莊生云：『太陽出而爝火不息。』〔註 175〕」（釋〈豐・六二〉）；則宗炎於不

〔註 170〕 參見屈萬里撰：〈周易卦爻辭成於周武王時考〉，收入《易學論著選集》（臺北：長安出版社，1991 年），頁 151～162。

〔註 171〕 參見顧詰剛撰：〈周易卦爻辭中的故事〉，收入《易學論著選集》，頁 180～181。

〔註 172〕 案：歷來對《周禮》之真偽及其成書年代雖爭論不休，然其所載卜筮之事甚多且詳，誠非妄語，當有所據也。

〔註 173〕 案：據陳煒湛（1938～）於《甲骨文簡論》中所舉，卜辭之形式如「癸未卜，王貞：旬亡禍？在十一月」、「戊申卜，貞：王田盂，往來亡災？王占曰：吉。茲御，隻鹿二」等，皆包含「時、事、人、兆」（頁 84、90）。又《左傳・襄公十年》載有「兆如山陵，有夫出征，而喪其雄」之兆辭，孔疏但云：「此傳唯言兆有此辭，不知卜得何兆？但知舊有此辭，故卜者得據以答姜耳！其千有二百，皆此類也。」然觀其形式，實與〈解〉九二爻辭「田獲三狐，得黃矢」相類；此即《論語》所謂「周因于殷禮，所損益，可知也」（〈爲政〉）。

〔註 174〕 案：以上參拙著《周易爻變思想研究》，頁 13～19。觀《周易》卦爻辭中所載之「喪羊于易」、「喪牛于易」、「高宗伐鬼方」、「帝乙歸妹」、「箕子之明夷」、「王用亨於西山」、「康侯用錫馬蕃庶」等史事，可謂運用「事蹟」、「典故」以行教化之先聲。

〔註 175〕 案：原文作「日月出矣，而爝火不息」，語出《莊子・逍遙遊》。

得其解者，乃致疑推因，或傾漢儒之說，或藉莊子之語，以遂其論矣！

以此觀之，宗炎指爻辭爲周公所繫，焉能自圓其說耶？斯亦可議者也。夫「豐其蔀」能「見斗」者，以其「蔀」雖「豐」，亦有可窺之機〔註176〕，非必宗炎所謂「自蔽其日」、「何從見斗」者；況乎〈豐〉九四爻亦有「豐其蔀，日中見斗」之語，而宗炎於此乃謂「二主〈離〉，四主〈震〉，陰陽搏擊，龍雷之火出焉，日光反匿，故兩爻同爲『豐蔀』、『見斗』」（釋〈豐・九四〉）。蓋「日光反匿」，即能「見斗」之象；是宗炎所解前後相悖，昭然若揭矣！

4・孔子贊《十翼》

宗炎以《十翼》爲孔子所贊（釋《上繫》第 12 章），同於蕺山、宗羲，皆從舊說也。其言「羲皇卦畫之旨，發端甚微！文王闡之而有未盡，周公又闡之而有未明，于是孔子大肆其宣暢，使微者悉著，无智愚賢不肖，皆可奉行此旨，措諸事業」〔註177〕；所謂「大肆其宣暢，使微者悉著」者，即指孔子贊《十翼》之事也。夫宗炎既稱《十翼》成於夫子，復言「智愚賢不肖」皆可奉行該贊，而「措諸事業」，故於《易》論中，輒見其闡揚夫子之言。例如，以夫子發文王序六十四卦之義，而「會通之爲《序卦》二篇」（釋《序卦》），蓋「《序卦》義理似乎淺近，昔賢者多有疑之者，不知此正『言近指遠』之妙。〔……〕夫子隨文隨字，輾轉注釋，遂若星宿垂天、江河行地，煥然於耳目之間。其闔闢盛衰、消息盈虛、一治一亂，遺此《序》，則晦而不顯；大人君子，所以乘時御世，綢繆未雨之計、興廢救弊之術，遺此《序》，則紊昧而無定識」（釋《序卦》文末）；斯讚頌之至，直可擬於天地矣！然「聖人所望於將來者，其因革損益，隨時變通，曷嘗一定哉？序次之義，亦不過舉夫大概，非謂囿於是也。神而明之，存乎其人，讀《易》者所當知也」（釋《序卦》下篇）；言下之意，《序卦》固有序次之義，然讀《易》者當「因革損益，隨時變通」，切勿爲其所囿，以免有違夫子寄望將來之聖訓。又敘《文言》爲「夫子申明文王乾卦彖詞〔註178〕之義也。謂之『文言曰』，猶云『文

〔註176〕案：「蔀」字，虞翻謂「日蔽雲中」（參《周易集解》，頁 270），清儒尚秉和承其說（參《周易尚氏學》，頁 248）；王弼則言「覆曖，障光明之物」（參《周易正義》，頁 126）；近人程石泉釋之以「遮陽之棚蓋」，且言其「年久，於棚蓋弊敗之處，養視得見天上北斗星座（參《易辭新詮》頁 147）。觀諸解「蔀」義，雖有不同，而皆能「見斗」者，以「雲」、「曖」、「棚」固有所「蔽」、所「障」、所「遮」，亦有徙移之時、罅漏之處，況其居〈離〉之中，乃日之盛者也！

〔註177〕參見〔清〕黃宗炎撰：《周易尋門餘論》，卷一，葉 54。

〔註178〕案：宗炎稱凡《易》中「卦詞、彖、象、爻詞、繫詞，俱當作『詞』爲正」

王之言曰』也；不稱文王者，以後有申明周公爻詞之義，不得專指文王也。
周公亦謚『文』，故不著『王』、『公』，而統謂之『文』也」（釋〈乾・文言〉）；
稱《雜卦》乃「夫子錯雜，舉六十四卦名而隨意釋之，或與《彖》、《象》有
同、有不同，亦各申其義，補所未備，不必云夫子之《易》則如此也」（釋
《雜卦》）。

　　此外，以《象傳》爲孔子釋「伏羲所重卦與二體相合之象」（釋〈乾・
大象〉）及「周公六爻之象」（釋〈乾・小象〉）。所謂「伏羲所重卦與二體相
合之象」，即宗炎所稱「兩卦上下相錯，天地自然之象」〔註179〕，而「人世
之風會、聖賢之至德」，亦「盡聚於此」〔註180〕；然何能窺其貌耶？夫「惟
《大象傳》爲引其端，全卦之義各當于此一語中摸索、尋之；既得，則卦爻
如指掌。是吾夫子學《易》精蘊也；舍此，則卦爻微言、奧義，望洋无舟楫！
然自傳注以來，得其門者寡矣」〔註181〕！依其意，《大象傳》爲孔子學《易》
之精蘊，吾人苟能從中推敲、體會，雖卦爻辭之微言、奧義，亦可瞭若指掌；
然自有傳注以來，能悟得此理者，鮮矣！是以宗炎隨舉〈離〉卦辭「明兩作」、
「大人以繼明」二語，指其「兩作」乃「天之日與大人」合成，「諸儒泥乎
此而不知變通，或謂繼體守文，或謂諒闇居廬，拘也」（釋〈離・象辭〉）；
又謂周公於〈離〉六爻，「觀兩火之象原有二日之嫌，故于九三即言『日昃』，
見內體爲日已終；于九四言『焚如』，見外體爲日用之火。夫子言『繼明』，
正從此得。自來傳注，未有知者」（同上）。

　　然則，宗炎頗自詡有得於夫子贊《易》之微旨，而歎前人闇於所見、不
知箇中奧妙！甚而謂「夫子繫辭，俱以學《易》而作，闡發卦爻象辭，所以
合乎天地陰陽之故，絕非推開卦爻象辭、專論天地陰陽者，故每章多提『易』
字。後儒言《易》，以《易》書爲語言文字，惟恐人落于形蹟，徧掃除卦爻象
辭，專論天地陰陽；猶以天地陰陽爲名物，更舍之而論理，其志愈高，其說
實背于夫子矣」（釋《上繫》第 4 章）；又指「諸儒有以〈乾〉道之『元亨』
與聖人之元亨、〈乾〉道之『利貞』與聖人之利貞，相間成文，與他卦《彖傳》
不同，疑爲錯簡而欲改正之；錯簡之說，必字句有礙、文義難通，而後有此
疑端，豈有篇章斬齊、義理貫徹如視之掌，而生此拘執之論乎？若然，則明

（釋〈乾・文言〉）。
〔註179〕參見〔清〕黃宗炎撰：《周易尋門餘論》，卷一，葉25。
〔註180〕同前註。
〔註181〕同前註。

明四德，何不提『亨』字？則『品物流行』之下必有缺文，又當補一『乃亨』字也。不特難與論道，并難與論文矣」（釋〈乾‧彖辭〉）！總其言，無不以維護聖言爲發端；故於後儒遞捨卦爻象辭、天地陰陽，以攀義理之高志，暨曲解贊辭之義，而欲移易夫子之言者，皆直斥難與「論道」、「論文」也。

　　儘管如此，宗炎既以《繫辭》乃「孔子學《易》，得諸心而見于言論者」（釋《上繫》第 1 章），而又稱「內有『子曰』者，大約爲門弟子所記載」（同上），豈其以「子曰」之文（通行本）爲孔門弟子所竄入，古本則無歟〔註 182〕？抑通行本《繫辭》爲夫子與門弟子共纂耶？洵難以窺其意矣！夫宗炎嘗自述「歐陽永叔疑《繫辭》非夫子書，豈以崇信蓍龜太過，與夫子雅言有異」〔註 183〕？且言「八卦取象，不過偶舉其萬一，或亦當時卜筮家所尚者，未必即是夫子之定論。至於詮釋，亦不免近於穿鑿，豈歐陽氏之疑，正爲是與」（釋《說卦》第 9 章）？則其固知歐陽脩疑《繫辭傳》「崇信蓍龜太過」、《說卦》「詮釋」之象「穿鑿」，咸不類孔子之正言矣；而猶爲夫子辯曰「三代以龜爲寶，如《尚書》所載，多聽命于神。至夫子立教，始盡洗往聖之習；孟子繼之，悉務民義而重經常。俱大中至正，絕无鬼神之事以禍斯民」；「明乎此義，而後可讀《繫辭》，而後可讀《易》也」〔註 184〕。

　　觀其「盡洗往聖之習」及「禍斯民」之語，則宗炎恐有非「往聖」之嫌；而此豈爲成其《繫辭》確爲夫子所贊之論耶？斯亦可議者也。竊以宗炎洵無須贅發斯語，所謂「聖人以神道設教」（〈觀‧彖辭〉）者，不已明訓乎？何爲避此「蓍龜」之文，乃迂迴其論而猶不能服人耶？況乎《十翼》誠非夫子所贊者歟〔註 185〕！近人勞思光即嘗云：「《易》之『十翼』，皆不能爲孔子所作，此在今日已成爲談儒家典籍者之常識。」〔註 186〕故宗炎於夫子贊《易》

〔註 182〕案：宋儒朱熹嘗言：「《十翼》皆夫子所作，不應自著『子曰』字，疑皆後人所加也。」（參《周易本義》，頁 240）則宗炎「大約爲門弟子所記載」之語，或據此而推之矣！
〔註 183〕參見〔清〕黃宗炎撰：《周易尋門餘論》，卷一，葉 45。
〔註 184〕同前註，葉 45～46。
〔註 185〕案：參本書論宗義「治《易》之法──原經原傳、經史證《易》」一節。
〔註 186〕參見勞思光著：《新編中國哲學史》，「三上」，頁 148。案：竊綜學者之論，《十翼》之作，依其先後，蓋《彖傳》乃對「卦辭」、「卦名」之詮釋與裁度，其文有押韻現象，約成於戰國中、晚期；《象傳》爲對六十四卦卦、爻象辭之詮釋（其中《小象》亦有押韻現象），約成於戰國中、晚期；《文言》但闡釋〈乾〉、〈坤〉二卦之義理，其文句對偶，約成於戰國晚期；《繫辭傳》則涵蓋《易》卦之生成原理、六爻陰陽之變化、《易》道內涵、卦爻辭之道德意義及古人制

之持論，亦可謂一疵矣！

（八）亂經之過甚於棄經

宗炎以爲，三國魏管輅（公明，209～256）指「《易》」安可注」、南朝陶弘景（通明，456～536）稱「注《易》誤，猶不殺人；注《本草》誤，則有不得其死者」，斯二者之言，「似異而實同」〔註187〕也。蓋管氏「學《易》大略遠接焦、京」，棄大道而不講，徒以「家雞野鶩之智」，行其災祥測驗之術，未嘗稍涉「心性藩籬、國家治忽」〔註188〕也。陶氏則「遯身世外」，「不知經術，惟事《本草》」，乃「養生家言爾，尤不足論也」〔註189〕；而「因符瑞以勸進，遺譏于後世」，斯亦有悖孔子「學《易》可无大過」〔註190〕之箴言矣！統而言之，管氏志於「龜策」之動，是「不能注《易》」者；陶氏嗜乎「吐納」之靜，爲「輕夫注《易》」〔註191〕者也。夫「不能注《易》」與「輕夫注《易》」，皆去君子居則觀象玩辭、動則觀變玩占者遠矣！故宗炎指宋儒唐庚（約 1070～1121）駁陶氏「注《易》誤，猶不殺人」之說，而謂「《六經》辨道，物所以生；《本草》辨物，人資以爲生。一物之誤，不及其餘；道術之誤，其禍至于伏尸百萬、流血千里」〔註192〕，「誠爲篤論」〔註193〕也。

夫「引經而誤」〔註194〕，且可至於「伏尸百萬，流血千里」，況乎「棄

器尚象等，且長於修辭，成於戰國晚期（以上四篇，近代學者多確定成於西漢之前；其中戴君仁、高亨等則直謂成於戰國晚期南方學者）：《說卦》乃對八卦卦義、象徵事物，加以歸納、整理，約成於秦漢之際；《序卦》爲闡釋六十四卦所以如此排列之依據，然此篇未見於《史記》，約成於漢初；《雜卦》則是彰顯六十四卦中相臨兩卦之對比意義，《漢書·藝文志》未載，亦約成於漢初也。

〔註187〕參見〔清〕黃宗炎撰：《周易尋門餘論》，卷一，葉 2。

〔註188〕案：《世楷堂》本無「不能注《易》」及「輕夫注《易》」二語，此據《四庫》本補。

〔註189〕參見〔清〕黃宗炎撰：《周易尋門餘論》，卷一，葉 2。

〔註190〕案：《世楷堂》本無「家雞野鶩之智」、「因符瑞以勸進，遺譏于後世」及「學《易》可无大過」諸語，此據《四庫》本補。

〔註191〕案：《世楷堂》本無「家雞野鶩之智」及「心性藩籬、國家治忽」二語，此據《四庫》本補。

〔註192〕參見〔清〕黃宗炎撰：《周易尋門餘論》，卷一，葉 2。案：此段爲宗炎綜述唐庚之語，蓋原文云：「《本草》，所以辨物；《六經》，所以辨道。道者，物之所以生；物者，人之所資以爲生。一物之誤，猶不及其餘；道術一誤，則無復孑遺矣！前世儒臣引經誤國，其禍至於伏尸百萬、流血千里；《本草》之誤，豈至是哉？」（參《四庫》本《眉山文集》，卷二，「易庵記」，葉 13）

〔註193〕同前註。

〔註194〕同前註，葉 3。

經而不用」〔註195〕哉？然「棄經」亦非至禍；至禍者，亂經也。故宗炎乃謂
「火于秦，黃、老于漢，佛于晉、宋、梁、陳，是棄經也」〔註196〕、「心死也」
〔註197〕；「棄經不用，或可望于來茲」〔註198〕。至於「衰說誣民，繡錯佛老，
而破碎周公、孔子，北宋、南宋尚可言乎？是亂經也」；「亂經莫辨」，「雖孟
子復生，亦不能覺其數百年沉錮之俗習」〔註199〕，則「其禍豈止伏尸百萬、
流血千里」，且使普天下後世之人「相率而心死」也〔註200〕。然則，依宗炎
之意，「棄經」止一人之「心死」，「亂經」則率普天下後世之人共「心死」；
即亂經之過甚於棄經矣！而「亂經」者，蓋指宋世諸儒，所謂「師承久廢」，
棄講「身心性命」之理，但聽「二氏之高座」，「酣于紫色鼃聲，移易其骨髓」
〔註201〕者也。

　　宗炎既感於亂經之禍，復嘆今世朱《易》、朱《詩》、蔡《書》、胡《春
秋》、陳《禮》〔註202〕及朱子《四書》等，直「一家言爾」！「崇奉之三四
百年，校若畫一；士人苟有出入，輒擯斥不錄」，是以「羲皇、堯、舜、湯、
文、周、孔聖人之經傳，杳不可尋」〔註203〕矣！則其爲禍者，更甚於宋世
諸儒也。或曰：「然則，如之何？」宗炎乃云：「《六經》、《論》、《孟》具在，
濟世、安民无他術也。」〔註204〕審其言，蓋唯有興復聖人之論、弘揚經傳
之義，始能履踐「濟世」、「安民」之志；而非任「亂經」之禍，續衍無期也。

　　以此觀之，宗炎初藉管、陶二氏「注《易》」之論，繼衍「亂經」爲害甚
於「棄經」，後導入《六經》爲濟世、安民之方；則《易》既爲六經之首，是
經之不可亂，即《易》之不可亂也。就此而論，「亂經之過甚於棄經」，直可
以「亂《易》之過甚於棄《易》」名之：斯從其「濟世、安民」之語下緊繫述

〔註195〕同前註。
〔註196〕同前註。
〔註197〕案：《世楷堂》本無「心死也」一語，此據《四庫》本補。
〔註198〕參見〔清〕黃宗炎撰：《周易尋門餘論》，卷一，葉3。
〔註199〕同前註。
〔註200〕案：《世楷堂》本無「其禍豈止」……「相率而心死」諸語，此據《四庫》本
　　　　補。
〔註201〕參見〔清〕黃宗炎撰：《周易尋門餘論》，卷一，葉3。
〔註202〕案：朱《易》、朱《詩》、蔡《書》、胡《春秋》及陳《禮》者，分指朱熹《周
　　　　易本義》、《詩集傳》，蔡沈《書集傳》，胡安國（1074～1138）《春秋傳》（或
　　　　作《春秋胡氏傳》）及陳澔（1260～1341）《禮記集說》。
〔註203〕參見〔清〕黃宗炎撰：《周易尋門餘論》，卷一，葉4。
〔註204〕同前註。

《易》之文〔註205〕，即可窺之矣！此外，宗炎指《易》「不幸而爲稗緯所混淆，大道淪于草莽」〔註206〕，乃復「明以元晦同國姓，崇奉特異，頒諸學宮，諸儒之《易》悉廢，獨陳摶之《易》盛行」〔註207〕，「莫敢非議」〔註208〕，遂使「《易》幾乎息矣」〔註209〕等，亦可爲之註腳。

（九）宗聖崇德、斥佛貶道

宗炎於書中多有斥佛、貶道之論；所以然者，蓋以「孔道經喪亂，風俗變乖沴」〔註210〕、「孟去三千載，異學秉柄權」〔註211〕，並其宗聖崇德、憂患之思故也。宗炎以爲，「《易》自包犧畫爲卦象，雖有所發端，天下之人未能鼓舞而振作、舉而興起之〔……〕。逮文王蒙大難以演《易》，周公因避罪以繼之，皆身親憂患而明《易》理，故能作《易》以拯生民之憂患也。夫子亦從後推原想象，有若疑辭者」（釋《下繫》第 6 章）；是以「唯有盛德，其至理大道始能辨析精詳」（釋《下繫》第 10 章）也。又謂「二篇之卦，聖人所以觀象繫辭者，有君子之道焉，有小人之道焉。君子學《易》，則窮神知化，與天地參，能使其道日就於長；小人學《易》，則亦可趨吉避凶，能使其道因憂患而遷善改過也」（釋《雜卦》）；然或曰《雜卦》所措，其「卦俱反正，往來相對；惟後八卦不行，疑有錯簡」（同上），乃改爲「〈大過〉，顚也；〈頤〉，養正也。〈既濟〉，定也；〈未濟〉，男之窮也。〈歸妹〉，女之終也；〈漸〉，女歸待男也。〈姤〉，遇也，柔遇剛也；〈夬〉，決也，剛決柔也。君子道消、小人道憂也」（同上）；此「似乎整齊，實不免高容，爲詩之病矣！夫既云『雜卦』，何取於整齊？隨舉隨釋，各當至理，學人不必於無關係處擅改聖經也」（同上）。

以此觀之，宗炎洵以聖人之言爲治《易》所本也。其言「忠信爲進德，修辭、立誠爲居業，此正與後世章句之儒、佛氏之學有辨。章句之儒不忠信、不立誠，往往破裂聖人之大道，以遂其私心臆說」（釋〈乾・文言〉）；釋氏則

〔註205〕同前註。

〔註206〕同前註。

〔註207〕同前註，葉41。

〔註208〕案：此宗炎所謂「一家言爾」也。

〔註209〕參見〔清〕黃宗炎撰：《周易尋門餘論》，卷一，葉5。

〔註210〕參見〔清〕全祖望輯選，方祖猷等點校：《續甬上耆舊詩》，卷三十九，「哭呂石門四首」（第一首），頁216。

〔註211〕同前註，頁217。

截斷意識，「內无六根，外无六塵」〔註212〕（釋〈坤‧文言〉），以「性空」、「無心」蔽聖人「性善」、「見心」之義，而後世淺學不深於義理，反棄此就彼，甚欲牽合儒、釋者（釋〈復〉），殊不知釋氏之輕「生」重「死」，乃「拂天地之性、矯萬物之情」，非「生生」之義（釋〈咸‧象〉）！又聖人以著「得清淨、虛明之理而齋戒焉！齋則无思，无思則天下莫能雜；戒則无為，无為則天下莫能抗。湛然與天地鬼神相對，蓋用以神明其德歟」（釋《上繫》第11章）！釋氏雖亦言「有則俱有，塵根對待，不能獨貴；无則俱无，光明寂照，天上天下，唯我獨貴」；然「明道察故，視為理障，其齋戒神明，直是一己之私慧爾」（同上）！此「聖人與釋氏之鐵門限也」（釋〈隨‧初九〉）。且《易》之「无思无為」猶夫子之「无知」，「寂然不動」猶夫子之「空空」，「感而遂通」猶夫子之「兩端叩竭」；釋氏之「无心」、「常樂我靜」，固與此相似，而「惡賾厭亂」，則毫釐、千里，判然不同矣（同上，第10章）！

此外，宗炎以為，「心乃對證之藥」，輔嗣之「至無為本」、邵子之「玄酒太音」〔註213〕、朱子之「無極」，皆出老氏之學（釋〈復‧象〉）；又謂「道家者流」，「竊『艮背』以為坐功、數息、坐觀，行之既久，神從頂出。初見其背當我面前，不能與身相離；加功无間，其神漸漸能與身遠，可見其面，或遊行倏忽，或飛颺高舉，或旬日不返〔……〕。異學託名『艮背』甚多，俱髣髴『不獲』、『不見』以為依據，士人苟不肆力於時止時行之正道，則可惑志而亂思者，不鮮矣」（釋〈艮〉）！是以後世以《易》、《老》並稱者，非也。蓋老氏之學「以退為進」，失其「時中」；聖人則「退則真退，進則真進」，得時中矣（釋〈大畜‧初九〉）！故其解〈乾‧文言〉「夫大人者〔……〕先天而天弗違，後天而奉天時」章，即直斥陳摶「先天」、「後天」之說；又以邵子置「方圖」、「橫圖」於六十四卦之內，首足無分、君臣無位，其道大亂矣！夫天下古今，未嘗有無陽、無陰之時（釋〈剝〉），是以《先天圖》以〈剝〉盡為純〈坤〉、〈夬〉盡為純〈乾〉，俱迂疏臆見」（釋《序卦》），乃崩墜天地、悖亂人事之舉（釋〈剝〉），「非《易》理也」（釋《序卦》）。

〔註212〕案：六根者，眼、耳、舌、鼻、身、意；六塵者，色、聲、香、味、觸、法。「六塵」為六根所相應之對境，故又稱「六境」。

〔註213〕案：邵雍有詩云：「冬至子之半，天心无改移。一陽初動處，萬物未生時。玄酒味方淡，太音聲正希。此言如不信，更請問包羲。」所謂「玄酒太音」，即本乎其中；而朱子以此詩佐釋〈復‧象辭〉「其見天地之心」一語（參《周義本義》）。

　　夫宗炎既宗聖人之言，乃謂「《易》者，象、辭、變、占而已，四者並列，然皆附于辭而行，故辭為獨重。〔……〕非辭，无以見象、變、占，并无以見奇偶。故夫子一則曰『繫辭』，再則曰『繫辭』，及此而反覆丁寧，盡其情狀，欲學《易》者因辭以知《易》，因辭以見聖人、以見天地也。陳、穆之說者，偏舍辭而求諸圖，亦異乎夫子之譔矣」（釋《下繫》第 12 章）！故其解〈乾‧文言〉「修辭立其誠」，以為佛氏之學「不立語言文字，但取明心見性，粗野鄙悖，一切鹵莽，何宥修辭」？莊生「以無為有，以有為無」，務為「荒怪之文以喻道」，而猶語人曰「寓言」；洵屬無稽，其誠安在？

　　然則，宗炎之視佛、道如仇敵乎？此亦不然也。例如，其謂「吉凶悔吝相倚如循環，而其要在『无咎』；无咎則存乎悔，然恆人非震動不能悔也，釋氏『懺悔』亦是此意」〔註214〕；解〈大過〉，指其「上下二陰，朽腐於外」，是進退無門，正佛氏所謂「縣崖撒手時」也；解〈需〉九三「需于泥」，言「釋氏以五蘊為濁世、涉世為苦海，不勝厭惡，惟求解脫，正指『需泥』之意」；指「往古來今，成毀相因，無不解散之物」，「君子視富貴如『浮雲』，釋氏重『解脫』，正是此意」（釋〈解‧上六〉）；謂「目擊道存，智者之慧；聲入心通，聖人之神也。釋氏『聲聞圓覺』、『耳根圓通』，即是此意」〔註215〕。又嘗云：「凡在天地中者，何莫非旅？其時其義，信大矣哉！〔……〕人生志在千古，欲表見于學問功業，少壯之氣亦皆猛銳，磋跎未幾，已為大耋之嗟！」（釋〈旅‧象辭〉）此言「大」者，蓋與「釋氏云『佛為生死大事，故出而因緣于世』」同；唯其「所以處旅，則有異也」（同上）。

　　至於道家，宗炎援引莊、老之言甚眾，或謂其本諸《易》，或語其與《易》同義。如解〈乾‧文言〉「貞者，事之幹也」，云：「幹者，植物之所以數立者也；晶華刊落，生氣凝結，歸根復命，乃為後日發榮滋長之本原。」解《說卦》「雷以動之，風以散之」章，言「此六者之經緯，俱歸根復命于〈坤〉之內」；解〈損〉象辭「君子以懲忿窒欲」，言「古之至人，不見可欲，其心不亂，雖有器物，无所用；雖有舟車，无所乘」；解〈升〉九三「升虛邑」，謂「四邑為邱；邱謂之『虛』，小國寡民之象也」。夫「歸根復命」、「小國寡民」者，老子之語；「雖有器物，无所用；雖有舟車，无所乘」者，亦取諸

〔註214〕參見〔清〕黃宗炎撰：《周易尋門餘論》，卷一，葉 15。案：《世楷堂》本無「釋氏『懺悔』亦是此意」一語，此據《四庫》本逕補。
〔註215〕同前註，葉 73。案：《世楷堂》本無「釋氏『聲聞圓覺』、『耳根圓通』，即是此意」之語，此據《四庫》本補。

老子「使有什伯之器而不用」、「雖有舟輿，無所乘之」也。解〈无妄〉六三爻辭「无妄之災」，謂「眚生于內，災至自外」，並引莊生「外養者，病攻其內；內養者，虎食其外」之語證之；又謂「〈坤〉乃寂然混然，藏之於無何有之鄉，而莫窺其蹟也；斯八卦之神妙也」（釋《說卦》第 4 章），「無何有之鄉」，亦莊子之言。餘如「扶搖九萬里」、「官欲止而神欲行」、「此心同，此理同」、「料虎頭，幾不免虎口」、「藏天下於天下」、「魚相忘於江湖」、「靜勝燥」、「無爲而治」、「爲道日損，損之又損，以至于無爲」、「治人事天，莫如嗇」、「三十輻共一轂」、「三月聚糧」、「名與身孰親，身與貨孰多」、「物之生者無不柔弱，死則化爲剛強」、「失道後德，失德後仁，失仁後義，失義後禮」、「強大虛下，柔若處上」、「俗人察察，我獨悶悶」、「禍始福先」、「入水不濡，入火不熱」……等，皆可見於〈乾〉、〈同人〉、〈隨〉、〈晉〉、〈咸〉、〈需〉、〈小畜〉、〈復〉、〈履〉、〈損〉、〈益〉、〈升〉、〈井〉、〈革〉、〈无妄〉諸卦。

　　由此觀之，宗炎雖詬後世以《易》、《老》並稱，然其擷取於莊、老者，誠不乏見矣！所以如此者，蓋以佛、道崇「虛」輕「實」，不重民用，乃拂天道、泯人事之舉，故不得不辯；然其於彼論有合於義理者，亦多能採之。雖然，竊以儒、釋、道至有宋，已屬整體而不可分。蓋佛、道之哲理既深，故宋儒之出入佛、道，實欲從中覓得支撐，以樹立儒學之主體地位。苟以此遂謂茂叔（1017～1073）、康節、晦庵之學承於圖南，而視彼等爲「異說」，亦已過矣！至若書中斥佛之論，或可以《四庫》館臣所云「《尋門餘論》兼排釋氏之說，未免曼衍于《易》外」〔註 216〕之語擬之；然宗炎固宗法聖言，其情甚篤，是亦不必深責之矣！

三、圖學篇

　　宗炎以爲，唐以前未有「圖學」者；洎乎宋世，始有之也〔註 217〕。又謂「有宋圖學三派，出自陳圖南，以爲養生馭氣之術，託諸《大易》，假借乾坤、水火之名，自申其說，如《參同契》、《悟真篇》之類，與《易》道截然无所關合」〔註 218〕。依其意，宋世圖學三派，皆發端於陳搏；而三派「養生馭氣之術」，即若東漢魏伯陽之《參同契》、北宋張伯端（平叔，987～1082）

〔註 216〕參見〔清〕紀昀等編：《四庫全書總目》，卷六，「經部六・易類六」，頁 56。
〔註 217〕參見〔清〕黃宗炎撰：《圖學辨惑》，「自序」，葉 1。
〔註 218〕同前註。案：所謂「圖學三派」，即指邵雍「先天」諸圖、周敦頤《太極圖》及劉牧《河》、《洛》。

之《悟眞篇》，咸與《易》道無涉也。蓋宗炎所據者，以上古「文字未備，畫爲奇耦，示文字之造端爾！陳氏不識古文古字，誤以爲圖也」；至「文、周、孔，文字大備，始得暢其所言，著之竹木，而義理昭然可覩」〔註219〕。又「秦焚《詩》、《書》，《易》獨以卜筮得免，若有圖，亦宜不禁，胡爲偏遯而孤行方外」〔註220〕，「豈有止許民間藏卦爻，而獨不許藏卦圖之事」〔註221〕耶？是以圖南所創「三圖」，實「欲掩包犧已露之面目，使天下後世重求之于晦冥蒙昧之途」，此「何殊知饗餐而以茹毛飲血爲至味、毀廬舍而以上巢下穴爲適安」〔註222〕哉？觀其所言「秦焚《詩》、《書》，《易》獨以卜筮得免，若有圖，亦宜不禁，胡爲偏遯而孤行方外」諸語，誠爲切中肯綮、鞭辟入理之論；惟視圖南「不識古文古字」、「欲掩包犧已露之面目，使天下後世重求之于晦冥蒙昧之途」，則或有臆斷、羅織之嫌矣！

夫宗炎既指陳氏諸圖與《易》無所關合，遂謂宋儒以「天地之數，五十有五」爲「《河圖》之數，既无聖訓，牽此就彼，甚覺支離；亦與《先天》等圖，同屬矯揉，未敢信也」（釋《上繫》第 9 章）。又《文言》載：「夫大人者，與天地合其德，與日月合其明，與四時合其序，與鬼神合其吉凶。先天而天弗違，後天而奉天時。」（〈乾‧文言〉）宗炎指此即爲「陳圖南傳說于圖位，創爲先天、後天之語，邵堯夫奉而行之，遂將先天、後天證爲實事耳！〔……〕周茂叔《太極圖說》亦生禽天地、日月、四時、鬼神等語，同在此章」（釋〈乾‧文言〉）；而「二子各申明其一體，竟爲《大易》之祖宗。噫！其可不爲孔門之媿也邪」〔註223〕！言下之意，直以邵、周二子擷納陳氏之圖，並攘繹《文言》「先天」、「後天」諸語，以申其「先天」「太極」圖式，致後世奉爲《大易》原旨，是媿爲孔門之徒矣！然斯言亦侷乎所見，倘就此而遽定二人之過，則聖人之後，即有衍乎《易》文者，恐多淪爲悖聖之論矣！

此外，宗炎直斥邵子謬解《說卦》「天地定位」章，以成其「伏羲八卦方位」（詳後）；又《繫辭上傳》載：「《易》有太極，是生兩儀〔……〕。河出圖，洛出書，聖人則之。」（第 11 章）宗炎乃謂「先天」、「太極」、「圖書」

〔註219〕同前註。

〔註220〕同前註，葉 2。

〔註221〕參見〔清〕黃宗炎撰：《周易尋門餘論》，卷一，葉 7。

〔註222〕參見〔清〕黃宗炎撰：《圖學辨惑》，「自序」，葉 1～2。

〔註223〕參見〔清〕黃宗炎撰：《周易尋門餘論》，卷一，葉 5～6。

等三派圖學，「俱從此章附會而出」，而「實无取義于其間」（釋《上繫》第12章）。然則，綜其前後之語，蓋以三派圖學洵附會於《繫辭》、《說卦》、《文言》而立說，故逐文以駁之。茲將宗炎所辨諸圖，論述如下：

（一）辨《先天圖》

宗炎嘗云：「陳、邵『先天方位』變亂无稽，徒取對峙『橫圖』乾一、兌二、離三、震四、巽五、坎六、艮七、坤八，奇耦疊加，有何義理？有何次序？又屈而圓之，矯揉造作，卦義无取，時令不合；又交股而方之，裝湊安排，若織錦回文，全昧大道。〔……〕。古人命名立意，有典有則，可觀玩，可諷詠；今用橫、圓、方制爲名號，亦覺俚俗。」〔註224〕又謂〈乾〉、〈坤〉二卦「雖若判隔，而陰陽一體、天地氣交，正在『无首』、『永貞』之內；若邵堯夫之三圖，則天地不交、陰陽斷絕，〈乾〉龍有首，而〈坤〉不永貞，是一定之死格，何《易》之有」（釋〈坤·用六〉）？綜其所言，蓋以「先天方位」、「先天次序」（橫圖）、「先天方圓」等三圖，皆置陰陽於往來斷絕之境，是淆亂天地交泰之道，且致〈乾〉、〈坤〉於「死格」矣！殊不知「〈乾〉、〈坤〉乃物之所以始、所以生，故列之《易》首，以爲陰陽發用之原，六十四卦皆從此變易而出」（釋〈乾·文言〉）也。故「堯夫方圖、橫圖置諸六十四卦之內，冠履无分、君父无位，大亂之道也，焉得而不辯」（同上）乎？茲依宗炎駁辨之序，析而論之。

1·辨「先天八卦方位圖」

宗炎指《說卦》「天地定位」章，「未及乎八卦之遞相錯也」，「迨乎有宋，邵氏受陳希夷《先天圖》學，遂以此章爲伏羲八卦方位，牽強無稽，不勝乖繆！其大指俱從方士、丹鼎而來」，「誣稱羲《易》，實方士之小慧爾」（釋《說卦》第3章）！乃「堯夫指爲『性天窟宅，千古不發之精蘊，盡在此圖』。以余觀之，實丹鼎借坎離、醫家指水火，皆援《易》以求信于人者」〔註225〕也。

蓋邵子謂「天地定位」者，〈乾〉南、〈坤〉北也；「水火不相射」者，〈離〉

〔註224〕參見〔清〕黃宗炎撰：《圖學辨惑》，葉9～10。

〔註225〕參見〔清〕黃宗炎撰：《周易尋門餘論》，卷一，葉6。案：邵雍以《先天圖》蘊涵「性天窟宅」，乃創爲「天根月窟」說（詳本書宗義「論邵雍『天根月窟』說」一節）；而胡渭即嘗引宗炎此對《先天圖》之批判，乃謂「其中間拗爲兩截，左陽右陰，則又極其造作，而非法象自然之妙矣」（參《易圖明辨》，卷七，頁161）！

東、〈坎〉西也；「雷風相薄」者，〈震〉東北、〈巽〉西南也；「山澤通氣」者，〈艮〉西北、〈兌〉東南也。然宗炎以爲，聖人所謂「天地定位」者，即《繫辭上傳》「天尊地卑，乾坤定矣」（第 1 章）之義，焉可贅以「南」、「北」？山澤之形體雖隔絕，而「山能灌澤成川，澤能蒸山作雲」，「其氣相通」，豈能指爲西北、東南？「雷以宣陽，風以盪陰，兩相逼薄，其勢尤盛」，焉能移爲東北、西南？火燥熱，水濕寒，其物性固相背，而「相遇必有和合之用」，故「不相射害」，豈可誣以東、西？〔註226〕依其意，天本位乎上，地本位乎下，未可南上而北下也；山澤雖有形勢之異，而彼此相資，無往不通，未可爲對峙也；雷風相近，則陰陽疏盪，其勢不歇，未可言相離也；火燥水濕，猶南炎北寒，其性雖相違，而彼此相遇，必有和合之用，未可易其位也。

審乎宗炎之持論，洵以邵氏已悖《說卦》「帝出乎震」章所載〔註227〕，復臆衍「相」、「通」之義，是昧於聖人「相錯」、「通變」之旨矣！故又謂「八卦相錯」非「止于天地之交、山澤之遇、雷風之合、水火之重」，即「八卦遞加，轉輾變動，則成二篇之《易》矣」〔註228〕。是以「八象既出，或聯或閒，何莫非消息往來之運行？豈必取于對峙乎」〔註229〕？且邵氏所云「乾南坤北」者，實「養生家」之大旨。蓋「養生所重，專在水火，比之爲天地」〔註230〕，故以「陰陽交易」，損☰乾之中畫而成☲離（南）、塞☷坤之中畫而成☵坎（北）〔註231〕；然「既以南北置乾坤，坎離不得不就東西」〔註232〕矣！「今有取坎塡離之法，挹坎水一畫之奇，歸離火一畫之耦，如鍊精化氣、鍊氣化神之類。益其所不足，離得故有也〔……〕；損其所有餘，坎去本无也。離復返爲乾，坎復返爲坤，乃天地之南北也」〔註233〕，

〔註226〕參見〔清〕黃宗炎撰：《圖學辨惑》，葉 11。
〔註227〕案：即「萬物出乎〈震〉，震，東方也。齊乎〈巽〉，巽，東南也。〔……〕。〈離〉也者，明也，萬物皆相見，南方之卦也。〔……〕。〈坤〉也者，地也，萬物皆致養焉〔……〕。〈兌〉，正秋也，萬物之所說也。〔……〕〈乾〉，西北之卦也，言陰陽相薄也。〈坎〉者，水也，正北方之卦也。〔……〕。〈艮〉，東北之卦也」（參《周易正義》，《十三經注疏》，卷九，頁 184）。
〔註228〕參見〔清〕黃宗炎撰：《圖學辨惑》，葉 11。
〔註229〕同前註。
〔註230〕同前註，葉 12。
〔註231〕同前註，葉 11。
〔註232〕同前註，葉 12。
〔註233〕同前註，葉 11～12。

即是此意。至於兌居東南、艮居西北、巽居西南、震居東北，宗炎則直陳此四卦「不過爲丹鼎備員，非要道也」；惟「无可差排，勉強塞責」，然終無「義理」可尋也〔註234〕！苟欲「以此奪三聖之大道」〔註235〕，焉可？

竊觀其「取坎塡離」、「鍊精化氣、鍊氣化神」諸語，咸爲《无極圖》所列者；其中，「取」、「塡」二字，但易以「損」、「塞」耳！然則，宗炎乃欲藉此繫聯「先天八卦方位圖」與《无極圖》，以就其所稱「邵氏受陳希夷《先天圖》學」也。夫以「先天八卦方位圖」淵於道教丹鼎之術，宗羲固已言及；而藉以上溯《无極圖》，則宗羲所未著墨者，亦前人所未發者也；惟總其論旨，猶未逾乎其兄！

此外，宗炎既指「先天八卦方位圖」實「丹鼎借坎離、醫家指水火，皆援《易》以求信于人者」，乃歎「獨《本義》謂是羲聖心傳，置諸卷首，前非往哲、後壓注傳，五百餘年矣」！復諷其「以言乎數，則不逮京房、焦贛之可徵；以言乎理，則遠遜輔嗣、正叔之可據。零星補湊，割裂經傳，以宗詖淫邪遁之詞，絕不關乎身心性命、家國天下之學」〔註236〕。觀乎宗炎此義憤塡膺之論，洶以視邵氏爲「奪聖」異徒，遂殃及朱子也。蓋宗炎嘗云：

> 老氏之學，萬有畢本于无，爻象之至賾、至雜，皆混沌无形爲之主宰；陳氏欲從卦畫之幾微，而復歸于混沌，不過借卦畫抑辭象，以明其清靜无爲之教，豈知羲皇正欲離混沌而就文明？〔……〕。堯夫固自處于老氏，不足爲怪；元晦強而合之，可歎也！〔註237〕

所謂「元晦強而合之」者，即指「獨《本義》謂是羲聖心傳，置諸卷首」一事；然宗炎僅就此遂諷朱子「以言乎數，則不逮京房、焦贛之可徵；以言乎理，則遠遜輔嗣、正叔之可據。零星補湊，割裂經傳，以宗詖淫邪遁之詞」耶？亦不然也。夫宗炎以爲，「《本義》卷首所載，蒙雜不倫，邵氏先、後天圖以外，又收『〈乾〉爲天、〈坤〉爲地』等八卦〔註238〕，是《京氏易傳》所謂『游魂』、『歸魂』、『子寅辰午申戌丑卯巳未酉亥』也。後世『火珠林』因之，與揲蓍四十九策之法迥乎不同，亦何所取義而贅之于此？其〈六十四

〔註234〕同前註，葉 12。
〔註235〕同前註。案：「三聖」者，文王、周公、孔子也。
〔註236〕參見〔清〕黃宗炎撰：《周易尋門餘論》，卷一，葉 6～7。
〔註237〕同前註，葉 55。
〔註238〕案：宗炎此謂「八卦」者，實指「六十四卦」也；至其內容，則詳通行本《周易本義》卷首「分宮卦象次序」表。

卦歌〉括及三連、六段之類，近于市井小兒，豈可錯諸學士簡編之內？又綴以堆積无稽之《卦變圖》，以迷亂後學之耳目，徒費心思于无用，其爲誤也大矣」〔註239〕！

以此觀之，宗炎所陳《本義》「蒙雜不倫」之弊、「迷亂後學」之愆，洵以附圖之累也；雖然，宗炎既稱「〈六十四卦歌〉括及三連、六段之類，近于市井小兒」，則以朱子渾厚之學養，焉能無視而不察歟？況乎冠以「本義」二字，其伸聖人微旨甚明，何昭昭於「市井小兒」之習誦哉？宗炎不亦嘗曰：「元晦〈與王子合〔註240〕書〉有云：『邵氏言伏羲卦位，近于穿鑿附會，且當闕之。』何故既爲《易學啓蒙》，又于《本義》中如此？其敬信眞不可解！」〔註241〕審乎「邵氏言伏羲卦位，近于穿鑿附會，且當闕之」之語，則宗炎之所疑，或肇端於《啓蒙》、《本義》附圖之鑿鑿，前人亦多未加析辨〔註242〕；復以未能細究《啓蒙》與《本義》稱名之異故也。

儘管如此，就覈實而言，《本義》中即有攸關之「附語」，直證卷首諸圖乃後人所加；況有其餘可爲佐也〔註243〕。是以宗炎此訐朱子之論，其援例與辭氣固有別於宗羲，而鄙夷之意則無殊矣！

2・辨「先天橫圖」

宗炎以爲，《繫辭上傳》所載「《易》有太極，是生兩儀，兩儀生四象，四象生八卦」（第11章）者，乃「言其次第如此，非如他經之有典，而後有謨」〔註244〕，故「舉一卦，即將六十四卦包含其中；舉一爻，即將三百八十四爻貫穿于其內。然後讀无繆誤，解无執滯」〔註245〕矣。然則，其言「次

〔註239〕參見〔清〕黃宗炎撰：《周易尋門餘論》，卷一，葉80～81。

〔註240〕案：王東湖（1142～1211），名遇，字子合，宋乾道進士，爲朱子門人，學者稱「東湖先生」。

〔註241〕參見〔清〕黃宗炎撰：《周易尋門餘論》，卷一，葉7。

〔註242〕案：宋儒陳振孫（約 1183～1262）即謂「晦庵初爲《易傳》，用王弼本，復以呂氏《古易經》爲《本義》，其大指略同而加詳焉。首列九圖，末著揲著法，大略兼義理占象而言，《啓蒙》之目曰〈本圖書〉、〈原卦畫〉、〈明著筮〉、〈考變占〉，凡四篇」（參《經義考》，第一冊，頁 690）；王應麟（1223～1296）亦曰：「淳熙四年，文公《易本義》成，十二卷，又爲諸圖冠首，爲〈原象〉、〈述旨〉、〈明筮〉、〈稽類〉、〈警學〉五《贊》及筮儀附於末，《音義》二卷。十三年三月，《易學啓蒙》成，四篇。」（同上，頁 691）。餘如元董眞卿（季眞）、朱升等，亦同此說法（同上，頁 694）。

〔註243〕案：此詳本書論宗羲「駁朱子《河圖》之數十、《河洛》之數九」一節。

〔註244〕參見〔清〕黃宗炎撰：《周易尋門餘論》，卷一，葉39。

〔註245〕同前註。

第」者，非謂「次第而生」也，斯與其兄宗羲所持同；而舉「一卦」、「一爻」即可涵貫六十四卦、三百八十四爻者，其「一氣俱貫」〔註246〕之底蘊，亦如宗羲視「兩儀」為「三百八十四爻」之「統稱」也。又宗炎指三畫之八卦，即純陽、純陰、雜陽、雜陰等「四象」，其天、地、雷、風、水、火、山、澤者，非仰觀俯察之象，但就卦畫之形象而言耳〔註247〕！且「八卦成列，『重之』非有他，即此『八卦』也；每一統八，即為六十四卦矣」〔註248〕。依其意，「四象」即八卦，「八卦」即六十四卦；此說固與宗羲所言無異，而其「每一統八」，「重之」而成「六十四卦」之論，則自有別於其兄之語帶模糊也。

　　此外，宗炎指讀《說卦》「三索」章，「則知八卦相生之序」〔註249〕，邵子「以兩儀之上各加一奇一耦，而命為老陽、少陰、少陽、老陰，是父母、男女并歸一身，不可判別，豈得謂之生乎」〔註250〕？且「陰陽老少之說，未嘗見于《十翼》，不過後人以揲蓍求卦著于版上，以為分別記數也」〔註251〕。是以堯夫「一陰一陽層層加上」之「八卦生成」說，如「膏肓可霍然矣」（釋《說卦》第8章）。言下之意，邵氏以一奇一耦加諸兩儀之「四象」（老陽、少陰、少陽、老陰），既混同「父母」、「男女」之別，復不見於聖人語錄之中，直「揲蓍求卦」之「記數」耳！苟學者明乎此故，則其猶「膏肓」之「八卦生成」，即可「霍然」解矣。

　　夫宗炎既鍼邵氏「八卦生成」之弊，遂並其「生十六」、「生三十二」、「生六十四」之論，皆有悖聖人之贊，乃大加撻伐，曰：

　　　　《先天圖》誣伏羲畫卦，俱自兩中分，初畫于太極之上，畫一奇一
　　　　偶，是生兩儀：二畫于奇、偶之上，各加一奇一偶，為老陽、老陰、
　　　　少陽、少陰，是生四象；三畫于二老、二少之上，又各加一奇一偶，
　　　　為〈乾〉〈兌〉、〈離〉、〈震〉、〈巽〉、〈坎〉、〈艮〉、〈坤〉，是生八卦，

〔註246〕同前註。
〔註247〕同前註，葉39～40。
〔註248〕同前註，葉40。
〔註249〕案：宗炎所言「八卦相生之序」，即依〈乾〉、〈坤〉、〈震〉、〈巽〉、〈坎〉、〈離〉、
　　　　〈艮〉、〈兌〉之次第，乃據《說卦》所載「〈乾〉，天也，故稱父；〈坤〉，地
　　　　也，故稱母。〈震〉一索而得男，故謂之長男；〔……〕；〈兌〉三索而得女，
　　　　故謂之少女」之文；而宗炎此說，實與其兄宗羲如出一轍。
〔註250〕參見〔清〕黃宗炎撰：《圖學辨惑》，葉17。
〔註251〕參見〔清〕黃宗炎撰：《周易尋門餘論》，卷一，葉6。

此三畫猶可緣文穿鑿。至於八卦之上，又各加一奇一偶，爲四畫之卦；四畫之上，又各加一奇一偶，爲五畫之卦；五畫之上，又各加一奇一偶，始成六十四卦。〔……〕夫子曰：『八卦相錯，因而重之。』聖訓斬然，何曾有十六卦、三十二卦之留連阻滯？何得有四畫、五畫之遞加？〔……〕。凡夫子《十翼》之所贊，无一相契合者，何取雷同附和乎？（釋《上繫》第 12 章）

蓋宗炎謂八卦既立，「各以八卦加之，得三畫即成六畫，得八卦即有六十四卦」〔註252〕，邵氏以一奇一耦層層疊加，「至八卦、十六卦、三十二卦、六十四卦，則合七世高曾祖禰曾元于首腹四肢之內，形象理數，一切不可問矣」〔註253〕！況何曾有所謂「四畫、五畫」之象、「十六、三十二」之次第？「四畫、五畫，成何法象」？「十六、三十二，何者在先？何者在後」？其於「貞卦」不全、於「悔卦」亦無可指名矣！縱得「乾一、兌二、離三、震四、巽五、坎六、艮七、坤八」之位，然「初无成見于胷中，絕无關轄于象數」；何不「以三乘三、以八加八」之「直捷且神速乎」〔註254〕？所謂「貞卦」不全、「悔卦」無可指名者，即以「四畫、五畫」無能成其上（悔）、下（貞）之象；至於「以三乘三、以八加八」，則爲「相錯」、「重之」而成六十四卦之意，故云「直捷且神速」也。

宗炎既遵「八卦相錯，因而重之」之聖訓，乃謂「古今事理，惟簡能御繁、一可役萬，故卦止八象、爻止六位，變變化化，運用无窮」〔註255〕；苟云「六十四卦之上可再錯六十四卦，以至无窮，成何法象？成何義理？此乃不通之論」〔註256〕也。且陰陽「兩閒氣化，自有盈縮，或陰盛陽衰，或陽多陰少，惡得均分齊一，无輕重大小、往來消長乎？若然，則天无晝夜、人无仁暴、地无險夷矣！夫造物之參差，理義之所由以立也」〔註257〕，豈有「一定」者乎〔註258〕？依其意，陰陽氣化，往來流轉，其間自有盈縮、盛衰、多寡、輕重、大小、消長之參差，豈得「均分齊一」耶？斯猶天有晝

〔註252〕參見〔清〕黃宗炎撰：《圖學辨惑》，葉 14。
〔註253〕同前註，葉 17。
〔註254〕同前註，葉 14。
〔註255〕同前註，葉 16。
〔註256〕參見〔清〕黃宗炎撰：《周易尋門餘論》，卷一，葉 40。
〔註257〕參見〔清〕黃宗炎撰：《圖學辨惑》，葉 15。
〔註258〕同前註。

夜、人有仁暴、地有險夷，亦造物之理義所在。故宗炎直指「邵氏之《易》，欲求爲京、焦而弗逮也」〔註259〕。

綜觀其駁宋儒邵雍「先天橫圖」之論，誠與蕺山、宗義相仿，其承襲之跡明矣！惟宗炎詳述堯夫「生十六」、「生三十二」、「生六十四」之積累，並四畫、五畫違象之處，是宗義所闕如者；而宗義於旁證之援舉，則亦有宗炎之未逮者也。雖然，苟衡諸形上衍論之建構向度，誠非有違於《易》道「廣大悉備」之聖訓，則宗炎此詆邵氏之論，亦猶其兄矣！可無憾乎？

3・辨「先天六十四卦方圓圖」

夫《說卦》載有「雷以動之，風以散之」云云（第4章），宗炎指邵雍即「以此章爲八卦方圓」，然「苟細玩此章，略有可髣髴不？彼論其序，〈震〉已居第四〔註260〕，今則又從〈震〉起，自相背戾，吾不知之矣」（釋《說卦》第4章）！所謂「八卦方圓」，即「先天六十四卦方圓圖」也。蓋邵氏既依《說卦》「天地定位」章作「先天八卦方位圖」，復繹「數往者順，知來者逆」，並「雷以動之，風以散之」諸語，而衍爲〈先天六十四卦方圓圖〉；方圓者，天（外）圓、地（內）方也。故以〈震〉、〈巽〉居中，〈震〉居右而向西北，即〈震〉四 → 〈離〉三 → 〈兌〉二 → 〈乾〉一爲「數往」，順天左旋，乃「已生」之卦；〈巽〉居左而向東南，即〈巽〉五 → 〈坎〉六 → 〈艮〉七 → 〈坤〉八爲「知來」，逆天右旋，乃「未生」之卦。其圖如下：

〔註259〕同前註。案：宗炎指焦氏《易》學「傳數而不傳理」，「分爲四千九十六卦，實統諸六十四，是一卦具六十四卦之占」，「非層疊而上有七畫八卦，以至十二畫之卦」（即非別有四千九十六卦之畫）；且於「一卦中錯綜雜出，變動不拘」，非「一畫止生一奇一耦，歷百年而不改」（參《圖學辨惑》，葉15）也。
〔註260〕案：此指〈震〉於「先天八卦次序」圖中之排序也。

先天六十四卦圓圖方圖

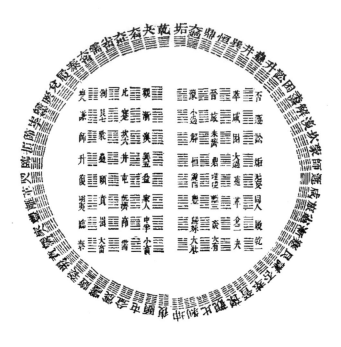

此黃晦木原圖與古本異，並存參攷

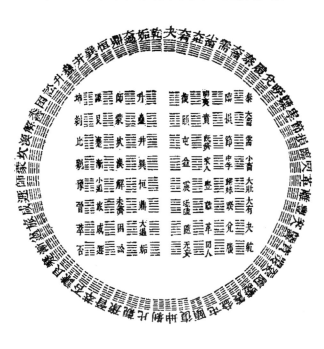

雖然，宗炎指「圓圖」以「順爲『數往』、逆爲『知來』，則〈乾〉、〈兌〉、〈離〉、〈震〉僅能『數往』，不能『知來』；〈巽〉、〈坎〉、〈艮〉、〈坤〉職在『知來』，无煩『數往』」〔註261〕矣！依其意，「數往者順」、「知來者逆」乃聖人兼該天地事理、八卦之義，非有若康節分卦而東西背馳者〔註262〕；倘此，則〈乾〉、〈兌〉、〈離〉、〈震〉既爲「順」，豈能「知來」？〈巽〉、〈坎〉、〈艮〉、〈坤〉既稱「逆」，焉可「數往」？況「數」者，當以「一二三四」爲順、「八七六五」爲逆，今則皆反之，是鑿空立說、乖違而不可通者，其理安在乎〔註263〕？且既有〈乾〉一、〈兌〉二、〈離〉三、〈震〉四、〈巽〉五、〈坎〉六、〈艮〉七、〈坤〉八之序，則皆已生矣，何來未生〔註264〕？「作者既鹵莽而自聖，述者亦滅裂而不明，悠悠滔滔，羲、文、周、孔何時得還歸于正道也」〔註265〕！乃康節又云「《易》數由逆而成，若逆知四時之謂」，「豈〈震〉、〈巽〉、〈兌〉、〈乾〉无當於《易》數，而漫列者與」〔註266〕？是皆無稽之論矣！

此外，宗炎以聖人知來、數往，非專爲四時節候而設；四時節候亦有其曆法，絕無取乎卦氣也〔註267〕。〈復·象辭〉「至日閉關」者，夫子偶舉象之一節耳！今康節「屈〈橫圖〉而圓之，云『〈乾〉生子中、盡午中；〈坤〉生午中、盡子中；〈離〉盡卯中、〈坎〉盡酉中』，皆緣冬至一陽爲〈復〉」，遂充類至義之盡，以六十四卦分配二十四節候；然亦須一氣得二卦有奇，乃爲恰合，何以候多候少、遠不相謀」〔註268〕？彼自〈復〉（冬至）之後，歷〈頤〉、〈屯〉、〈益〉、〈震〉、〈噬嗑〉至〈臨〉，凡十七卦，始得二陽（十二月），已是卯半爲「春分」矣！〈損〉、〈節〉至〈泰〉，凡八卦，乃得三陽（正月），已是巳初爲「立夏」矣！〈大畜〉、〈需〉、〈小畜〉、〈大壯〉四卦，而

〔註261〕參見〔清〕黃宗炎撰：《圖學辨惑》，葉21。

〔註262〕案：宗炎以爲，「〈震〉、〈巽〉東西背馳，亦如人之行路，畢竟先有方向，然後可揚帆策馬，焉得東行者山川原隰歷歷可指，而云『已生』（即『數往』）；西行者悉瀅瀁无憑而待行者自爲開闢，乃云『未生』（即『知來』）與」（參《圖學辨惑》，葉24）？

〔註263〕參見〔清〕黃宗炎撰：《圖學辨惑》，葉24。

〔註264〕同前註。

〔註265〕同前註。案：「作者」，即指邵雍；「述者」，當指朱熹也。蓋黃宗炎既斥《本義》置先天諸圖於卷首，則謂朱子「滅裂而不明」者，亦不足怪矣！

〔註266〕同前註，葉21。

〔註267〕同前註。

〔註268〕同前註。案：所謂「候多候少」者，即六十四卦均分於二十四節氣，本應一氣得二卦有餘；今邵氏以「冬至」起於〈復〉，則歷卦之數，多寡不一矣！

得四陽（二月），已是巳半爲「小滿」矣！〈大有〉、〈夬〉二卦，即得五陽（三月），已是午初爲「芒種」矣！至〈乾〉止一卦，即得六陽（四月），已是午半爲「夏至」矣〔註 269〕！依其意，邵氏以「冬至」起於〈復〉者，乃肇乎聖人「至日閉關」一語；而所衍之「卦氣」說，已與曆法節氣相違矣！若〈姤〉爲「夏至」者，宗炎以聖人無此「明訓」〔註 270〕；然邵氏既黜前人「冬至」起〈中孚〉之說，故以「夏至」起於〈姤〉，亦順勢耳〔註 271〕！其例則仿乎「六陽」，終得〈坤〉六陰（十月）爲「冬至」矣〔註 272〕！儘管如此，或有問朱子「先天卦氣」者，卦之所歷，「其初如此之疏，其末如此之密，此陰陽嬴縮當然之理歟」〔註 273〕？然「於臨卦之下書曰『春分卯中』，則臨卦本爲十二月之卦，而春分合在泰卦之下；又於遯卦之下書曰『秋分酉中』，則遯卦本爲六月之卦，而秋分合在否卦之下」〔註 274〕，「是固有不可解者」〔註 275〕！晦翁乃謂「伏羲《易》自是伏羲說話，文王《易》自是文王說話，固不可以交互求合」〔註 276〕者；對此，宗炎乃贊曰：「信斯言也。〔……〕。夫時有今古，理无不同，豈得因羲、文異代，而竟以天道付杳冥哉？何月令、節候偏欲交互求合于卦畫也？先入爲主，奈之何哉」〔註 277〕？審乎「信斯言」之語，則宗炎於朱子《易》論之咎譽，蓋皆以「聖訓」、「義理」爲判準〔註 278〕，非有特意之偏也；而「何月令、節候偏欲交互求合于卦畫」者，其意猶宗羲謂《皇極》硬相牽合《易》與古今曆學，終不可用也〔註 279〕。

〔註 269〕同前註，葉 22。
〔註 270〕同前註，葉 21。
〔註 271〕案：此詳本書論宗羲「辨『卦氣』說」一節。
〔註 272〕參見〔清〕黃宗炎撰：《圖學辨惑》，葉 22。
〔註 273〕參見〔宋〕黎靖德編：《朱子語類》，卷 65，「伏羲卦畫先天圖」，頁 1618～1619。
〔註 274〕同前註，頁 1619。案：所謂「疏」者，歷卦多也；「密者」，歷卦少也。
〔註 275〕參見〔清〕黃宗炎撰：《圖學辨惑》，葉 23。案：此爲綜述問者之語，非宗炎本意。蓋〈臨〉於古卦氣圖（冬至起〈中孚〉）本十二月之卦，而「春分」已屬〈泰〉；〈遯〉本六月之卦，而「秋分」已屬〈否〉。今邵氏以〈臨〉爲「春分卯中」、〈遯〉爲「秋分酉中」，故問者「有不可解者」。
〔註 276〕參見〔宋〕黎靖德編：《朱子語類》，卷 65，「伏羲卦畫先天圖」，頁 1619。
〔註 277〕參見〔清〕黃宗炎撰：《圖學辨惑》，葉 23。
〔註 278〕案：此從其斥《本義》卷首附圖乃「蒙雜不倫」、「迷亂後學」者，即可窺知矣！
〔註 279〕案：詳參本書宗羲「論《皇極》閏法之失」一節。

　　總此，宗炎以為，就康節而言，〈震〉、〈巽〉居中，有長男代父、長女代母「為政」之象，是以〈震〉順天左旋，自〈復〉、〈頤〉至〈乾〉三十二卦，遇〈復〉而息也；雖然，兩間氣化，往來循環，無有端緒，「焉得分疆畫界」〔註280〕？故宗炎乃直斥邵氏「將六十四卦破碎割裂，安見其自然哉？若卦畫名義毫无統屬，則精微之正論反可姑置者也。伏羲之世，二十四氣未必盡備，備亦未必如此序次也」〔註281〕；斯謂邵氏「圓圖」所列卦序，既割裂、錯置六十四卦本乎自然之聯屬，已悖聖人設卦之旨，復強繫乎節氣曆法，豈以伏羲之世節氣已備耶？即然已備，其必依此序乎？是空臆、懸揣之說也。然則，宗炎此斥康節「將六十四卦破碎割裂」諸論，其所持之由，亦如其兄也（參本書論宗羲「辨『卦氣』說」一節）；此不復贅述！

　　至於「方圖」，歷來所著墨者，多據邵氏《《大易》吟》抒論。例如，宋儒董楷（正叔）即嘗引康節「天地定位，〈否〉、〈泰〉反類；山澤通氣，〈咸〉、〈損〉見義；雷風相薄，〈恆〉、〈益〉起意；水火相射，〈既濟〉、〈未濟〉。四象相交，成十六事；八卦相盪，為六十四」（此即《大易》吟》之詩句）之語，而謂「天地定位，〈否〉、〈泰〉反類」八句，乃言「方圖中兩交股底，且如西北角〈乾〉、東南角〈坤〉是『天地定位』，便對東北角〈泰〉、西南角〈否〉；次〈乾〉是〈兌〉、次〈坤〉是〈艮〉，便對次〈否〉之咸、次〈泰〉之〈損〉。後四卦亦如是；共十六卦」〔註282〕；明儒蔡清（介夫，1453～1508）則指康節「天地定位，〈否〉、〈泰〉反類」諸語，乃「特為『方圖』言；其舉『天地定位』云云者，亦以其卦位相對與上章同，故借而用之耳，固不甚拘也；若拘之甚，則水火不相射。今乃轉而為相射，非借用而可乎？其中節目甚多，詳之當無厭煩」〔註283〕。覽前者（董氏）所言，但就「方圖」卦位而敘之，無有所評；後者（蔡氏）吐辭雖簡，然細審其語，則已露彌縫邵氏自相違逆之跡矣！

　　夫宗炎所論「方圖」，固亦以「天地定位，〈否〉、〈泰〉反類」諸語為發端，而駁辨之精闢，自有別於彼等。蓋宗炎繹其蘊曰：

〔註280〕參見〔清〕黃宗炎撰：《圖學辨惑》，葉24。

〔註281〕同前註，葉23。

〔註282〕參見〔宋〕董楷撰：《周易傳義附錄》（《四庫全書・經部・易類》），卷首下，葉37。

〔註283〕參見〔明〕蔡清撰：《易經蒙引》（《四庫全書・經部・易類》），卷十二上，葉22。

其說曰「天地定位」，西北角置〈乾〉、東南角置〈坤〉爲「定位」
〔……〕；曰「〈否〉、〈泰〉反類」，東北角置〈泰〉、西南角置〈否〉
爲「反類」；曰「山澤通氣」，〈兌〉二斜依〈乾〉一、〈艮〉七斜依
〈坤〉八爲「通氣」；曰「〈咸〉、〈損〉見義」，斜依〈否〉之〈咸〉、
斜依〈泰〉之〈損〉爲「見義」；曰「雷風相薄」，〈震〉四斜依〈離〉
三、〈巽〉五斜依〈坎〉六，〈震〉、〈巽〉當中斜依交會爲「相薄」；
曰「〈恆〉、〈益〉起意」，〈恒〉自〈咸〉而〈未濟〉斜來、〈益〉自
〈損〉而〈既濟〉斜來，亦交會于中爲「起意」；曰「水火相射」，〈坎〉
六自〈艮〉七斜接〈巽〉五、〈離〉三自〈兌〉二斜接〈震〉四爲「相
射」；曰「〈既濟〉、〈未濟〉」，〈既濟〉自〈損〉來斜聯于〈益〉，〈未
濟〉自〈咸〉來斜聯于〈恒〉也。四象相交，成十六事。〔註284〕

雖然，宗炎指康節「橫圖」既稱老陽、老陰、少陽、少陰爲「四象」，此則
明用六畫之卦，而亦以「四象」名之，何哉？又〈乾〉置西北、〈坤〉置東
南，豈不與「先天卦位」〈乾〉南、〈坤〉北相違乎？皆可議者也。至若所謂
「十六事」（所陳八卦之對應關係）者，但取老、長、中、少陰陽正對，或
較其諸圖稍有可觀，然究不如確守並推演〈乾〉、〈坤〉父母「三索」倫序之
爲勝也〔註285〕；且「大《易》全篇，何莫非神化變通，而僅取〈否〉、〈泰〉、
〈咸〉、〈恆〉、〈損〉、〈益〉、二〈濟〉爲綱領，將謂此外皆附庸之國乎？亦
見其自隘矣」！況「既云『相盪』，則縱橫雜揉、左右逢源，非鱗次蝟排、
膠固不可通方者也。信斯羅列，義理安居、象數奚在？亦見其小慧而已」
〔註286〕。

　　竊以宗炎此辨「方圖」之論，洵依聖人載言之「義理」、「象數」爲軌轍，
故多能切中其弊；即康節於此所謂「四象」，乃指詩中八卦兩兩交錯之「象」，
非就「橫圖」而言，然既疏於名義模稜，猶可損其原旨，而致生排譏也。

　　綜上所述，宗炎之辨「先天」諸圖，其所執持者，固本乎經傳，而夫子
聖訓尤重；斯從「羲皇之神妙盡發于文、周，讀文、周即窮羲皇；文、周之
大道悉闡于夫子，信夫子即叩文、周」〔註287〕之語，即可豁然。故指斥邵

〔註284〕參見〔清〕黃宗炎撰：《圖學辨惑》，葉25。
〔註285〕同前註。
〔註286〕同前註，葉25～26。
〔註287〕參見〔清〕黃宗炎撰：《周易尋門餘論》，卷一，葉12。

氏稱「先天者，似乎父母未生以前；後天者，似乎氣血既具以後」，「直爲杜撰之說，秦、漢載籍中所絕無也」〔註288〕；即《文言》載有「先天」、「後天」二詞，亦屬「虛語」，「非實有先天、後天之可象也，況得而名《易》乎」〔註289〕？且「羲、文之至理大道，惟夫子能知之」，是以「欲舍《十翼》而求三聖，是猶舍測算而求日月星辰、舍布帛菽粟而求溫飽，斯則必不得之數也」〔註290〕。又謂「夫子《十翼》，天地、陰陽、鬼神、身心、家國、天下之大義」，邵氏「竟取而冠諸四聖之首」，其「特倡衰說以誣往聖、以欺後學，禍甚于楊墨矣」〔註291〕！而「先天卦畫奇耦相加，亂左陽右陰之常經；『方圓圖』次第撮湊，紊四時之序、變八方之位，去君父母子之名分、倒長中少之行列。護其說者，甚至謂『〈乾〉、〈坤〉无生六子之理』。夫子所云『乾父坤母』、『乾坤，《易》之門』、『乾坤，《易》之蘊』，一筆塗抹；《說卦》三傳〔註292〕，无一可宗。豈非亂道」〔註293〕？

　　觀乎其論，謂之「虛語」者，或吸納朱子所云「大人无私，以道爲體，曾何彼此先後之可言哉？先天不違，謂意之所爲，默與道契；後天奉天，謂知理如是，奉而行之」〔註294〕也；而宗炎反以此駁邵氏「先天者，似乎父母未生以前；後天者，似乎氣血既具以後」之說。斯猶宗羲以朱子「燭籠添骨」之喻，反譏其《本義》添入邵雍之學，是「統體皆障」矣！夫黃氏二人相繼爲此，朱子若黃泉有知，或將爲之嗟憤而攘袖矣！又宗炎所稱「護其說者」，雖無繫名，實亦指朱子〔註295〕；蓋《說卦》「三索」之倫序，固爲宗炎所確守者，而邵氏「方圓圖」反置其位，以二子（震、巽）居中、父母（乾、坤）居隅，是亂聖人之制義矣！朱子既奉康節「橫圖」八卦之序，遂迹其蘊以謂

〔註288〕同前註，葉9。

〔註289〕同前註。

〔註290〕同前註，葉11。案：宗炎嘗駁邵子所云「日月星辰、水火土石、寒暑晝夜、風雨露電、性情形體、草木飛走、耳目口鼻、色聲氣味、元會運世、歲月日辰、皇帝王霸」諸語，似較《說卦》爲詳密，然其「偏僻疏闊」，則甚乎其詳矣（參《圖學辨惑》，葉16）！

〔註291〕同前註，葉12。

〔註292〕案：此謂「三傳」者，蓋指陳希夷而邵雍而朱熹也。

〔註293〕參見〔清〕黃宗炎撰：《圖學辨惑》，葉26。

〔註294〕參見〔宋〕朱熹撰：《周易本義》，卷一，頁38。

〔註295〕案：朱子嘗謂「既畫之後，〈乾〉一〈兌〉二，〈離〉三〈震〉四，至〈坤〉居末，又安有〈乾〉、〈坤〉變而爲六子之理！凡今《易》中所言，皆是後天之《易》」（參《朱子語類》，卷67，「卦體卦變」，頁1667）。

「安有〈乾〉、〈坤〉變而爲六子之理」也。然則，宗炎咎乎朱子猶不能稍歇者，咸以其述邵子之學故也；儘管如此，邵子倡其先天圖說，非本欲「誣往聖、欺後學」，洵以師訓之存乎意、《易》理之履於身，復自詡能統諸緒以遙會聖人宏旨，故立說以遂其志耳！是以宗炎詈其「特倡衰說」、「禍甚于楊墨」者，恐語激而過當矣！

此外，宗炎藉駁邵氏之《先天圖》，乃謂《皇極經世》所稱「元、會、運、世」，實效揚雄之「方、州、部、家」；而「一元十二會、三百六十運、四千三百二十世，一世三十年，是爲一十二萬九千六百年，以至无窮无盡，則又近于釋氏之『劫』數」〔註296〕。其說多與宗羲所論無異；惟將邵氏「元、會、運、世」之數擬諸釋氏之「劫」數，則宗羲所不涉者也。此外，宗炎指《皇極經世》假「編年」〔註297〕以驗其說，無論屬「附會、誣妄」，即「若合符節」，「獨不思帝堯甲辰至顯德己未，僅僅四千年」〔註298〕爾！乃欲取「一元之數」，「排而按之，籌而計之，以爲定數」，「不啻杯水之在江河，惡得以杯水之受鼎烹，而指江河之可吸盡也。此亦不攻而自破者矣」！〔註299〕依其意，以「已然」（四千）之數而欲定「未然」（一元）之數，猶以「杯水」（鼎烹）之壽而欲測「江河」（吸盡）之年，直妄誕而不可通者也。

（二）辨《太極圖說》

宗炎嘗云：「《太極圖》者，刱于河上公，傳自陳圖南，名爲《无極圖》，乃方士修鍊之術，與老、莊之『長生久視』，又其旁門、岐路也。老、莊以虛无爲宗、无事爲用；方士以逆成丹，多所造作，去致虛、靜篤遠矣！周茂叔得之，更爲《太極圖說》，則窮其本而反於老、莊，可謂拾瓦礫而悟精蘊；但綴《說》于《圖》，合二途爲一門，其病生矣！又懼老氏非孔、孟之

〔註296〕參見〔清〕黃宗炎撰：《周易尋門餘論》，卷一，葉41～42。案：佛教稱「劫」爲「大時，其年無數」（極漫長之意）；此宗炎所稱「劫」數之意。一般則分爲大劫、中劫、小劫，謂人之壽命有增、有減，每一增（人壽自十歲開始，每百年增一歲，增至八萬四千歲）、一減（人壽自八萬四千歲開始，每百年減一歲，減至十歲），各爲一「小劫」；合一增一減爲一「中劫」。至於「大劫」，則包括「成」、「住」、「壞」、「空」等四劫（四個時期），每劫各含二十「中劫」，故一「大劫」即包括八十「中劫」。後人借以爲天災人禍，如「劫數」、「浩劫」也（參任繼愈主編之《宗教詞典》，頁368～369）。

〔註297〕案：即起帝堯甲辰至後周顯德六年己未，所紀治亂興亡之事。

〔註298〕案：帝堯甲辰至後周顯德己未，凡三千三百一十六年；宗炎此稱「四千年」，雖或爲約略之數，然究與實情落差頗大，是可議者也。

〔註299〕參見〔清〕黃宗炎撰：《周易尋門餘論》，卷一，葉42。

正道，不可以傳來學，借《大易》以申其意，混二術而總冒以儒，其病更甚！」〔註300〕所謂「二術」者，實概括《无極圖》之底蘊，即老莊虛无之學、方士修鍊之術；而宗炎辨周子《太極圖說》，亦以此爲發端。所以然者，以「夫子之言『太極』，不過贊《易》有至極之理，非別有『太極』，而欲上乎羲、文也」〔註301〕。觀宗炎所論，其欲辨者有三：一者「无極圖」，二者「太極圖」，三者「太極圖說」；茲將其大要析論如下：

1‧辨陳摶《无極圖》

宗炎以《无極圖》「刱自河上公，魏伯陽得之以著《參同契》，鍾離權得之以授呂洞賓；洞賓後與圖南同隱華山，因以授陳」〔註302〕；陳乃刻之於華山石壁，列其名位〔註303〕。如下圖：

陳圖南本圖（自下而上逆則成丹）

〔註300〕參見〔清〕黃宗炎撰：《圖學辨惑》，葉 28。
〔註301〕同前註。
〔註302〕同前註，葉 29。
〔註303〕同前註。

夫此圖也，宗炎指「其義自下而上，以明逆則成丹之法」，「乃方士修鍊之術」〔註304〕。其最下圈名爲「玄牝之門」，「在老莊而言，謂元妙神化，即是此虛无而爲萬有之原；在修鍊之家，以元牝、谷神爲人身命門兩腎空隙處，氣所由生，是爲祖氣」；次圈名爲「鍊精化氣」、「鍊氣化神」，以「鍊有形之精，化爲微芒之氣；鍊依希呼吸之氣，化爲出有入无之神」；隨後「貫徹于五臟六腑」，統率全身，行之而得，水火交媾爲孕，而爲中層之「五氣朝元」；其上圈中分黑白、兩相間雜者，名爲「取坎填離」，聖胎乃成；又使復還於「无始」，成最上之一圈，名爲「鍊神還虛，復歸无極」，而「功用」至矣！蓋「始于得竅，次于鍊己，次于和合，次于得藥，終于脫胎誠仙，眞求長生之祕術也」〔註305〕。至若「老、莊之本旨，則不然」〔註306〕，「其長生也，唯神是守，昏昏昧昧，純純常常，與天爲游，氣聚而生，氣散而死，復歸太虛〔……〕。及其流爲仙眞之教，則以矯揉爲守氣，而『鍊精』、『鍊氣』之術興；以自私自利爲『全性』，而『取坎填離』之法立」。「則斯圖也，非老氏之曲學與」〔註307〕？

　　綜其所言，蓋以《无極圖》爲道教修煉金丹之術，雖有取於道家之學，然其「全性」、「長生」之義，究與老莊「唯神是守」、「復歸太虛」之旨有別，不可混爲一談。至於宗炎謂「氣聚而生，氣散而死」者，乃繹《莊子·達生》「天地者，萬物之父母也，合則成體，散則成始」〔註308〕之蘊；葉夢得（1077～1148）則以爲，「合則成體」、「散則成始」二語，即《易》所謂「精氣爲物」、「遊魂爲變」，謂「生則自散移之于合而成體，死則自合移之于散而成始」〔註309〕也。就此而論，《无極圖》所寓「長生之祕術」，既有取「坎」填「離」之法，復以「玄牝」、「谷神」爲「祖氣」，則其曲附於《易》者，不亦明乎？故宗炎以「老氏之曲學」概括之，是有未盡其情之虞也。

〔註304〕同前註，葉30。案：其大略「重在水火。火性炎上，逆之使下，則火不燥烈，唯溫養而和燠；水性潤下，逆之使上，則水不卑溼，唯滋養而光澤。滋養之至，接續而不已；溫養之至，堅固而不敗」（參《圖學辨惑》，葉30）。

〔註305〕參見〔清〕黃宗炎撰：《圖學辨惑》，葉30～31。

〔註306〕同前註，葉31。

〔註307〕同前註。

〔註308〕參見〔清〕郭慶藩撰，王孝魚點校：《莊子集釋》，卷七上，頁632。

〔註309〕參見〔宋〕葉夢得撰：《巖下放言》（《四庫全書·子部·雜家類》），卷下，葉7。案：《繫辭上傳》載有「原始反終，故知死生之說；精氣爲物，遊魂爲變，是故知鬼神之情狀」（第4章）之語；此葉氏所據說者也。

此外，宗炎指《无極圖》乃道教修煉之術，固爲篤論；然謂此圖「創自河上公」諸語，暨陳希夷刻圖於「華山石壁」之事，是有待商榷者也。茲略述如下：

其一：《无極圖》所列「鍊精化氣」、「鍊氣化神」者，當屬「內丹」之修煉，此觀宗炎之釋義、並「鍊己」之稱，亦可爲證；而「內丹」底蘊，遲至隋道士蘇元朗（青霞子）撰《旨道篇》，道徒始得窺其妙〔註310〕。故宗炎謂此圖傳自魏伯陽、河上公，恐不足信矣！

其二：河上公〔註311〕、鍾離權〔註312〕固皆雜糅傳說之神話人物；而呂洞賓者，《宋史・陳摶傳》謂其乃「關西逸人」、「百餘歲而童顏，步履輕疾，頃刻數百里，世以爲神仙」〔註313〕，亦屬人、神參半之模繪。故宗炎既援彼等以成說，理當述及緣由；不然，斯有違其義理、考據之持守，是可議者也。

其三：陳希夷刻《无極圖》於「華山石壁」之說，前此之文獻，皆未有提及者；至宗炎始發其端，後人多從之〔註314〕，然猶未稍敍所本。蓋華山（西嶽，位於陝西省境內）非偏遠之地，前後於宗炎之到訪者亦眾，而皆無

〔註310〕 參見《廣東通志》（《四庫全書・史部・地理類》），卷五十六，葉7。
〔註311〕 案：晉葛洪嘗云：「河上公者，莫知其姓名也；漢孝文帝時，結草爲庵于河之濱，常讀《老子道德經》。時文帝好老子之道，詔命諸王公大臣州牧在朝卿士，皆令誦之，不通《老子經》者，不得陞朝。帝於經中有疑義，人莫能通，侍朗裴楷奏云『陝州河上有人誦《老子》』，即遣詔使賷所疑義問之〔……〕，河上公即授素書《老子道德章句》二卷，謂帝曰：『熟研究之，所疑自解。余著此經以來，千七百餘年，凡傳三人，連子四矣，勿示非人。』帝即拜跪受經；言畢，失公所在，遂於西山築臺望之，不復見矣！〔……〕時人因號『河上公』。」（參《四庫》本《神仙傳》，卷八，「河上公」，葉9～10）
〔註312〕 案：明儒楊慎嘗言：「仙家稱鍾離先生者，唐人鍾離權也，與呂嵒同時〔……〕。近世俗人稱『漢鍾離』，蓋因杜子美〈元日〉詩有『近聞韋氏妹，遠在漢鍾離』，流傳之誤，遂附會以鍾離權爲漢將鍾離昧矣！可發一笑也。說神仙者，大率多欺世詐愚。」（參《四庫》本《丹鉛餘錄・總錄》，卷十，「鍾離權」，葉11）此外，《宣和書譜》則有「宋，神仙鍾離權」之載記（參《四庫全書・子部・藝術類》，卷十九，葉1）。
〔註313〕 參見〔元〕脫脫等撰：《宋史》（北京：中華書局，1997年），卷457，葉13421～13422。
〔註314〕 案：例如，朱彝尊（竹垞）論《无極圖》，即本宗炎之說（參見《經義考》，第八冊，頁484～485）。至於惠棟、張惠言，則皆引竹垞之論，以申己說；前者見於《易漢學》「辨太極圖」（參《四庫》本，卷八），後者見於《易圖條辨》「太極圖」（參《張惠言易學十書》，頁991～992）。

石壁刻有「无極圖」之遇〔註315〕，豈獨宗炎能岐乎眾人之外而得見耶？斯亦難以服人矣！至若鄭吉雄先生所稱，即華山石壁無有陳摶刻《无極圖》之確證，宗炎或嘗觀視如元代道士陳致虛（1290～？）之「太極順逆之圖」（或類似之圖），而對相關之圖有此種理解者〔註316〕，亦推測之詞；況乎彼一事、此一事，焉能混而論之耶？

2・辨周子《太極圖》

宗炎嘗謂《无極圖》「在老氏猶為稂莠，在儒者反以為正傳與」〔註317〕！依其意，《无極圖》猶無實之稂莠，乃有損於禾苗（道家）者，而周子（儒家）反以之為「正傳」，豈不謬哉？至若「茂叔得此圖于穆修，又得先天地之偈于壽涯，乃顛倒其序，更易其名，以附于《大易》，指為儒者之祕傳，其稱號雖若正大光明，而義理不勝指摘矣」〔註318〕！即以周子得穆修（979～1032）《无極圖》，暨壽涯禪師「先天地之偈」，乃顛倒《无極圖》之序，並更以《大易》之文，名曰「太極圖」，其「稱號」雖似「正大光明」，而「義理」實多有可議者（詳後）。所以然者，「方士之修鍊，老氏之虛无，《大易》之正道，三者天淵，不可混同也」〔註319〕。

宗炎以為，方士之秘，在逆而成丹，故《无極圖》自下而上；周子之意，在順而成人，故《太極圖》自上而下也〔註320〕。

〔註315〕參見李申撰：《易圖考》，頁37～41。
〔註316〕參見鄭吉雄撰：《易圖象與易詮釋》，頁168～170。
〔註317〕參見〔清〕黃宗炎撰：《圖學辨惑》，葉31。案：宗炎所謂「儒者」，當指周敦頤而言；此從其下接辨「周茂叔圖」，即可知矣。
〔註318〕同前註，葉32。
〔註319〕同前註，葉33。
〔註320〕同前註，葉32。

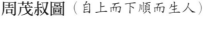

周茂叔圖（自上而下順而生人）

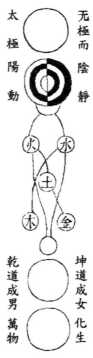

宗炎指周子以「太虛无有，有必本无」，遂更最上圈「鍊神還虛，復歸无極」為「无極而太極」；「太虛之中，脈絡分辨，指之為理」，遂更次圈「取坎填離」為「陽動陰靜」；「氣生于理，落為氣質之性」，遂更中層「五氣朝元」為「五行各一性」；「理氣既具而形質呈，得其全靈者為人，人有男女」，遂更下圈「鍊精化氣，鍊氣化神」為「乾道成男，坤道成女」；「得其偏者、蠢者為萬物」，遂更最下圈「元牝之門」為「萬物化生」〔註321〕。

宗炎既繹周子《太極圖》，復以「義理」覈之，指其扞格之處有九：

其一：方士自為方士之術，但取己說之可通、修鍊之得當，原无瞻前顧後之意，所以據其一曲之偏見，亦左右逢原、始終徹貫者；茂叔握方士之實、悟老氏之旨，而蒙以《大易》之名，所以彼此不倫、齟齬雜越，反不若陳氏之純一而无弊也〔註322〕。言下之意，直諷周子《太極圖》內蘊方士之術、老氏之學，外則飾以《大易》之名，致其落入儒、道駁雜相軋之境！是故說

〔註321〕同前註，葉32～33。
〔註322〕同前註，葉32。

貫徹，猶不及修煉方士；論純粹，亦不如陳希夷也。

其二：方士之「元牝」、「鍊化」，本屬兩層，其用功亦有次第，故作爲二圖；茂叔之「男女」、「萬物」，直是一氣所生，則无分先後，二圖之內，一爲贅疣〔註 323〕。依其言，天生男女、萬物，皆在一氣之中，無有先後之別，乃周子之圖，其「男女」、「萬物」遞分二圈，必有一爲重出者！至若方士之「元牝」、「鍊化」，固用功之次第也，自屬兩層。

其三：方士之「五氣朝元」，言「化氣」、「化神」之後，墮肢體、黜聰明，搜一身之五臟，悉守其神氣，然後能坎離交媾，火不炎上，水不潤下，而金丹、聖胎成矣；茂叔于此二圖，先有條理，而後有氣質，吾不知氣質未露，條理安託？紊其先後，義亦背畔矣〔註 324〕！觀「茂叔于此二圖」諸語，意周子以次圈「陽動陰靜」爲「理」、中圈「五行各一性」爲「氣」，是理在氣先矣！此與宗炎所持「氣在理先」相背，故又言「氣質未露，條理安託」耶？

其四：方士之「還虛」、「歸无」，又合于「元牝」，上下始終，周旋无間，最上一圖與最下一圖，分而合、合而分，會之不可言一，離之不可言二，所以成長生之妙；茂叔于此爲天地化生之本，雖得老氏之正宗，而于此圖則未免牽強，又欲合以《大易》，則更不倫矣〔註 325〕！此謂方士之圖，其最上、最下兩圈，循環不已、分合相繼，會則不失其異（序），離則無改其同（氣），故能得「長生」之妙；而周子之圖，其最下圈「化生萬物」雖得老氏之旨，然若與最上圈「无極而太極」周旋，已屬牽強，復欲以《大易》附之，則更不類矣！

其五：《大傳》所言「《易》有太極」者，乃謂作《易》聖人存至神至妙之理於胸臆，非追原天地之始也，故不可云「无極」；又神「无方」、《易》「无體」，故不可圖「圓相」〔註 326〕。

其六：次圈「判左右爲陰陽，以陰陽推動靜，就其貫穿不淆亂之處，則指之爲理，此時氣尙未生，安得有此錯綜之狀？彼將附麗于何所？謂之「取坎填離」，取其「中含聖胎」，成《既濟》之象，明顯而彰著；謂之「陽動陰

〔註 323〕同前註，葉 33。
〔註 324〕同前註。
〔註 325〕同前註。
〔註 326〕同前註，葉 34。

靜」，則陽專屬離，離專主動，陰專屬坎，坎專主靜，豈爲「通論」耶〔註327〕！

其七：五行始於〈洪範〉，乃指萬物中之五物也；今以五物爲生之性，將謂彼八獸〔註328〕爲生之卦與？況其時人物未生，此五者之性，何得而辨耶？且養生家專重水火，故木金土皆一受一授，而水火有二受、二授也；周子但知重水火、輕其餘，而排列方位亦紊亂而無稽矣〔註329〕！

其八：《繫辭上傳》所載「乾道成男，坤道成女」（第 1 章），乃言「乾之奇畫成男之象，坤之偶畫成女之象」，非謂「生于天者爲男，生于地者爲女」也。周子之五行，屬諸氣質，則當於男女成形之後，感物而動，發爲五德；今反先有五性，始成男女，是於次序則舛逆、於圖尤爲牴牾也。所以致此者，方士之圖本逆（由下而上），而周子強爲之順（由上而下）故也〔註330〕。

其九：天之生物，無有洪纖、高下、靈蠢、偏全之別；人（男女）與萬物同賦於天，則宜同一「太極」也。周子以「萬物化生」居最下圈，豈其別有一「太極」乎？萬物與男女既別爲一「太極」，則「飛、潛、動、植，以至瓦、礫、矢、溺」，無不可別圖一「太極」矣！何許如斯之不憚煩耶〔註331〕？

夫宗炎所以力揭周子之弊者，蓋以《太極圖》於後世影響甚鉅；然「夫子之言『太極』，專以明《易》；茂叔之言『太極』，則空中造化也。兩者本不同道」〔註332〕。故總其論曰：

> 《太極圖》以太極爲生化之本，不屬諸《易》，乃老氏之有不能生有，必生于无。无乃太和元氣〔註333〕，大莫與並，貴莫與倫；既以至極，大而又大，是名「太極」；无蹟象、形聲之可求，而寔主宰乎萬物。唯其无極，所以爲太極也，故曰「无極而太極」。陽動陰靜，即「生兩儀」之謂。彼所云「陰陽」，絕非《易》之奇偶，故舍四象、八卦而言五行。陰陽之氣、五行之性，生男女、生萬物，其義理、名物

〔註327〕同前註。
〔註328〕同前註，葉 34～35。案：「八獸」者，八卦之物象，馬（乾）、牛（坤）、龍（震）、雞（巽）、豕（坎）、雉（離）、狗（艮）、羊（兌）也。
〔註329〕同前註，葉 35。
〔註330〕同前註。
〔註331〕同前註，葉 36。
〔註332〕同前註，葉 28。
〔註333〕案：宗炎嘗云：「太和者何？即元氣也。」（釋〈乾・象辭〉）又謂「夫天象地形，无論或微或顯，莫不載以元氣；元氣之流行周到，固無時而不動者」（釋《說卦》第 4 章）。

與此章聖意，了不相蒙，不過「太極」兩字以爲用，特自申其說爾！

學人勿援此以證彼可也。（釋《上繫》第 12 章）

依其意，《太極圖》「无極而太極」之說，乃依附、截取老氏「有生於無」及「復歸於無極」（第 28 章）之語而成。蓋老氏「无極」之義，本同於無「蹟象」、「形聲」可求之「道」，乃生化萬物之「主宰」；《太極圖》衍「无極」之義，而於其上冠以「太極」之名，然究非《易》之「太極」也。此外，《太極圖》以「陽動陰靜」喻《易》「兩儀」之生成；而所謂「陰陽」者，實非《易》之奇（—）、偶（——），故無「四象」、「八卦」之論，但言「五行」耳！故其所論「五行之性，生男女、生萬物」之義理、名物，洵與《繫辭上傳》之「《易》有太極」章，渾然無涉也。

至於宗炎所謂「確知《易》、《老》、儒、釋之不可冒昧影響，然後敢明言此《圖》之非《易》，而且有《老》與仙與釋之淆亂」〔註334〕者，乃指朱子於「无極而太極」諸論，非就周子而言；此從其「茂叔之『无極而太極』，不過推墨附儒」、「朱元晦又從而分析辨解之，則更雜以釋」〔註335〕，並「茂叔以老附《易》，雖失《易》而得老，惜其雜以方士之圖，而老不純；晦翁雜釋于老以附《易》，而釋、老兩失，尚何《易》之可稽乎」〔註336〕諸語，即可判矣！故又曰：「茂叔強三爲一，元晦混四爲一，雖極其推崇，而并失茂叔之故我。」〔註337〕此外，宗炎以爲，朱子釋《太極圖》次圈「陽動」（左半）爲「○之用所以行」、「陰靜」（右半）爲「○之體所以立」，乃「本末倒置」，似先有「陽動陰靜」，而後有「无極」、「太極」。豈「在左者有用無體，能行而不能立；在右者有體无用，能立而不能行乎」？蓋「茂叔本意，以『无極』無體，故能爲眾體之原；眾體各用，莫非『无極』之用。如晦翁所云，支離破碎，失茂叔之本意矣」〔註338〕！審宗炎於斯之論，誠與其兄宗羲駁朱子「陽之動爲用之所以行也，陰之靜爲體之所以立也」，而謂「太極既爲之體，則陰陽皆是其用」〔註339〕之旨同，皆能切中朱子之弊！

〔註334〕參見〔清〕黃宗炎撰：《圖學辨惑》，葉 29。

〔註335〕同前註，葉 28〜29。

〔註336〕同前註，葉 39。

〔註337〕同前註，葉 28。案：所謂「極其推崇」者，即宗炎於「自序」中所引朱子「庖羲、文王未嘗言『太極』，而孔子言之；孔子未嘗言『无極』，而周子言之。先聖後聖，同條共貫」（同上）之語；而宗炎指其「過于標榜」（同上）也。

〔註338〕同前註，葉 34。

〔註339〕參見沈善洪主編：《黃宗羲全集》，第三冊，《宋元學案》卷十二，「濂溪學案

　　以此觀之，宗炎辨《太極圖》固以周子爲發端，而於朱子析解之論指斥尤重者，蓋以朱子所解既有悖於周子，而其學自有明頒諸學宮以來，士人多奉爲圭臬，莫敢非議；然「聖人之大道，非一人所可私，亦非阿黨所能據」〔註340〕故也。就此而論，今之學者或逕謂宗炎以周子《太極圖》乃雜糅老、釋、《易》三者〔註341〕，恐是將朱子之說冠諸周子之上，究非宗炎之原意也；雖然，宗炎所辨〈太極圖〉，確有可商榷者。茲略述如下：

　　其一：《太極圖》傳自壽涯之說，清儒毛奇齡固有疑義〔註342〕；然宗炎既謂周子「得先天地之偈于壽涯」，則當就其言而論之。蓋宗炎稱周子得《无極圖》於穆修，又得「先天地之偈」於壽涯禪師〔註343〕，則《太極圖》非惟取乎道教，且摻有佛教禪理〔註344〕，亦可推知；況其亦自言「茂叔得圖于方士、得偈于釋、心證于老」〔註345〕耶！故其視《太極圖》但匯聚「方士」、「老

下」，頁 608。

〔註340〕參見〔清〕黃宗炎撰：《圖學辨惑》，葉 29。

〔註341〕案：近人梁紹輝於《周敦頤評傳》中即持此論；其以宗炎謂周子既得穆修之《无極圖》，又得壽涯之「先天地之偈」，「意在說明」周子之《太極圖》非惟出自道家，亦來自釋家，使之與「儒非儒，道非道，釋非釋」之結論相一致（頁 108）。夫梁氏逕以一己之詮解而歸之宗炎，已屬誣語；復將黃百家所言「儒非儒，老非老，釋非釋」（參《宋元學案》卷十二，《濂溪學案》下），加諸宗炎之上，尤張冠李戴也。

〔註342〕案：毛氏嘗曰：「《太極圖》一傳自陳摶，一傳自僧壽涯。或云：陳摶師麻衣，麻衣即壽涯也。則時稍相去，濂溪或不能從學，然其說則從來有之。」（參《毛奇齡易著四種》，「太極圖說遺議」，頁 95～96）至若謂傳《太極圖》者「竊取魏伯陽《參同契》中「水火匡廓」與「三五至精」兩圖，而合爲一圖」（同上，頁 96）；對此，勞思光先生則以爲，「周子所用之《圖》，係屬於「內丹派」之丹訣」，「與《參同契》原書無關」（參《新編中國哲學史》，「三上」，頁 143）。

〔註343〕案：攸關壽涯禪師之大略，請參本書論宗義「太極爲萬物之總名──陰陽即太極」一節；至於「先天地之偈」，當指「有物先天地，無形本寂寥，能爲萬象主，不逐四時凋」之語。蓋明儒羅欽順（允升，1465～1547）嘗云：「『有物先天地，無形本寂寥，能爲萬象主，不逐四時雕』，此詩乃高禪所作也。自吾儒觀之，昭然『太極』之義，夫復何言？然彼初未嘗知有陰陽，安知有所謂『太極』哉？此其所以大亂眞也。今先據佛家言語解釋一番〔……〕。以佛家之言爲據，則無始菩提，所謂『有物先天地』也；湛然常寂，所謂『無形本寂寥』也；心生萬法，所謂『能爲萬象主』也；常住不滅，所謂『不逐四時凋』。作者之意，不亦明且盡乎！」（參《四庫》本《困知紀‧續錄》，卷上，葉 18～19）

〔註344〕案：業師林師慶彰先生於〈明末清初經學研究的回歸原典運動〉一文中，即謂周子《太極圖》乃源「自佛、道二家，非儒家所本有」（參《孔子研究》，1989 年，第 2 期，頁 106）。

〔註345〕參見〔清〕黃宗炎撰：《圖學辨惑》，葉 28。

氏」、「《大易》」之作，恐有自違其說之嫌！

其二：宗炎所辨《太極圖》，其圖式與朱震所進之《周子太極原圖》不符；與宋乾道年間朱子所傳《周子濂溪太極新圖》雖同，然列「陽動陰靜」於次圈（第二圈），則異於朱子之圖（置於最上圈），最上圈「无極而太極」之文，亦朱子所無〔註346〕。就此而言，距周子之世未遠之朱氏二人，其圖式猶相異，且所述皆有未盡者，宗炎降世甚晚，反可窺其全貌、言之鑿鑿，豈其所覓者乃前人未發之圖耶？即然，闕其圖式之所由來〔註347〕，亦難以服人也。

其三：宗炎所繹《太極圖》之文，果爲周子原意耶？恐不盡然也。例如，其以「得其全靈者爲人」、「得其偏者、蠢者爲萬物」、「生于天者爲男，生于地者爲女」諸語爲周子所寓；然周子但藉「乾道成男，坤道成女」以陳其乾坤「二氣交感，化生萬物」之義，故又謂「萬物生生，而變化无窮焉」〔註348〕；至於「惟人也得其秀而最靈」〔註349〕一語，斯指人固屬「化生」之「萬物」，而特爲「靈秀」耳！蓋劉蕺山所謂「盈天地間，皆物也。人其生而最靈者也。生氣宅於虛，故靈；而心其統也，生生之主也」〔註350〕，即發端於斯。然則，宗炎雖以駁周子爲名，而劉氏已繫乎其中矣！此外，宗炎以「氣在理先」之持論，遂駁周子「理在氣先」（宗炎所繹）之說，乃爲成見所囿，亦有失公允！是以百家稱據其仲父（宗炎）所辨《太極圖》，則「人能去其所存先入之見，平心一一案之」〔註351〕，顯有悖於實情。

其四：《无極圖》所寓「內丹」之修煉，隋道士蘇元朗已開其端，且其「丹訣」本附於《大易》。故宗炎謂周子「得此圖」以「附于《大易》，指爲儒者

〔註346〕 參見〔清〕毛奇齡撰，鄭萬耕點校：《毛奇齡易著四種》（北京：中華書局，2010年），「《太極圖說遺議》」，頁95、101。

〔註347〕 案：近人郭彧指宗炎所辨《太極圖》，爲經朱熹改造之圖（參《易學象數論》芻議》，頁195）；朱伯崑先生於《易學哲學史》中亦持此論（第四卷，頁286～287）。竊觀彼等所謂「改造之圖」（參《易圖講座》，頁85），其次層雖標有「陽動陰靜」四字，同於宗炎之辨圖；然最上層仍闕「无極而太極」之文。就此而論，彼所謂「改造之圖」者，非惟與宋乾道年間朱子所傳《周子濂溪太極新圖》有別，亦與宗炎所辨之圖異矣！

〔註348〕 參見〔宋〕周敦頤撰：《周子通書》，「太極圖說」，頁28。

〔註349〕 同前註。

〔註350〕 參見戴璉璋、吳光主編：《劉宗周全集》，第二冊，「《原旨・原心》」，頁327。

〔註351〕 參見沈善洪主編：《黃宗羲全集》，第三冊，《宋元學案》卷十二，「〈濂溪學案〉下」，頁630。

之祕傳」，恐有欲加其過之虞矣！

3・辨周子《太極圖說》

宗炎既謂周子《太極圖》「非《易》」，乃繼而對其《太極圖說》逐文考辨，「一一而是正之」〔註352〕，以遂其「千秋萬世必有明之者」〔註353〕之志。茲將宗炎所辨《太極圖說》之文，綜其條目，擇要敘述如下：

（1）「无極而太極。太極動而生陽，動極而靜；靜而生陰，靜極復動。一動一靜，互爲其根。」

宗炎以爲，「《易》有太極」，不可言「无」；「太極」非物，不可執「有」。「極」者，言其無可復加也；「太」者，大而又大，無可與並也。故「太極」者，至矣！盡矣！不容復有辭說。蓋老、莊之學以「虛无」爲天地萬物之本，茂叔以「无極」釋之，已深得其微旨；至若「无極而太極」，可謂得《道德》、《南華》之神髓矣！雖然，以之綴於「《易》有太極」，則與「郢人燕說」，何所髣髴哉？元晦發明其義，非惟未能深契於老氏，亦與茂叔不相蒙矣！陰陽雖有動靜之分，然動靜非截然兩事、陰陽非判然兩物。言「動而生陽」、「靜而生陰」，則可；謂「動極而靜」、「靜極復動」，則不可也。「動」者是陽，「陽无陰不能動」；「靜」者是陰，「陰无陽不能靜」。言「一動一靜」互爲交錯，則可；謂「互爲其根」，則不可也。夫陰陽一氣也，動、靜皆植根於太極，若云「動根于靜」、「靜根于動」，是「天之生物已非一本，不待墨者已先二本矣」！《大傳》所言「陰陽」、「動靜」，俱以「奇偶往來」象「天地氣化」（陰陽氣化），非指「天地而狀貌之」也。此先聖、後儒「背道而馳」之大概爾〔註354〕。

（2）「分陰分陽，兩儀立焉。陽變陰合，而生水火木金土。五氣順布，四時行焉。五行一陰陽也，陰陽一太極也，太極本无極也。」

蓋《說卦》言「分陰分陽」（第 2 章），乃指《易》中卦爻奇偶之象，非謂「分陽而立爲天、分陰而立爲地」。「儀」者，文也，象也；奇偶相雜成其文章、成其物象也。故「兩儀」者，卦中所蘊奇偶之象，非指天地之形質也。陽施陰受，陽始陰生。是時「陽」猶無形之兆，何得言「變」；既已變矣，已自爲一物，「陰」何從而「合」耶？陰陽既合，萬物齊生，豈有先生水火木金

〔註352〕參見〔清〕黃宗炎撰：《圖學辨惑》，葉 29。
〔註353〕同前註。
〔註354〕同前註，葉 36～40。

土，自爲一截，萬物又爲一截歟？夫有天地即有四時，中含五氣；四時之序，陰陽之運耳！今謂「五氣順布，四時行焉」，豈必待水火木金土之氣布，其後四時就道而行耶？若然，則五行可生陰陽，是先有「質」而後有「氣」矣！「无極」即「太極」，「太極」即「祖氣」，非別有「无極」而後爲「祖氣」也；倘合以「《易》有太極」之語，則是「祖氣」作《易》矣！焉可〔註355〕？

（3）「五行之生也，各一其性。无極之眞，二五之精，妙合而凝。乾道成男，坤道成女，二氣交感，化生萬物。萬物生生，而變化無窮焉！惟人也，得其秀而最靈。形既生矣，神發知矣，五性感動而善惡分，萬事出矣。」

夫陰陽既生五行，則陰陽即在五行之中。今五行各性（五），性已紛雜，復參以陰陽（二），儼然成「七」矣！雜亂棼擾，何得爲「精」？何得以「凝」？《繫辭下傳》曰：「天地絪縕，萬物化醇；男女構精，萬物化生。」（第5章）故「三人」損一以「致一」；「三」且不能生，況於「七」乎？乾男坤女，顯然形質；此時萬物無不具備，何故始言「二氣交感」而「化生萬物」？若此「男女」謂「合雌雄、牝牡」，則與圖之所分屬者不侔；倘專指「人」，則人無「化生異類」之事。周子此一推原，實取乎《莊子》「肅肅出乎天，赫赫發乎地，兩者交通成和而物生焉」（〈田子方〉）；然不若莊生之無罅漏也。既受於人，喜怒哀樂皆緣於感，豈得各擅其權，指其一性之失職耶？斯非愚則狂矣！夫性一也，分「天命」、「氣質」爲二，已屬臆說，何可復因「氣質」而析爲五？「感動」在事不在性，四端流露，觸物而成，豈有先分五性，然後感動之理？夫子謂「繼之者善也，成之者性也」（《上繫》第5章），今則「善惡分」，是有性善、有性不善矣！茂叔此說，蓋苗裔於莊生所言「多方乎仁義而用之者，列於五藏哉！而非道德之正」（〈駢拇〉）也〔註356〕。

（4）「聖人定之以中正仁義，而主靜（无欲故靜），立人極焉。故聖人『與天地合其德、日月合其明、四時合其序、鬼神合其吉凶』。君子修之吉，小人悖之凶。故曰：『立天之道，曰陰與陽；立地之道，曰柔與剛；立人之道，曰仁與義。』」

茂叔既云「五性」，不當偏舉「仁義」，而遺「禮」、「智」、「信」，況以「中正」先之！夫仁義爲性之大端，聖人處之，無過不及，不偏不倚，乃謂

〔註355〕同前註，葉40～42。
〔註356〕同前註，葉42～44。

之「中正」；中正者，事理之當然，虛辭也。今曰「定之以中正仁義」，是「仁義」原非全德，必待聖人定之而「中」而「正」矣！則茂叔所謂「仁義」者，非孔、孟之「仁義」也。夫子聖訓「至賾不可惡，至動不可亂」（《上繫》第8章）、「時止時行，動靜不失其正〔註357〕」（〈艮‧彖辭〉）、「兼三才而兩之」（《說卦》第2章），俱一動而一靜。是以茂叔曰「主靜」，則偏枯而非孔、孟；以「立人極」，則天極、地極皆兩，而人極獨一矣！聖人所以異於二氏者，以其能靜、能動，未嘗有專事於靜者也；茂叔之「无欲故靜」，其「无欲」雖非對「私欲」而言，然若僅守此「无欲」之「靜」，則猶為「赤子」耳！豈能盡參贊化育，而曰「立人極」乎？蓋老氏之學，「致虛極，守靜篤」、「歸根曰靜，靜曰復命〔註358〕」（第16章），其茂叔「主靜」、「立人極」之謂歟？此列「聖人」、「君子」、「小人」三等人品，若以「主靜」歸君子，而為修身之功，則無病矣；至若聖人，恐非一「靜」所能盡者。所舉「四合」，為「大人」已成之德業；所引「三立」，乃一卦以六畫之故。不取其義理，徒取其規模宏大、辭氣雄壯，而「陰陽」、「仁義」又似與前不侔矣！〔註359〕

（5）「又曰：『原始反終，故知死生之說。』大哉《易》也，斯其至矣！」

宗炎指《繫辭上傳》「原始反終」（第4章），但為《易》準天地之一端，非可偏舉以畢天下之能事；為有「大人」以「知生死」為「其至」，如釋氏之重「坐脫」、「立亡」者乎？莊生云「生死亦大矣」〔註360〕、「无視无聽，抱神以靜，形將自正。必靜必清，无勞汝形、无搖汝精，乃可以長生」（〈在宥〉），又以「能兒子」為「衛生」（〈庚桑楚〉）之經旨，皆以「主靜」求長生也。茂叔傳圖，亦從此悟入，是「撮綴聖人之言」，而「強謂之《易》者」也；聖人視死生如日用起居，茂叔則以知生死為學之究竟矣〔註361〕！

然則，宗炎之辨《圖說》，其間或有得其實者〔註362〕，而多自呈所學以

〔註357〕案：「正」字，原文本作「時」，宗炎以己意改之。

〔註358〕案：「靜曰復命」，原文本作「是謂復命」，宗炎直陳其義也。

〔註359〕參見〔清〕黃宗炎撰：《圖學辨惑》，葉44～46。

〔註360〕案：此「生死亦大矣」之語，乃莊生引自孔子，非出乎莊生也；原文作「仲尼曰：『死生亦大矣，而不得與之變，雖天地覆墜，亦將不與之遺。』」（參《莊子集釋》，〈德充符〉，頁189）。蓋斯言或莊子偽託孔子以論其說，然其文既載之如此，宗炎遽呼「莊生云」，亦有所不宜也。

〔註361〕參見〔清〕黃宗炎撰：《圖學辨惑》，葉46。

〔註362〕案：如言「一動一靜」互為交錯，則可；謂「互為其根」，則不可也。夫陰陽一氣也，動、靜皆植根於太極，若云「動根于靜」、「靜根于動」，是「天之生

立說耳！至若百家所言，「周子之《通書》固粹白無瑕，不若《圖說》之儒非儒、老非老、釋非釋也」〔註363〕；斯指《圖說》「釋非釋」，恐逕將朱子所解擬爲周子之意，亦不愼求矣！此覈諸宗炎所辨《圖說》之文，暨「茂叔于學則全得之老，于圖則雜以仙眞，于說則冒以《易》道，未可與夫子之『太極』、『兩儀』、『四象』、『八卦』同年而語」〔註364〕之述，皆未有涉乎釋氏，即可知也。近人勞思光先生嘗謂「濂溪所用之《太極圖》出自道教，但《圖說》之理論則與道教之修煉無干，只略含有道家思想」〔註365〕；審其言，則《圖說》之理論但略含道家思想，亦非有雜糅釋氏之說也。

綜上所述，則知宗炎於周子「太極」《圖》、《說》諸論，非惟與宗羲截然不同，其《太極圖》傳自陳摶、《无極圖》列元牝等名而刻於華山石壁之說，且遭宗羲諷喻爲「不食其荄而說味者」〔註366〕；而謂茂叔得先天地之偈于壽涯者，雖未如前人直以周子師於僧壽涯，然審其底蘊，究已寓釋氏於其中（即使宗炎未嘗明言），故同屬宗羲諷喻之範疇也。

夫自宗炎辨周子《圖》、《說》以來，學者於此議題之抒論，乃層出不窮矣！清儒朱彝尊即嘗云：「周子之《易》，《通書》是也，故又名《易通》。若夫「太極」一圖，遠本道書〔註367〕。圖南陳氏從而演之，爲圓者四位、五行其中，自下而上。〔……〕謂之《無極圖》，乃方士修鍊之術耳。當時曾刊於華山石壁，相傳圖南受之呂嵒（洞賓），嵒受之鍾離權，權得其說於魏伯陽，伯陽聞其旨於河上公〔……〕。周子取而轉易之，亦爲圓者四位、五行其中，自上而下。〔……〕梭山陸氏謂《太極圖說》與《通書》不類，疑非周子所爲，本愛惜周子之言也；不然，必欲實其說以華山刊石之圖陰用其言，乃尊爲聖門要旨，遂疑周子私淑於圖南，其可哉？」〔註368〕觀其所述《太極圖》諸語，悉從宗炎之說：而「聖門」、「私淑」之言，但擬象山論《圖說》之旨，非眞謂周子與道無涉也。對此，張惠言指竹垞「何以不引其圖（上方

〔註363〕參見沈善洪主編：《黃宗羲全集》，第三冊，《宋元學案》卷十二，「〈濂溪學案〉下」，頁630～631。

〔註364〕參見〔清〕黃宗炎撰：《圖學辨惑》，葉46～47。

〔註365〕參見勞思光著：《新編中國哲學史》，「三上」，頁147。

〔註366〕案：參本書論「黃宗羲之《易》學主張——陰陽即太極」一節。

〔註367〕案：朱氏所謂「道書」，蓋指道家「上方太洞眞元妙經著太極三五之說」也。

〔註368〕參見〔清〕朱彝尊原著，業師林慶彰等編審，陳恒嵩等點校：《經義考》，第八冊，頁484～485。

物已非一本，不待墨者已先二本矣」（參《圖學辨惑》，葉39）！

太洞眞元妙經著太極三五之說），豈未之見耶？抑見其絕似周子之圖（太極圖），以爲後人竊入者，而不以之駁周子耶？然果如此說，則周子信非受之希夷，而異端之說固有稍反之；而即爲吾儒者，亦不足以借原彼氏爲周子咎也」〔註369〕；言下之意，以周子《太極圖》非傳自陳摶也。惠棟則直謂周子《太極圖》，乃出自道家；且稱程子言道，初不知有無極，所以不爲異端所惑，卓然在周子之上〔註370〕。

至於毛奇齡，乃綜宋儒張栻（南軒）「太極不可爲圖」及林栗（黃中）「太極無形，圖于何有」之說，而謂「太極無所爲圖也。況其所爲圖者，雖出自周子濂溪，爲趙宋儒門之首，而實本之二氏之所傳」〔註371〕。所謂「太極無所爲圖」者，蓋逕以前人之說爲據；而「實本之二氏之所傳」之語，亦以臆斷爲之，實無考證矣！況乎南軒嘗謂周子「崛起于千載之後，獨得微指于殘編斷簡中，推本太極，以及乎陰陽五行之流布，人物之所以生化，于是知人之爲至靈，而性之爲至善，萬理有其宗，萬物循其則。舉而措之，可見先王之所以爲治者，皆非私智之所出，孔孟之意，于以復名」〔註372〕，「推本太極，以及乎陰陽五行之流布，人物之所以生化」者，即《太極圖》所指涉；而「孔孟之意，于以復名」，其贊亦已明矣。近人余敦康先生（1930～）即謂毛氏所論，乃欲藉貶低《太極圖說》以爲攻訐宋學之「突破口」，將「義理問題」盡歸於「考據問題」；而究其由，蓋無法跳脫「意識形態」及「門戶之見」也〔註373〕。

竊以爲，就有限之文獻載記，并綴合傳聞篇章，乃斷然攻訐周子《太極圖》，亦非學術考究所宜有也。茲將所聞、所感，略述如下：

其一：清儒戴震引宋儒劉因之語曰：「《太極圖》，朱子發謂周子得於穆伯長，而胡仁仲因之，陸子靜亦因之。其實穆死於明道元年，周子時年十四爾。或又謂周子與胡宿、邵吉同事潤州，一浮圖傳其《易》書，此又淺薄不根之

〔註369〕參見〔清〕張惠言撰：《易圖條辨》，收入《張惠言易學十書》，頁993。

〔註370〕參見〔清〕惠棟撰：《易漢學》（《四庫全書・經部・易類》），卷八，「辨太極圖」，葉8～9。

〔註371〕參見〔清〕毛奇齡撰，鄭萬耕點校：《毛奇齡易著四種》，「《太極圖說遺議》」，頁95。

〔註372〕參見沈善洪主編：《黃宗羲全集》，第三冊，《宋元學案》卷十二，「〈濂溪學案〉下」，頁634。

〔註373〕參見余敦康撰：《內聖外王的貫通──北宋《易》學的現代闡釋》（上海：學林出版社，1997年），頁147。

說也。」〔註374〕戴氏此雖援引宋儒之說，然其以考據爲奠基，是較諸憑空臆斷者爲可取也。

其二：近人勞思光先生以爲，「濂溪之學，雖受有道家影響，且有取於道教圖書，然在基本立場上，與道家及道教之精神、方向皆不同」；「周氏之學說，在大方向上仍屬於儒學」〔註375〕，但「異於孔孟之說」〔註376〕耳！

其三：近人劉瀚平（1956～）於周子《太極圖》之源流，泛集諸家之說，引證論述頗詳，雖結論仍不脫周子爲陳摶一脈之說，即以陳摶之「數學傳至劉牧、邵雍、周惇頤而發皇清越」〔註377〕；而亦謂「《太極圖》製作，其淵源固可溯自道教、佛教、陰陽家、甚且方士之說，或謂非《周易》正宗，然其《圖說》蓋言人（仁義）與太極二五（天、剛柔）之關係，凸顯人性道德之尊嚴。故其圖雖沿襲前人，形雖相似，然儒者自儒，道者自道，本旨不同，說解亦異」〔註378〕也。

其四：近人郭彧綜述李申、陳來（1952～）、余敦康等論證成果，而得「《太極圖說》乃周敦頤所自作」〔註379〕；並藉由對道教典籍之考究，乃謂周敦頤《太極圖》對道教文化有「至深且遠」之影響〔註380〕。夫以《圖說》爲周子自作、並對道教文化影響「至深且遠」，乃大異前人之說，雖其論或有所據，然若欲遂此而定於一，恐亦難使異議者信服也。

其五：余敦康則以爲，即令吾人藉由新考而推翻清儒所論，證成《太極圖說》乃周子所自作，亦毋須仿古人而有貶抑或推崇之論，更不必以此否認理學即爲三教合流思潮之產物——此宏觀之歷史事實；且就周子自身之心態而言，其未嘗以排斥佛、老自居，乃胸中洒落，氣象恢宏，雖廣涉佛、老典籍，並結契於高僧、道人，仍不失其儒家本色也〔註381〕。斯不失爲中肯之論也。

〔註374〕參見〔清〕戴震撰，張岱年主編：《戴震全書》，第二冊，頁 387。

〔註375〕參見勞思光著：《新編中國哲學史》，「三上」，頁 148。

〔註376〕同前註，頁 149。

〔註377〕參見劉瀚平撰：《宋象數易學研究》（臺北：五南圖書出版有限公司，1994 年），頁 16。

〔註378〕同前註，頁 20。

〔註379〕參見郭彧撰：《易圖講座》，頁 74。

〔註380〕參見郭彧撰：〈《周氏太極圖》與道教文化〉，收入《國際易學研究》，第三輯，頁 398。

〔註381〕參見余敦康撰：《內聖外王的貫通——北宋《易》學的現代闡釋》，頁 147。

其六：竊以《太極圖》或有源於佛教、道教者，然究其底蘊，非藉《圖說》不能明也。蓋《圖》爲輔、爲用，《說》是本、是體；用者多殊，體者一也。有《圖》無《說》，雖智者亦難盡其用；有《說》無《圖》，即愚者亦略知其概。倘徒爭辯於《圖》之層數、陽動陰靜、上下左右，而忽其《說》蘊，焉能見撰者學術之眞耶？即如宗義所言「朱陸往復，幾近萬言，亦可謂無餘蘊矣。然所爭只在字義先後之間，究竟無以大相異也」〔註382〕。蓋《易》道屢遷，「不可爲典要」；佛、道二教固有引《易》爲說者，是其承《易》之「變」，亦屬自然，此《圖》所以衍多也。

（三）辨《河圖》、《洛書》

1・後世《河》、《洛》爲陳摶鑿定

宗炎嘗謂《河圖》（「一六居下」之圖）、《洛書》（「戴九履一」之圖）「似漢儒之讖緯強託于《易》」（釋《上繫》第 12 章）；「至陳圖南鑿定爲『一六、二七、三八、四九、五十』之數、『下、上、左、右、中』之位爲《河圖》，九宮、奇正、耦隅之狀爲《洛書》，云是羲卦、禹《範》之根源」〔註 383〕。依其意，《河圖》（「一六居下」之圖）、《洛書》（「戴九履一」之圖）乃陳摶據《繫辭上傳》所載「天一，地二，天三，地四，天五，地六，天七，地八，天九，地十」（第 11 章）及「五位相得而各有合」（第 9 章）之語而鑿定也；雖然，宗炎詰之「何以知其下、上、左、右、中之位置？又何以知其爲圖？苟隨聲附和，不繹夫至理大道，侶乎洋洋大觀；據實而求之，其格格難通者多矣」〔註384〕！且其所造「龍馬之旋毛如此，羲畫之八卦如彼，何曾略似？是于天、地、雷、風、水、火、山、澤，毫无關涉；于近身遠物，迥乎難通！〔……〕復雜以《洛書》，謂是神龜獻禹之文，禹得之而陳〈洪範〉」〔註385〕；殊不知「洪範」二字，「猶言治天下之大法」，「安取乎『戴九履一，左三右七，二四爲肩，六八爲足』」〔註386〕耶？

蓋宗炎以爲，「天一，地二，天三，地四」云云，「不過言奇耦之數，未嘗有上下左右中之位置也」；「五位相得而各有合」，「不過言奇與奇相得，合

〔註382〕參見沈善洪主編：《黃宗義全集》，第三冊，《宋元學案》卷十二，「〈濂溪學案〉下」，頁 619。案：「朱陸往復」者，即指「朱陸《太極圖說》辯」。
〔註383〕參見〔清〕黃宗炎撰：《圖學辨惑》，葉 3。
〔註384〕同前註，葉 3～4。
〔註385〕同前註，葉 4～5。
〔註386〕同前註，葉 5。

之而成二十有五；耦與耦相得，合之而成三十。未嘗有生數、成數及五行之所屬也」〔註387〕。以此，故直指「《河圖》、《洛書》之說，怪妄不足信，何所劈裂乎卦畫？鑿之而不得其故，則遽爲著策所由興；及附會割剝于著策，又无可契合。是《圖》、《書》直可有、可無，豈得爲大《易》之根原乎？歐陽永叔欲盡掃除，眞開拓千古之心智者也」〔註388〕。言下之意，以陳圖南所造之《河》、《洛》，無關乎《易》道，亦與聖人卦畫無涉；而宋儒歐陽脩駁斥八卦爲《河圖》諸論〔註389〕，尤添其論證之無虞！

　　竊觀歐陽永叔於《河圖》諸論，誠未有指涉於陳摶者。故宗炎此以《河圖》（「一六居下」之圖）、《洛書》（「戴九履一」之圖）鑿定於陳圖南，洵與其兄所稱「至宋而方士牽強扭合」相仿；即宗羲雖未明指圖南，而其意當如宗炎矣。雖然，以《河圖》（「一六居下」之圖）、《洛書》（「戴九履一」之圖）爲陳摶所造，其說猶可議者；斯詳本書所論宗羲「辨《河圖》、《洛書》──唐以前未有今《河圖》、《洛書》之論」一節，此不再贅述！

2‧《河圖》、《洛書》為地理方冊

　　夫《論語》載有「鳳鳥不至，河不出圖」（〈子罕〉）之語，宗炎析之曰：「蓋鳳鳥不至，則天无貞祥之降；河不出圖，則地不入于職方，吾安能有挽回天地之道耶？于此，先儒每與〈洪範〉膠葛。羲、禹不相待，《書》、《易》不相蒙；揆厥所由，亦因圖書所載，多爲〈禹貢〉之山川壤賦，故作此景響之論爾！」（釋《上繫》第 12 章）且「河、洛爲天地之中，帝王受命所必經畫。田賦差等，壤土辨別，必有定制，垂之典冊，九州、五服〔註390〕，悉視此以爲準的，即〈禹貢〉所云『成賦中邦』也。河有圖籍之可稽，洛有文書之可考，是天下之方物、土產成形于地者。天高无所虧蔽，即其垂而可象；地遠則多阻隔，未必盡能步履，故賴圖書以代耳目聞見也。若夫龍馬負圖、神龜獻書〔註391〕，此怪妄之言，何所證據？所不取也」（釋《上繫》第 12 章）。

〔註387〕同前註，葉 4。

〔註388〕參見〔清〕黃宗炎撰：《周易尋門餘論》，卷一，葉 19。

〔註389〕案：此詳參歐陽脩《易童子問》（《四庫全書薈要》本《文忠集》，卷七十八），葉 3～7。

〔註390〕案：「五服」爲古代之壤制，以五百里爲一區，劃於王畿外圍，由近而遠，分成侯、甸、綏、要、荒五等；「服」者，服事天子之意。

〔註391〕案：宗炎以爲，彼所以謂之「龍馬負圖」、「神龜獻書」者，蓋前者以「〈乾〉六爻皆龍，又〈乾〉象爲馬」故也；後者則因〈洪範〉「龜從、筮從、卿士從、庶民從，是之謂大同」而爲說。然「其立論則荒誕不可執，其取義則恍忽而

觀其內容，多與其兄宗羲所論同也；至云「龍馬負圖、神龜獻書」乃陳希夷「借端漢儒，闡發增益，藏其吐納、燒煉之微意」〔註392〕，則宗羲所無者，亦有悖乎實情矣！蓋宗羲以《龍圖》為希夷所造，遂辨《龍圖序》以還其舊，未有涉及「吐納、燒煉」、「神龜獻書」諸論者〔註393〕；而《管子・小匡》即載有「昔人之受命者，龍龜假，河出圖，雒出書，地出乘黃」〔註394〕之語，則宗炎謂「龍馬負圖、神龜獻書」乃希夷「借端漢儒」者，恐疏於所見矣！

然則，《河圖》、《洛書》究為何物耶？宗炎以為，其「乃地理方冊，載山川之險夷、壤賦之高下，與五等六等班爵授祿之制度，若〈禹貢〉、〈王制〉之類；儒者好為神奇，愈作怪妄，愈失真實矣」〔註395〕！夫宗炎此指《河圖》、《洛書》為「地理方冊」，其用詞固與宗羲稱「圖經」、「地理志」者稍異，其底蘊則無別也。

雖然，宗炎於《尚書・顧命》所載「天球、河圖在東序」〔註396〕之語，嘗謂：「未審此圖也者，尚是伏羲之故物與？或為周家再見之符瑞與？」〔註397〕蓋既未審圖於先，復有所疑於後，而能斷《河圖》、《洛書》為「地理方冊」，且詳明其載「五等六等班爵授祿之制度」，亦難令人信服矣！況乎上古結繩而治、民風淳淳，何能有此典制之載耶？斯亦重蹈宗羲之轍，是可議者也。嗟夫！宗炎既謂「讀書人須求聖人于庸德庸行中，勿搜其隱怪，則庶幾无大背」〔註398〕；於此則暢言於未睹之物，恐已落悖言之域而不自知矣！

3・繹後世《河》、《洛》之圖緒

宗炎以世傳之《河圖》（「一六居下」之圖），細繹其緒，皆「兩相比附」〔註399〕，故統而論曰：

无當大道」（參《圖學辨惑》，葉8）矣！
〔註392〕參見〔清〕黃宗炎撰：《圖學辨惑》，葉8。
〔註393〕案：詳參本書論宗羲「辨《龍圖序》暨三圖」一節。
〔註394〕參見黎翔鳳撰：《管子校注》（北京：中華書局，2004年），卷八，頁426。
〔註395〕參見〔清〕黃宗炎撰：《圖學辨惑》，葉5～6。
〔註396〕參見〔漢〕孔安國傳，〔唐〕孔穎達疏，〔清〕阮元校勘：《尚書正義》，卷十八，頁278。
〔註397〕參見〔清〕黃宗炎撰：《圖學辨惑》，葉5。
〔註398〕參見〔清〕黃宗炎撰：《周易尋門餘論》，卷一，葉19。
〔註399〕參見〔清〕黃宗炎撰：《圖學辨惑》，葉6。

天一生水，水潤下，必得土而後有所歸；土數五，以一加五則成六，故一六居下。地二生火，火炎上，必得土而後有所託；以土數之五加二，則成六，故二七居上。天三生木，木屬東方，必植根于土；以土數之五加三，則成八，故三八居左。地四生金，金屬西方，必生產于土；以土數之五加四，則成九，故四九居右。天五生土，土位中央，无所不該，必博厚无疆，乃能爲五行之主宰；以五益五，則成十，故五十居中。此老氏「守中」之義，即所謂「黃庭」〔註400〕也、「金丹」〔註401〕也，于《易》僅假借而已，非有卦畫、理數可指證者。〔註402〕

依其意，《河圖》（「一六居下」之圖）乃合「五行」與「天地之數」而成。其法則將「生數」（一至五）、「成數」（土數加生數）依序配以水、火、木、金、土，故一六、二七、三八、四九、五十「兩相比附」也；雖然，斯於《易》僅「假借」而已！蓋宗炎此繹，多與其兄宗羲駁「五行配生成之數」無別；惟其將「五十居中」擬以老子「守中」之義，當藉此繫合陳摶與老氏之緣脈，此宗羲無有著墨者也。

至若《洛書》（「戴九履一」之圖），宗炎指其「顯然九宮；爲地理相宅之用，即一白、二黑、三碧、四綠、五黃、六白、七赤、八白、九紫也」〔註403〕。依其意，《洛書》（「戴九履一」之圖）即「九宮之數」；用於「地理相宅」，則爲「一白、二黑、三碧、四綠、五黃、六白、七赤、八白、九紫」，即風水家「九星」之說。夫宗炎既指《洛書》（「戴九履一」之圖）爲「九宮」，繼而詮之「以奇當正位、耦當四隅，奇爲主，耦爲用，陰從陽也」〔註404〕；並繹其緒曰：

「履一」者，一乃子位，陽生于子，自下而上也。「戴九」者，陽莫

〔註400〕案：「黃庭」語出道教經典（如《上清黃庭外景經》），「黃」指兩儀之正色，「庭」則爲四方之中；統言之，「黃庭」即「守中」（守虛無）之意也（參《宗教詞典》，頁 92～93）。

〔註401〕案：「金丹」本爲道教煉丹之名，東晉葛洪即有「金丹之爲物，燒之愈久，變化愈妙；黃金入火，百鍊不消，埋之畢天不朽。服此二藥，鍊人身體，故能令人不老不死」之語（參《四庫》本《抱朴子內外篇》，內篇，卷一，「金丹第四」）；至隋道士蘇元朗有「內丹」修鍊之法，即「抱一守中」之煉氣養性論，後世隨之者多矣！

〔註402〕參見〔清〕黃宗炎撰：《圖學辨惑》，葉6。

〔註403〕同前註。

〔註404〕同前註，葉6～7。

盛于午，九乃陽之盈數，至上而極也。「左三」者，東爲生方，三生
萬物也。「右七」者，酉爲金、爲秋，萬物成實也。「二四爲肩，六
八爲足」者，人之耳目視聽屬陽，手足持行屬陰，二四校六八稍輕，
所以在上；六八校二四尤重，所以在下也。大約耳目左多聰明、手
足右多便利，所以二與六居右隅、四與八居左隅也。其「中五」則
空而不著，此老氏「虛中」之義，即所謂「元牝」也、「眾妙之門」
也，與〈範〉有何髣髴？但取九之一字而發揮之。〔註405〕

審乎「三生萬物」、「元（玄）牝」、「眾妙之門」諸語，暨「中五」爲老氏「虛
中」之義，則宗炎所繹《洛書》（「戴九履一」之圖），其思路猶拆解《河圖》
（「一六居下」之圖），乃欲綴合陳摶與老氏之爲一脈矣！斯亦有別宗義但指
《洛書》（「戴九履一」之圖）爲「九宮之數」，而不及乎老氏者也。此外，
其謂「二四校六八稍輕，所以在上；六八校二四尤重，所以在下」者，既稱
「稍輕」，何來「尤重」，二者詞對之失衡，誠不足以服人矣！且言「耳目左
多聰明、手足右多便利」者，固「約略」之語，然「二四」爲「肩」（手）、
「六八」爲「足」，是「二與六」、「四與八」皆可居「右隅」；則「二與六居
右隅、四與八居左隅」者，所據爲何？豈「手」、「足」之「左」、「右」亦分
輕重耶？其彌合之說，猶未成理矣！

以此觀之，宗炎所繹《河》（「一六居下」之圖）、《洛》（「戴九履一」之
圖）之文，蓋以溯源老氏、兼駁陳氏爲務，而以《河》、《洛》渾可相通矣！
此從其「《圖》、《書》也者，『守中』與『虛中』也；老子之『中』，非虛不
能守、非守不能虛。是以《圖》、《書》可以經緯表裏，是以《圖》、《書》可
以互易也」〔註406〕之語，亦可窺知；雖然，宗炎以爲，「《圖》象圓，圓者
流行，其外動，動必內有至靜者存；其五取黃中正位，居其所而不遷者也。
《書》形方，方者一定，其外靜，靜必內有運動者存；其五取皇極，思兼貌、
言、視、聽者也」〔註407〕。依其意，《河》、《洛》之「中五」固無異，義則
有別也；而所謂「動必內有至靜者存」、「靜必內有運動者存」，猶對周子「動
極而靜」、「靜極復動」，暨「一動一靜，互爲其根」之修正，而應其陰陽一
氣，「互爲交錯」〔註408〕之論也。

〔註405〕同前註，葉7。
〔註406〕同前註，葉7～8。
〔註407〕同前註，葉7。
〔註408〕同前註，葉39。

綜上所述，宗炎於「先天」、「太極」、「圖書」等三派圖學，其批駁之內容，除《太極圖》之辨有其殊論外，餘多類於宗羲；雖然，宗炎以《說卦》「帝出乎〈震〉」章，乃夫子言八卦之運行，依〈震〉、〈巽〉、〈離〉、〈坤〉、〈兌〉、〈乾〉、〈坎〉、〈艮〉之次第，或地、或事、或時、或氣，變化錯出、相互發明，而非專主「方位」也（釋《說卦》第 5 章）；又謂「神也者，妙萬物而爲言」章，其「言水火雷風山澤，非止云水與火交、雷與風交、山與澤交也。蓋遞相交錯，僅示此例也。六子稟於〈乾〉、〈坤〉，六子之張弛，皆〈乾〉、〈坤〉之神妙也。如以圖而言，則此章先、後天混淆，令人何所適從」（釋《說卦》第 6 章）？凡此，皆其兄宗羲所闕論者；蓋宗炎「雅不喜『先天』、『太極』之說」〔註 409〕，故有特出之辨者，亦其治《易》有功之證也。全祖望即嘗云：「自《先天》、《太極》之圖出，儒林疑之者亦多，然終以其出自大賢，不敢立異；即言之，嗛嗛莫敢盡也。至先生而悉排之，世雖未能深信，而亦莫能奪也。」〔註 410〕就此而論，宗炎能辨前人所未敢辨、能盡前人所未能盡者矣！雖世人未能深信，亦莫能撼其說。儘管如此，「未能深信」一語，即寓宗炎之辨，輒有未敘所本、援虛就實之失（參前文）；至若「莫能奪」者，蓋其辨固有此失，而論述皆宗聖訓，學者遂難以考索，亦無所著力，焉能有所駁耶？斯猶弔詭之事矣！

第四節　黃宗炎之《易》學主張

一、心性情合一

宗炎嘗云：「人之生也直，本无所回曲，此心即是天理、即是性善；或氣質、習俗有偏，此心漸至放失，外藉師友、內加學問，方能復還其本心，此其所得依然爲吾故有之物，未嘗能增益也，直是此心而已矣！」〔註 411〕此乃合孟子「性善」與「學問之道無他，求其放心而已矣」〔註 412〕之語而

〔註 409〕參見沈善洪主編：《黃宗羲全集》，第三冊，《宋元學案》卷十二，「〈濂溪學案〉下」，頁 631。

〔註 410〕參見〔清〕全祖望撰：《鮚埼亭集》，收入《清代詩文集彙編》，第 302 冊，卷十三，「鷓鴣先生神道表」，葉 10～11。

〔註 411〕參見〔清〕黃宗炎撰：《周易尋門餘論》，卷一，葉 76。

〔註 412〕參見〔漢〕趙岐注，〔宋〕孫奭疏：《孟子正義》，《十三經注疏本》，卷十一，〈告子章句〉，頁 195、202。

發論也。又謂「性，人之陽氣，性善者也，從心、從生。心爲人之主宰，而其所以生則性也。心本于性，即天地生生之道也；人得此性，亦以生生爲心，是純陽之氣未襍于陰，所以爲善，非對惡而言之善」（釋〈乾・象辭〉）；且云：「混然元氣之授受，純粹精微，莫可形容，但可云『善』也；此善非有對待，與善惡之善不同，蓋從无能名而強名之爾！既襌于人物，遂有稟賦而一定爲『成』；已離乎天，形質各具，遂生含靈，散不可合者，則云『性』也。此皆一陰一陽之所化育，无蹟象可擬就。〔……〕君子之道，雖各具于性，然能全知者，鮮矣！」（釋《上繫》第5章）依其意，「心」固爲人之主宰，而其所以生者，「性」也；即「性」爲人心之所本。又「性」乃純陽之氣所集，以其「純粹精微，莫可形容」，故云「善」；且此「善」非善惡對待之「善」也。此外，「性」既爲陰陽混然之氣（元氣）所化育，則「人得此性，亦以生生爲心」者，是謂「心」與「性」不可截然分割也。就此而言，「心」與「性」雖「離乎天」而各具「形質」，以其涵藏「靈」氣，故仍爲「善」也。

觀宗炎此說，咸本於孟子「人性本善」及《繫辭傳》「繼善成性」而發揚之。蓋宗炎以爲，「聖人之所以異于二氏者，正在陰陽即道，惻隱、羞惡、辭讓、是非皆情善也，即性善也；『繼善成性』從四端而窺見」〔註413〕。所謂「從四端而窺見」者，即寓「繼善成性」與孟子「性善」有別；對此，宗義嘗曰：「朱子云：『《易》言『繼善』，是指未生之前；孟子言『性善』，是指已生之後。』此語極說得分明。」〔註414〕則宗炎此說，實有所承。至若其謂孟子「四端」皆「情善也，即性善也」，乃欲藉「善」統合「情」與「性」；故又謂「苟曰『情之非性』，則釋氏之訛我偏見外道者，正在于此」〔註415〕。夫宗炎嘗謂「情，人之陰氣有欲者，從心、從青；青，東方木色，雖屬生生，已落形色，即爲陰氣」；「有欲，未便爲私、爲惡，如耳惡逆、喜順，目喜美、惡惡，口鼻喜甘香、惡苦，亦是人所同，然不足爲敗德！徵而爲惻隱、羞惡、辭讓、是非，乃情可爲善也」（釋〈乾・文言〉）。然則，宗炎乃視「性」、「情」爲一體；斯亦可從其指「性」不可徵，則徵于「情」，「情性」之流露，即「〈乾〉之流露」（釋〈乾・文言〉），暨「人之性情，无不流行旋轉，苟非靜後，何

〔註413〕參見〔清〕黃宗炎撰：《周易尋門餘論》，卷一，葉8。
〔註414〕參見沈善洪主編：《黃宗義全集》，第一冊，《明夷待訪錄》，「題辭」，頁1。
〔註415〕參見〔清〕黃宗炎撰：《周易尋門餘論》，卷一，葉8。

從得其安慮」（釋〈大畜〉）之語而窺知矣！則宗炎於「情」、「性」之論，亦與其兄宗羲無異也。

此外，宗炎既以「心」、「性」爲純陽元氣所化，二者不可截分；復以「情」、「性」爲〈乾〉（純陽）之流露，二者亦無可別。則其視「心」、「性」、「情」爲一體者，洵若顏面之湖，湛然可鑑矣！

二、讀《易》無例

蓋王弼嘗綜前人治《易》之論（如京房），並其自得於經傳者，而撰成《周易略例》一書；其中，〈明象〉謂「一卦五陽而一陰，則一陰爲之主矣；五陰而一陽，則一陽爲之主矣」〔註416〕！〈辯位〉言「初上无陰陽定位」〔註417〕，〈明卦適變通爻〉則有「承乘」、「據」、「應」諸說〔註418〕；此三者之論，於後世影響甚巨！觀宗炎談《易》之文，既屢及輔嗣，且時譽其說，則宗炎論「承乘比應」及「凡一陽五陰之卦，皆以陽爲主」諸語，其沾溉乎輔嗣者，亦可推之矣！唯宗炎於《易》著中，嘗謂「讀《易》无例」（釋〈益·六三〉），斯與輔嗣冠稱「略例」者，顯有不同；而所持論，亦有岐出前人者，故當別而視之。茲略述其論如下：

其一：解〈益〉六三「益之，用凶事，无咎。有孚中行，告公用圭」，指其「位當風雷相薄，有搏擊戰爭之象，似刑似兵，而爲凶事。三四俱上下之交，俱爲『中行』。周祖后稷，唐虞諸侯也；文王生，未爲天子。三、四之告皆稱『公』，倘泥于爻位之例，三、四象公，二在其下，反象王、象帝，將置五于何地乎？故知讀《易》无例也」（釋〈益·六三〉）；此宗炎明載「讀《易》无例」之文也。故以〈夬〉之卦、爻、象辭，「絕无決去小人之義，先儒徒執『扶陽抑陰』之例，遂以『剛長乃終』一語，爲五陽決一陰，失其意矣」！況陰陽於天地，何嘗瞬息相離，豈有可扶、可抑者耶？（釋〈夬〉）

其二：夫「《易》之爲言，變易也」，先儒欲以「〈坤〉、〈遯〉、〈明夷〉、〈旅〉不可爲君位」，並「進君子、退小人」、「《易》爲君子謀、不爲小人謀」爲「讀《易》之例」；對此，宗炎深以爲不然〔註419〕，遂曰：「陽有似君子，陰有似小人。據六十四卦而論，陽得位未嘗全吉，陰得位亦未全凶，顧其時

〔註416〕參見〔魏〕王弼撰，樓宇烈校釋：《王弼集校釋》，「明象」，頁591。
〔註417〕同前註，「辯位」，頁613。
〔註418〕同前註，「明卦適變通爻」，頁604。
〔註419〕參見〔清〕黃宗炎撰：《周易尋門餘論》，卷一，葉48～49。

何如耳！觀『莧陸夬夬』，柔乘五剛；及施祿居德，則〈夬〉之君位在上爻，而不在五爻。」（釋〈夬〉）蓋宗炎覈諸六十四卦，而稱「陽得位未嘗全吉，陰得位亦未全凶」者，正與其「先儒以陰爻陰位、陽爻陽位爲貞，反是爲不貞；六十四卦唯〈未濟〉有三『貞吉』〔註 420〕，而六爻全不當位，因知其說之未然」（釋〈未濟・九二・象辭〉）之語，前後呼應，渾然一體。

其三：指合觀〈夬〉之六爻，「似上六一陰昏暗，貴而无位，高而无民，五陽无所施其匡弼，各有悽然去就之憂。再繹〈夬〉之文義，有以手持玦之象；人臣有罪，待于境，上賜之環則還、賜之玦則決。〔……〕。反覆詳覈，情狀宛然！〔……〕。上仁賢已盡，國家顛隮，无所施其號令矣！諸陽自顧之不暇，何曾見其好剛使氣、恃眾而驅逐小人乎」（釋〈夬〉）？然則，宗炎以讀《易》無例，須就時位論之，非五必君位，亦不能泥於爻、彖辭也。

其四：解〈萃〉，謂「後儒多以四位近君，兩剛並苣，嫌于僭逼；謂四近下卦，三陰先萃于四，更欲因四萃五。此皆諂諛之見，增益人君猜忌之心者也。觀五陽剛正位，豈後世哀、平、靈、獻可比？君相當權，元首、股肱喜起，何嫌何疑？而必欲盡削其承疑輔弼，亦爲不善讀書矣」（釋〈萃〉）！又解〈損〉象辭「『二簋』應有時」，言「今僅以二簋從事者，實應乎時爾，非謂二簋可世法也，特有時宜若是也；非謂凡剛必損、凡柔必益」（釋〈損・象辭〉）。故「《易》者，變通神明之書，未可拘拘論也」（釋〈損・六五・象辭〉）。

凡此，皆爲宗炎「讀《易》無例」之持論；而審其底蘊，洵能掌握《易》「不可爲典要，唯變所適」（《下繫》第 8 章）之旨。雖然，其於論述中，乃不乏自訂凡例之舉。例如，「凡一陽五陰之卦，皆以陽爲主」；此雖有所承，然宗炎既謂「讀《易》无例」，則其前後相悖者，自不待言矣！又〈萃〉象辭「王假有廟」，宗炎解「假」（從人從叚）爲「至」、釋「叚」爲「借」，且言「鬼神幽明之道，非有實蹟可據，而天之于人、祖考之于子孫，必借明以達幽、借人以感鬼、借有以兆无，而後其精氣可通。凡感格之事，皆以假借而顯其誠敬」（釋〈萃・象辭〉）；此姑且不論其釋文（假、叚）之合義與否，然以「感格之事」，必皆「假借」始能「顯其誠敬」，已違其「讀《易》無例」之說矣！況生命之靈動，多有「感格」之事，豈必「假借」而後始有之耶？餘如「凡事屬內與靜者，必爲小事；屬外與作者，必爲大事」（釋〈小過・

〔註 420〕案：指九二、九四、六五等三爻。

卦辭〉）；「凡《易》中取象，陽在前，則云『戶』；陰在前，則云『門』。戶奇陽象，門偶陰象」（釋〈同人〉初九）；「凡《易》象言風，必兼指木于其中，故素問云：『風木同氣。』」（釋〈蠱〉）；亦皆自反其說之例。此外，宗炎有云：

> 八卦之象，〈巽〉有二焉，曰「風」、曰「木」；〈坎〉有四焉，曰「水」、曰「雲」、曰「泉」、曰「雨」；〈離〉有三焉，曰「火」、曰「明」、曰「電」；〈乾〉、〈坤〉、〈震〉、〈艮〉、〈兌〉，則惟曰「天」、「地」、「雷」、「山」、「澤」，不取他象。〈乾〉、〈坤〉爲《易》之門、《易》之蘊、六子之父母，天地至大，豈容異名？〈震〉爲長子，繼天立極，不可移易；〈艮〉山〈兌〉澤得母氣居多，屬形質重濁之物，不能有所變化。〔註 421〕

依其所言，則置《說卦》所載八卦之「象」於何地哉？又斯言於宗聖（夫子）之志，暨前此之取象諸論，豈不淪爲子虛？是難自圓其說矣！

三、《易》爲文字之祖

宗炎嘗謂「《易》爲文字之祖」〔註 422〕，「文字莫先于《易》」（釋〈明夷・卦辭〉）。又指「乾」、「坤」、「震」、「坎」、「艮」、「巽」、「離」、「兌」諸字，古者未嘗有之〔註 423〕，至「伏羲仰觀俯察，遠物近身，悉備于中，遂以文字之道，垂教於天下後世」（釋〈乾〉）；即文字「始于羲皇之畫卦」〔註 424〕，「卦畫者，文字之根原；文字者，卦畫之支流」〔註 425〕也。蓋宗炎以爲，「羲皇制爲文字，命爲音聲，即三畫、六畫已開書契之事；文王因其法象、演其義理，而文字聲音以廣、以備」〔註 426〕；所謂「三畫、六畫

〔註 421〕參見〔清〕黃宗炎撰：《周易尋門餘論》，卷一，葉 44。
〔註 422〕同前註，葉 22。案：以「文」爲「字」、「文字」連用，始於秦始皇《琅邪臺刻石》「同書文字」（參〔日〕瀧川龜太郎（1865～1946）所撰《史記會注考證》，頁 118）。又案：許慎於《說文解字・敘》中云：「倉頡之初作書，蓋依類象形，故謂之文。其後形聲相益，即謂之字。字者，言孳乳而浸多也。」依其意，「文」不同於「字」也。蓋「象形」、「指事」稱「文」，乃獨體而不可分割或拆解者；「字」則合體可分解者，如會意、形聲、轉注、假借等。
〔註 423〕同前註，葉 26。
〔註 424〕同前註，葉 64。
〔註 425〕參見〔清〕黃宗炎撰：《圖學辨惑》，葉 8。
〔註 426〕參見〔清〕黃宗炎撰：《周易尋門餘論》，卷一，葉 26～27。案：所謂「書契」

已開書契之事」者，即以「三畫」卦爲「獨體之文」、「六畫」卦即「合體之字」〔註427〕。然則，依其意，「三畫」與「六畫」之卦，渾言之，皆爲「文字」（書契）之祖；析言之，則前者爲「文」之祖、後者爲「字」之祖也。

　　夫宗炎以「三畫卦」（八卦）爲文字之祖，乃創發之論乎？曰「不然也」；蓋《易緯·乾坤鑿度》即有以八卦（三畫卦）爲文字之載，其文云：

> ☰古文天字，今爲乾卦，重聖人重三而成，立位得上下，人倫王道備矣。☷古僵、地字，軼於〈乾〉，古聖人以爲坤卦〔……〕。☴古風字，今巽卦；風散萬物，天地氣脈不通，由風行之，逐形入也〔……〕。☶古山字，外陽內陰，聖人以山含元氣〔……〕。☵古坎字，水情內剛外柔，性下不上，恒附於氣也〔……〕。☲古火字，爲〈離〉，內弱外剛，外威內暗，性上不下，聖人知炎光不入於地。☳古雷字，今爲〈震〉，動雷之聲形，能皷萬物〔……〕。☱古澤字，今之〈兌〉；〈兌〉澤萬物，不有拒，上虛下實。
> 〔註428〕

觀其「古聖人以爲坤卦」及「今爲某」等語法，則此段文意乃以先有古文字（卦畫），後有八卦之稱名；就此而論，則宋儒楊萬里（誠齋）指「卦者其名，而畫者非卦也，此伏羲氏初製之字也」〔註429〕、王炎（晦叔）稱「未有書契之初，羲皇首畫八卦，文字生焉，則《易》之有書，由有畫也」〔註430〕，暨宗炎所謂「羲皇制爲文字，命爲音聲，即三畫、六畫已開書契之事」，或皆以《乾坤鑿度》之說，並《繫辭下傳》所載伏羲「始作八卦」、「後世聖人易之以書契」（第2章）諸語而成之矣！雖然，《乾坤鑿度》以八卦之畫乃古文「天」、「地」、「風」、「山」、「坎」、「火」、「雷」、「澤」字，固有與宗炎稍異者（「坎」字）；至於楊、王二氏之論，亦未如宗炎之詳盡。是以宗炎此說雖有所承，而

者，涵括「表形」之圖畫及「表義」之符號。蓋「契」本「栔」字，乃「刻」之意；而《說文解字·敘》載：「著於竹帛謂之書。」然則，「書」（如商周典冊、竹簡、帛書等）與「契」（如甲骨卜辭、銅器銘文、石刻等）乃不同內涵之文字記錄方式。

〔註427〕同前註，葉23。
〔註428〕參見〔日〕安居香山、中村璋八輯：《緯書集成》，頁77～78。
〔註429〕參見〔宋〕楊萬里撰：《誠齋集》（《四庫全書·集部·別集類》），卷八十四，「《周易宏綱》序」，葉17。
〔註430〕參見〔宋〕王炎撰：《雙溪類稿》（《四庫全書·集部·別集類》），卷二十五，「《讀易筆記·序》」，葉18。

欲藉此條貫卦畫、卦名與辭象之聯繫，其宗聖之志，洵有不可抹滅者也。

　　茲將宗炎論「三畫」卦、「六畫」卦之大要，略述於下：

　　（一）☰乾之爲卦，其象爲⚌天，古文即「穹」字；其三畫莫有增損，而重重覆幬之義已明。文王命之曰〈乾〉，是義皇已重之卦也。乾乾從倝從乙。倝者，日始出，其光倝倝也；乙者，上出也。日光倝倝，言陽氣之升舉，五采齊發；乙之上達，言陽氣由下而上，物盡從之。故陽取下照之功，而乾取上出之義也〔註431〕。

　　（二）☷坤之象爲地；倉頡觀乎「☷」之卦畫，「取其文而縱之，以制巛地字，遂覺有曲折高卑之勢」，後人乃改之爲「土」（如「墜」字），「其形與意皆不可通于卦畫。程子云：『土止一物，不可言地，須知〈坤〉元承天，是地之道。』斯言最得〈坤〉之義理」（釋〈坤〉）。重之爲坤坤，從土從申：有形者莫非「土」，「申」則自土而著見，象艸出乎地而將展舒之形也〔註432〕。

　　（三）☳震之象爲雷，古文作回，乃重陰圍陽之意。其上二畫仍爲地，下一陽則伏於重土之下〔註433〕，正如「童稺之日，氣血日盛，動而奮迅之象」〔註434〕；而以微陽壓於層雲，乃象鐘鼎雲雷之紋，俱兩兩相維，是昌即☳之意也（釋〈震〉）。重之爲震震，從雨從辰。辰爲三月之辰，大角星十二辰之始；〈震〉爲長子，在八卦之先，猶大角也。辰有懷妊之義，婦人受胎爲壬辰，如一陽藏于二陰之下也〔註435〕。

　　（四）☵坎象水，其上下二畫仍爲地，一陽行乎兩岸之間，其勢猶內陷也〔註436〕，有阻塞險陷之象〔註437〕。蓋水之有文，「即取☵之卦畫而直立之，以便于偏旁結搆；然流行回蕩，形意宛然」（釋〈坎〉）。重之爲坎坎，從土從欠。土者，指上下二偶；欠者，氣也。水乃土中濕潤之氣，江河雨露俱從此而出；土氣之蒸濡固無不通，然猶未離乎土，必從其土之缺處觀之，則水可見矣〔註438〕。

〔註431〕參見〔清〕黃宗炎撰：《周易尋門餘論》，卷一，葉35～36。
〔註432〕同前註，葉36。
〔註433〕同前註。
〔註434〕同前註，葉63。
〔註435〕同前註，葉36。
〔註436〕同前註。
〔註437〕同前註，63。
〔註438〕同前註，葉36～37。

（五）☶艮象山，其下二陰仍爲地，一陽覆於重土之上〔註439〕。蓋〈坤〉爲柔土，斯耕種籽耘之土也，偶象；〈艮〉爲剛土，是沙石之土也，奇象。故以一奇加兩偶，則爲☶；以沙石堆積於重土之面，則爲 ᗰᗰ 山。卦畫與文字，宛然一體（釋〈艮〉），成「以實加虛」之象〔註440〕。重之爲 艮，以反「見」字之體而立義。陽性上往，至極則無可復往，故不復不止矣！止而爲兩山之障蔽，目前無所見，乃反而向後，猶人不得前進，則回顧其後也〔註441〕。

（六）☴巽象風，其上一陽爲無窮之天、中一陽爲日月星辰所繫之天，一陰之氣行乎其下而直徹於地，無處不入，是☴即 風無疑；然風不可見，故預見天之雲氣耳！重之爲 巽，從丮（古巽字）從 （古牀字）。古者之命令，如風之行地，緝之而成典、謨、訓、誥，藏於史官，置諸牀上也〔註442〕。

（七）☲离象火，其上、下二奇仍爲天，一偶麗乎其間，竝行中道〔註443〕，有日月旅行之象〔註444〕；火之爲文，即以二奇含一偶，取☲之卦畫而縱立之（釋〈離〉）。重之爲 离，象神獸之形，或即蛟虬之屬；假借爲分离、別离之用，言神人不相雜處之意。今作「離」者，黃鳥也；黃鳥鳴，則民皆離所居而出舍於田廬，故亦可借爲離別也〔註445〕。

（八）☱兌象澤，其下二陽仍爲天，一陰見於天上，必將爲澤以及物。澤澤從水從睪，光潤也；水不動則有光，能涵畜則旁潤也。夫澤與水相若，然坎水行乎地中，以一陽貫二陰；兌澤乃指水之下又有水，爲匯、爲瀦者也。重之爲 兌，從儿從口從人；儿者，開也，謂人開口而笑，即「說」字，加「言」以別之；口有言語，亦開之意〔註446〕。蓋兌畫上缺，人口上缺，亦卦畫與文字之相合者（釋〈兌・卦辭〉）。

宗炎既指羲皇制三畫、六畫爲文字，故於陳圖南以「羲皇始畫八卦，重爲六十四，不立文字，使天下之人嘿觀其象而已！能如象焉則吉凶應，違其

〔註439〕同前註，葉37。
〔註440〕同前註。
〔註441〕同前註。
〔註442〕同前註，葉37～38。
〔註443〕同前註，葉38。
〔註444〕同前註，葉63。
〔註445〕同前註，葉38。
〔註446〕同前註，葉38～39。

象則吉凶反，此羲皇作不言之教也」〔註447〕之說，乃駁曰：「畫即文字也，以爲『不立文字』者，但知後世之俗書，不識文字之造端介！自有天地以來，未有方冊文字，而羲皇始爲之，正欲以言垂教天下，後世之法則也；乃云『不言之教』，蓋以今時視上古，失煩簡之義，其論顚倒矣！」〔註448〕又謂「夫子學《易》，從方冊窮理盡性以至于命，而與天地參，不從虛空浩渺自出頭地，以補羲文所不及也。陳、邵舍《易》而自尋神化、自求性命，宜其貴无賤有；抹殺千古之語言文字，去文明而就混沌，以歸自然。究竟其自然者安

〔註447〕 參見〔宋〕麻衣道者撰：《麻衣道者正易心法》（《四庫全書存目叢書·子部·術數類》），卷一，葉 4。案：此段文字，宗炎引作「羲皇始畫八卦，重爲六十四，不立文字，使天下之人默觀其象而已！如其象則吉凶應，違其象則吉凶反，此羲皇不言之教也」（參《周易尋門餘論》，卷一，葉 52～53）；觀二者之殊，在「嘿」（通「默」）與「默」、「能如象焉」與「如其象」、「作不言之教」與「不言之教」耳！而究其義，實無別也。又案：《正易心法》一卷（兩淮鹽政採進本），《四庫》館臣據朱熹所舉證之論（朱子斥該書爲戴師愈所僞作），乃謂「是書之僞妄審矣」（參《欽定四庫全書總目·子部二十·術數類存目一》，「《正易心法》提要」，頁 1447）！《中國僞書通考》則歸納朱子舉證之論（同上）有三：一者，内容支離破碎；二者，語言文字不古；三者，該書與戴師愈（與朱子同時）之手稿相類。且指朱熹首發疑問後，宋人陳振孫、明人胡應麟、清人姚際恒等復加以考訂，遂以該書（《正易心法》）乃戴氏僞作無疑；而其（戴氏）僞作之旨，蓋假托古人以播其說也（參《中國僞書通考》，頁 42～44）。雖然，北宋廬峰隱者李潛（？）稱「麻衣道者羲皇氏《正易心法》，頃得之廬山一異人（或云許堅）：或有疑而問者，余應之云：『何疑之有？顧其議論可也。』〔……〕『世固能有作之者乎？雖非麻衣，是乃麻衣之徒也。胡不觀其文辭議論乎？』一滴眞金，源流天造，前無古人，後無來者」（參《麻衣道者正易心法》，「序」，葉 27）；而近人四川學者李遠國（1950～）則從《正易心法》之淵源傳授（指該書出自麻衣道者，陳摶爲之注釋，遂流傳於世）、語言文字（稱通俗、平易、不作驚人之談，正是陳摶之文風）、思想内容（謂該書之「消息」與陳摶於《易龍圖》、《先天圖》中所反映之思想，乃屬同一體系）暨社會影響（言該書卷首「正易卦畫」對後學李挺之卦變反對學說影響甚深；而邵雍「先天心法」之直接源頭，即《正易心法》）等向度，證其並非僞作，乃麻衣道者與陳摶之重要著作（參《正易心法》考辨，《社會科學研究》，1984 年第 6 期，頁 67～71 轉 75）。以此觀之，苟直斥《麻衣道者正易心法》（北京大學圖書館藏明嘉靖范欽刻本）乃僞作而羹落之，恐不能服人；而逕謂該書乃麻衣道者所撰，豈以正文（心法）與注（消息）並出一人耶？亦與事實不符。然則，審諸家所論，蓋可確認者，《正易心法》正文（42 章，每章 4 句）非出於陳摶；而各章之注（消息），則與陳摶之思想脈絡相契。故宗炎以此段文字出自陳圖南，當有所據（字稍異耳），非可以臆斷擬之也。

〔註448〕 參見〔清〕黃宗炎撰：《周易尋門餘論》，卷一，葉 52～53。

在哉」〔註449〕？總其言，希夷之誣聖、康節之捨《易》，蓋起於顛倒古今、貴無賤有；而「自尋神化、自求性命」之舉，洶悖離聖人畫卦（伏羲）、補文（夫子）以垂教天下之宏旨。斯猶「去文明」、「就混沌」以「歸自然」者；然所欲歸之「自然」，究處何域？恐尋之無已矣！

此外，宗炎以義皇「六畫卦」即合體之字，又稱其與文王「卦名」確乎一體，或取形象，如〈震〉卦畫☳，即 𣶒 𩆝，象鐘鼎雲雷之文；或取畫象，如〈坎〉卦畫☵，即 𣲒 流；或取上、下二體交錯之象，如〈離〉卦畫☲，即 𤈦 炎。蓋文字與卦畫，儼然畫一，不容移易也〔註450〕。至於其有不可通者，如〈訟〉爲天水，實 𠕋 雨字；〈大有〉爲火天，實 昊 昊字；〈蠱〉爲山風，實 𡨄 嵐字；日木爲☲〈鼎〉，而不爲 杲 杲；木日爲☲〈家人〉，而不爲 杳 杳；風水爲☴〈渙〉，而不爲 𣴘 渢〔註451〕；〈泰〉、〈益〉、〈漸〉俱卦名有水，而卦畫无〈坎〉、〈兌〉；〈困〉卦名有木，而无〈巽〉〔註452〕。凡此，宗炎乃謂「《說卦》觀象，固不可以例求也」〔註453〕。

以此觀之，宗炎於卦畫、卦象與文字有不可通者，則以「固不可以例求也」，而爲之圓說；斯已呈其義理、考據之疲態矣！所以然者，「六十四卦爲伏羲所重」以致之也。蓋宗炎既持此志，故於卦畫與文字難通之處，輒苦思勉爲其解；殊不知其立說既屬臆斷，而欲強繫其間，自有不可遂意者。至若指「☱兌象澤」，觀其所解，猶不能使卦畫、文字相契，則所謂「卦畫與文字之相合者，八經卦皆然，不可不察也」（釋〈兌・卦辭〉），豈不有罅隙乎？又其言「八卦者，六書之指事、象形；六十四卦者，六書之聲、意、轉、借」〔註454〕，是「澤」字本屬「六十四卦」，而反措諸「八卦」，不亦謬耶？況「水不動則有光」之語，恐爲苟合「澤」（不動之水）與「光潤」之象，以成其說；然「水動」亦得有光，非必「澤」始能有之也。

總其論，竊以宗炎謂八卦爲文字之先，或可爲說；若視六十四卦亦如斯，則恐因所持念（六十四卦爲伏羲所重），而致生齟齬之弊。此外，宗炎謂「《易》結繩而作書契，故文字莫先于記數；記數多指事，故指事爲六書

〔註449〕參見〔清〕黃宗炎撰：《圖學辨惑》，葉18～19。

〔註450〕參見〔清〕黃宗炎撰：《周易尋門餘論》，卷一，葉23。

〔註451〕案：宗炎嘗謂〈渙〉☴之卦畫「象『渙』之文字」（釋〈渙・卦辭〉）。

〔註452〕參見〔清〕黃宗炎撰：《周易尋門餘論》，卷一，葉23。

〔註453〕同前註。

〔註454〕參見〔清〕黃宗炎撰：《圖學辨惑》，葉8。

之首」〔註455〕。夫《易》所謂「結繩」者，上古之事；「書契」者，後聖之
作。二者固有其歷史條件，胡可并為一談，乃逕稱「文字莫先于記數」歟？
至於「指事為六書之首」，蓋承許慎（約58～147）之說；雖然，就文字之形
成、發展而言，當先「形」（象形）後「意」。故以「指事」為六書之首，恐
失古人造字之序矣〔註456〕！

四、象辭占無別

宗炎以為，「象」、「占」不可分（釋《上繫》第2章）；如其解〈乾‧初
九〉「潛龍勿用」，以為先儒分「潛龍」為象、「勿用」為占，近於拘泥，而
謂「夫占，非端策拂龜也；士君子立身處事、動靜食息，无地非占、无時非
占也。當其隱居求志，即是『潛龍』之占；當其晏息未起，亦即是『潛龍』
之占」，潛龍將有何用？其『勿用』即是隱居晏息之象」（釋〈乾‧初九〉）。
又謂《繫辭傳》所載「吉凶者，失得之象也；悔吝者，憂虞之象也」（《上繫》），
其「吉凶、悔吝，俱象也。就其无所專屬，如今之學者，則謂之觀象；就其
有所專主，如隨事省察勘驗，則謂之玩占。故曰『居則觀象玩辭，動則觀變
玩占』；苟可分象、分占，豈『居』當觀『潛龍』，『動』當玩『勿用』耶」（釋
〈乾‧初九〉）？然則，宗炎視象、占二者，實無別矣。

此外，宗炎曰：「占不止于蓍龜，凡《易》之卦、爻、彖、象，聖人挈以
示人，吾身之動靜語默，當時時與之契合，无地非占、无事非占也。」〔註457〕
所謂「卦、爻、彖、象」者，皆指所繫之「辭」，則「辭」亦「占」；斯從其
言「聖人繫之以辭，使人隨地隨事檢束提醒，此即占也」〔註458〕，暨引《論
語》所載「『不恆其德，或承之羞』，子曰：『不占而已矣。』」（〈子路〉）之
語，而謂「『不恆』、『承羞』，俱占也」（釋〈乾‧初九〉），當可窺知矣！故
其稱「玩辭玩占，豈枯莖朽殼之謂」？「《易》待人而占；不占，則簡冊非
《易》」〔註459〕；即以「占」乎「辭」為「學《易》」〔註460〕之道，倘視「端

〔註455〕參見〔清〕黃宗炎撰：《周易尋門餘論》，卷一，葉64。
〔註456〕案：《漢書‧藝文志》有載：「古者八歲入小學，故周官保氏掌養國子，教之
　　　　六書，謂象形、象事、象意、象聲、轉注、假借，造字之本也。」（參《漢書
　　　　補注》，頁885）即列「象形」於六書之首；至若「象事、象意、象聲」者，
　　　　其「象」字乃有所不宜也。
〔註457〕參見〔清〕黃宗炎撰：《周易尋門餘論》，卷一，葉43。
〔註458〕同前註，葉50。
〔註459〕同前註，葉43。

策拂龜爲占，則放佚之時多矣！非學《易》之旨」〔註461〕也。

今觀其解「同人于野」，謂「一國之人，人各有事，人各懷心，焉能使之盡合於一轍？唯是春耕秋穫、出作入息，會集於田野，有不待告誡、不煩期約，而无弗同者。天不言而四時行，迨日至而皆熟，各守疆里經界，斬然无可爭也；各勤其四體，自享其倉箱，无弗和也；金玉珠璣藏之秘密而人不見，芃芃禾黍之皋原而人不私。同人於野之象也」（釋〈同人・卦辭〉）；解「來徐徐，困于金車」，言「澤盈滿，則行疾速；水既漏涸，所存无幾，故有『來徐徐』之象。〈兌〉金〈坎〉車，九四當上下之介，故有『金車』之象」（釋〈困・九四爻〉）；解「田无禽」，謂「〈巽〉雖爲雞，而下應初六，入而不出，『无禽』之象也」（釋〈恆・九四〉）；解〈升〉，謂「初之『允升』，其升以氣；二之『用禴』，其升以聲；三之『升虛邑』，其升以位。由下卦而陟上卦之象」（釋〈升〉）；解「得黃矢，貞吉」，謂「剛中之臣應柔中之君，有賜履專征彤弓、彤矢之象，故貞而吉」（釋〈解・九二〉）；解「夫征不復，婦孕不育」，謂「大約鴻就食南方，其身肥大，不能高舉，多爲網羅矰繳所及，有『夫征不復』之象；鴻卵鷇于北，南非孳尾孚伏之時，有『婦孕不育』之象」（釋〈漸・九三爻〉）。凡此，無不以「象」、「辭」爲一體；而於宗炎《易》論中，類例可謂俯拾皆是。

綜上所述，宗炎既稱「象」、「占」不可分，復以「象」、「辭」無有殊異，則「象」、「辭」、「占」三者無別之持論，亦已明矣。故宗炎乃謂「䷁」之取義，「全取乎順承，故夫子直指爲地道、臣道、妻道」（釋〈坤〉）；而先儒遂謂「〈坤〉不可爲君，五位非〈坤〉所當有，凝之以女媧、伊尹、周公，甚或比于王莽、武曌，不亦固哉？夫《易》者，象也；天地、君臣、夫妻，亦象也；初、二、三、四、五、上，亦象也；焉得執爲實人、實事，毫釐不可踰越乎？以文害辭、辭害志，莫此爲甚矣」（釋〈坤〉）！

五、卜筮乃《易》之餘事

宗炎嘗謂「《易》爲卜筮之書」〔註462〕，而又指「以《易》爲卜筮之書者，恐有未然」〔註463〕，豈其前後之說相背耶？曰「非也」。稱「《易》爲卜

〔註460〕同前註。

〔註461〕同前註，葉50。

〔註462〕同前註，葉7。

〔註463〕同前註，葉50。案：朱子即直謂「《易》本是卜筮之書」（參《朱子語類》，

筮之書」，乃順前人之說而言之，旨在駁斥陳、邵諸《圖》，非宗炎之本意也；此觀其藉宋儒歐陽脩所言：「孔子出於周末，懼文王之志不見于後世，而《易》專為筮占（一作卜筮）用也，乃作《彖》、《象》，發明卦義〔……〕蓋明非止於卜筮也。所以推原本意而矯世失，然後文王之志大明，而《易》始列乎六經矣。《易》之淪于卜筮，非止今世也；微孔子，則文王之志沒而不見矣！〔……〕。學者專其辭於筮占（一作卜筮），猶見非於孔子，況遺其辭而執其占法，欲以見文王作《易》之意，不亦遠乎？凡欲為君子者，學聖人之言；欲為占者，學大衍之數。惟所擇之（一無此字）焉耳！」〔註464〕而謂此數語足破「千古之惑」，真「聖人之徒」也，豈彼等「屑屑蓍龜」者，可為「校量」乎〔註465〕？即可窺知矣！

宗炎既有得於歐陽永叔，遂以「卜筮」乃「餘事」（釋《上繫》第2章）也；專言「卜筮」，恐未足以盡「三才之道」、「性命之理」（釋《說卦》第2章）。夫「蓍龜能知吉凶，而非吉凶之本原。萬事萬物，无巨无細，莫不聽命于天。天道至公，惟善是與，則其權實操于我，君子所以修身聽命，不邀非分之福、不惑鬼神之說也。〔……〕。天助必見于人事，人助以其能誠信感人，相為固結也。〔……〕豈待蓍龜而後斷哉」（釋《上繫》第12章）？依其意，「卜筮」雖可預知吉凶，然非「吉凶」所由出也；天道「惟善是與」，是以君子敏於崇德修身、不求非分之福，其「善」自可上達於天，而吉凶不待乎「蓍龜」之斷矣！故又云：「吉凶兩途，相去甚遠，君子擇善固執，不以趨吉失其守，不以避凶改其志，所履既貞，則我足以勝之也。」（釋《下繫》第1章）所謂「之」者，即指占筮之事。

此外，宗炎以為，「自天地設位，《易》行乎中，聖人以易簡完成天地之能事，朕志先定，謀及卿士、庶人，已審是非、得失之正道，人謀盡矣！復謀協于卜筮，而決之鬼神，雖百姓之智愚、賢不肖相去甚遠，亦皆得與于聖人之所能也」（釋《下繫》第11章）；言下之意，卜筮但為百姓趨避之方，非聖人、君子定志之依歸也。蓋「吉凶兆于事，事當于理，不趨而吉；事悖

卷66，「《易》綱領上之下」，頁1626）。

〔註464〕參見〔宋〕歐陽脩撰：《文忠集》（《欽定四庫全書薈要·集部》），卷十八，「《易》或問三首」，葉2。

〔註465〕參見〔清〕黃宗炎撰：《周易尋門餘論》，卷一，葉60。案：《世楷堂》本無「彼拘拘五行、屑屑蓍龜者，胸次廣隘，豈可校量乎」之語，此據《四庫》本補。

于理，雖避亦凶。君子審其時、循其理，則吉凶、利害如視指掌，枯莖朽殼非君子所尚」〔註466〕；故宗炎直指「君子、庶民，其卜筮不同」（釋《上繫》第10章），並加以闡釋曰：

> 君子之卜筮，觀象玩辭，觀變玩占，須臾不離于《易》，即「學《易》無大過」之謂；庶民不知學《易》，唯動作疑貳之時，求枯莖朽殼，決其吉凶禍福，以爲趨避，一生之中，用《易》幾何？所云「至精」、「至變」、「至神」，與庶民了不相關。是君子心與《易》通，不必假途于卜筮；庶民唯知有卜筮，豈能響應如此？（釋《上繫》第10章）

然則，君子、庶民之「卜筮」所以異者，咸繫乎有無「學《易》」之心。君子以「象」、「辭」、「占」、「變」爲卜筮，須臾不離《易》，故能通之；庶民但求「枯莖朽殼」，決其「疑貳」，以趨吉避凶，終生用《易》無幾，故難響應也。

　　竊觀宗炎於「卜筮」（餘事）之持論，或有修正朱（熹）說之意；而其諄諄之語，亦值學《易》者所戒惕！清儒顧炎武嘗云：「卜筮者，先王所以教人去利、懷仁義也。」〔註467〕又謂「郭璞嘗過顏含，欲爲之筮，含曰：『年在天，位在人。修己而天不與者，命也；守道而人不知者，性也，自有性命，無勞蓍龜。』」〔註468〕；則顧氏亦主《易》不專卜筮也。

六、道德事功合一

　　夫以「學道」、「事功」並行，宗羲固已倡之在前〔註469〕；且謂「夫道一而已，修於身則爲道德，形於言則爲藝文，見於用則爲事功名節」〔註470〕。依宗羲之意，修道於身則爲道德，寓道於用則爲事功，「道德」與「事功」，皆「道」之派生；雖然，於《易》論中闡發「道德」、「事功」合一者，當推其仲弟也。蓋宗炎嘗曰：

> 上古之人，道全德備者，多爲天子，次之者爲相、爲羣后，又次爲卿士、百執事；其下蚩蚩黎庶，皆奉行上焉者之教化，而莫敢異同者也。是以道德、事功，合而爲一。〔……〕。降及衰周，至

〔註466〕同前註，葉51。
〔註467〕參見〔清〕顧炎武撰：《日知錄》，頁51。
〔註468〕同前註，頁52。
〔註469〕案：參本書論宗羲「治學方法──會通」一節。
〔註470〕參見沈善洪主編：《黃宗羲全集》，第十冊，「餘姚縣重修儒學記」，頁134。

于夫子，備聖人之德而莫能試用，始有瓠傳道之嘆，而道德、事
功于此分矣！然其所以分者何也？亦即堯、舜、禹、湯之所行，
遇夫子而不得行之學問也；使夫子而得行之，其成功、文章，更
有盛于如天之治也！非云「堯舜事功之麤蹟、夫子道德之精微」
也；非云「平章、洽和，堯舜之事功；峻德、執中，堯舜之道德」
也；非云「暮月、三年，夫子之事功；性天，夫子之道德」也。
有道德者必發爲事功，有事功者必本諸道德；惟釋氏以入世爲煩
惱，止欲見性證覺，鄙夷諸色向，後儒因之，道德、事功遂判然
而不可合！（釋〈乾〉九五）

審其所言，上古之世，治人者道德完備、治於人者奉行教化，上下同心，故
「道德」與「事功」能「合而爲一」；降及後世，孔子雖具聖人之德，而無
所施用，是「道德」、「事功」從此分矣！苟夫子能得堯、舜、禹、湯之所行，
則其「事功」之盛，將可擬於天之治也。又堯舜之「平章」、「洽和」與「峻
德」、「執中」，皆蘊道德、事功於其中，非謂前者（平章、洽和）屬「道德」、
後者（峻德、執中）爲「事功」也；夫子雖無施治之實，而其「暮月」、「三
年」〔註 471〕與「性天」，亦猶前聖之例，無有分殊。總之，「有道德者必發
爲事功，有事功者必本諸道德」，「道德」與「事功」，渾然一體也；惟後儒
沿釋氏「見性證覺」，以「入世」爲煩惱，遂致「道德」、「事功」判然而不
可合矣！

此外，宗炎以爲，「得諸身心，謂之『德』；錯諸事功，謂之『行』。德
與行，非可分者」（釋〈乾‧文言〉）；後世儒者志於「性命之學」，專主「明
心性、聞天道」，「指誦習辭章、名物爲小數」；「學問既成，胸次側隘」，乃
「自立門戶」，「稍有異同，不啻如寇讎」。至於「仁行」，「視子臣弟友不過
在外之粗蹟、孝友敬信不過氣質之名節」，其愚者「廢三年而察緦功」，其智
者「待人接物，寡薄恩情」，則「道德、事功已分兩途」（同上）！然則，宗
炎發爲道德、事功合一者，固有感於後儒撕裂聖人「德」、「行」合一，而專
主於「性命之學」也。就此而論，宗炎承聖繼賢之志、關照社會之情，亦猶
其兄宗羲，皆可爲後世稱道矣。

〔註 471〕案：夫子雖嘗云：「苟有用我者，期月而已可也，三年有成。」（《論語‧子路》）
然審乎宗炎所稱「事功」者，乃有「實質」之義；故此「暮月」、「三年」，當
就喪禮之制（如大功、小功、三年之喪）而言之也。

七、藏天下於天下

夫「藏天下於天下」者，本莊生（莊周，約前369～前286）論死生物情之語〔註472〕；而明儒質卿（顏素）、潘士藻（雪松，1537～1600）及魏濬（蒼水，1604進士）等，則援之以釋〈比〉、〈泰〉〔註473〕。故宗炎以此論《易》，實有所承；雖然，覽其所述，洵可爲讀《易》者咀嚼而發揚之也。

宗炎嘗曰：「三代之季，浚民之膏血，威軀而勢奪，殘虐以取之，暴殄以用之；乃復設爲法令，定爲律例，孱弱遺黎舉足挂羅網。是猶禦人國門之外，而禁穿窬竊國、而誅竊鉤〔註474〕，豈可得哉？」（釋〈訟·上九·小象〉）。依其意，三代之季，權勢、貪婪當道，孱弱黎民非惟遭其強奪虐取，且以律法之嚴，致「舉足挂羅網」，斯猶讎敵而被禦乎國門之外也；然百姓既無所行惡，穿窬者亦無所顧忌，則「竊鉤」之事，豈能有之？「竊國」之事，又豈可禁耶？此外，宗炎以爲，「比」者，「吉」之道也（釋〈比·象〉）；除殘去暴，君民相須相倚，如車之有輔，則傾覆無由生焉（同上）！故於〈比·象辭〉「先王以建萬國、親諸侯」一語下云：

> 先王明于此象，知天下非一人之天下、非一姓之天下，不過作之君以統億兆之比耳！地開江河以納溝澮之比，人分侯國以受臣民之比，故建萬國而不私、親諸侯而不忌。端拱在上，不病其孤危；殊方異域，不苦其疏逖。則此萬國者，皆可以迭有天下；此諸侯者，皆可迭爲天子。

〔註472〕案：原文曰：「死生，命也；其有夜旦之常，天也。人之有所不得與，皆物之情也。〔……〕。故善吾生者，乃所以善吾死也。夫藏舟於壑、藏山於澤，謂之固矣；然而，夜半有力者負之而走，昧者不知也。藏小大有宜，猶有所遯；若夫藏天下於天下，而不得所遯，是恆物之大情也。」（《莊子·大宗師》）

〔註473〕案：潘氏於《讀易述》中引質卿之語曰：「聖人法地中之水，藏天下於天下，得容民、畜眾之道焉；聖人法地上之水，以天下治天下，得建國、親侯之道焉。」（參《四庫》本，卷二，釋〈比〉）而魏氏於《易義古象通》中則逕謂「『包』非聽其不治，乃藏天下於天下，以不治治之也」（參《四庫》本，卷二，釋〈泰〉九二「包荒」）。

〔註474〕案：《莊子》載有「彼竊鉤者誅，竊國者爲諸侯」（〈胠篋〉）之語。依其意，蓋以竊鉤之事雖小，即遭刑戮；而竊國之事大，反封爲諸侯。然則，古者是非賞罰之顛亂、法制條例之敗壞，亦可知矣！故宗炎或感於斯而發之爲文；此亦可從其所言「三代以還，天子不列于一位，下无公侯之次第，爲卿爲相者，如庶人之在官，應徭役給使令而已；即有貴重之勢，亦不過盜竊其權柄，以弄一時之威福」（釋〈比·上六·象辭〉）而窺知矣！

審其言，蓋以「天下」爲萬民所共，非「一人」、「一姓」之私藏；是以「作之君」當志以海納百川、行以扶孤濟遠，於建國、諸侯之事，能「無私」、「無忌」，而澤乎「億兆」生民也。

　　宗炎既以天下非一人、一姓之私，且謂「天下一統，大道爲公」（釋〈比・上六・象辭〉），乃繼而推之曰：

> 一國之人，高卑貴賤，老幼男女，无不皆具，自生自息於其中。天高地闊，而不知誰爲之者，所謂「藏天下於天下」、「魚相忘於江湖」也。忽從浩浩蕩蕩間有一意之萌，此發而彼格，有感而必應；止乎此則眞篤而不遷，說以承則情洽而意和，乃天理之至公，非人欲之私心也」（釋〈咸〉）

依斯而言，凡一國之人，無分尊卑貴賤、男女老少，皆生息於天地之中，無所逃脫；惟其無所逃脫，故治亂之勢由此生焉！而「世治固先自治，以待出而有爲」；即「世亂」，亦當「施于一身一家」，可「不自亂」也（釋〈履・九二・象辭〉）。夫「君子公天下，小人私一身，各盡其職，非有害於世也；苟易地而失職，大亂未有不因之而起者。蓋公天下之人，使伏於草野，則无可用其公；私一身之人，使立於朝廷，則无不循其私，而禍始不可勝言矣」（釋〈泰・象辭〉）！是以人君當務於治國、士庶當敏於治家，則天下必可和順而久安；雖然，治國與治家有別。蓋治家以「火盡薪傳，繩承不絕」爲務，然「父子、兄弟、夫婦相聚以成家，各有好惡愛憎，而情與勢不勝其紛雜」，故「庸言庸行必致謹于微秒」，而以「修身爲本，家不待教而教自行」矣（釋〈家人〉）！至於治國，當「寬弘大度」（釋〈晉・六五・象辭〉）、「捨己從人」（釋〈大有・上九・象辭〉），「藏天下於天下」，則「近說遠來」（釋〈比・九五〉），「眞篤而不遷」、「情洽而意和」，「天下之善，无不歸之」（釋〈大有・上九・象辭〉）；明「天理之至公」，則「無所計校于其間，聽其自往」（釋〈晉・六五・象辭〉）；去「人欲之私心」，則「上天之福慶，亦不期其至而至矣」（同上）。

　　夫宗炎以天下非一人、一姓之私發端，繼闡「藏天下於天下」之義，復釋「天理」、「人欲」之別，可謂環環相扣，然其間實有未盡者，故又曰：「天下者，百千萬億之家也，其家皆正，豈別有定天下之術乎？」（釋〈家人・象辭〉）依其意，「天下」爲千萬億之家所成，「家」若皆「正」，則「天下」亦定矣！然「王者之家，何以能達之天下」（釋〈家人・九五・象辭〉）耶？

對此，宗炎以爲，「蓋有推恩之道焉！〔……〕但推吾愛一家之情，使天下得以交相爲愛；則天下一家，政刑猶覺爲餘事」（同上）；即由內（王者之家）而外（百姓之家），行「推恩」之道，自可達於「天下一家」，而「政刑」猶爲餘事矣！至若「天理」者，「公天下于天下」，此羲、農、黃、虞之世，以聖繼聖，而「無失墜之憂」（釋〈明夷〉）也；「人欲」者，「私天下于一家」，此夏、殷傳子，桀、紂暴虐，侈其威福，天命將遷，「倏忽而不可恃」也（同上）。蓋「三代以上，民爲貴，作之君、作之師，以養斯民、教斯民而已」〔……〕。三代之子孫，喜其居處服食，〔……〕于是竭天下之膏血、疲天下之筋力，以快我之居處服食，專大利而歸己，推大害以與人；君也者，遂爲生民之大患，安望其能興利除害也哉」（釋〈革・九四・象辭〉）？故君子知興廢靡常、消息盈虛之理，恆自用晦而不自炫，以臨億兆，不敢「因天下之昏迷而亦隨之也」（釋〈明夷・卦辭〉）。又謂「聖人視天下爲至公之物，能尸其事則居其位，能成其功則操其柄，順時而動，大行此志」；而「後世賤儒視天下爲至重之物，似乎富貴利祿皆可私爲己有，而濟世利民之意反輕；其志先不立，動曰『竊權』，動曰『逼主』」（釋〈豫・九四・象辭〉）。

　　觀宗炎於「天理」、「人欲」之說，所側重者辨其分殊；此從其敘「三代」上、下之異，「聖人」、「賤儒」之別，並「聖人藏動于說，所隨者公天下也；庸人因說而動，所隨者便一身也」（釋〈隨〉）之語，即可曉矣！就此而言，其所持論者，非有如伊川之「滅私欲則天理明」〔註475〕，朱子之「存天理」、「去人欲」〔註476〕也。

　　儘管如斯，倘止於「天理」、「人欲」之辨，則「藏天下於天下」之底蘊，恐有未能盡逮之虞！是以宗炎旋謂「人君富有四海，不藏于府庫而藏于民間」（釋〈損・六五・象辭〉）；「民富而後君富，君富則臣鄰俱富矣！豈一人之獨樂乎？獨富者，庶民所不忍爲，而人君忍爲之乎？財聚民散，獨夫之事也」

〔註475〕　參見〔宋〕程頤、程顥撰：《二程遺書》（上海：上海古籍出版社，2000年），卷二十四，「伊川先生語十」，頁369。

〔註476〕　案：朱子嘗云：「如言存箇天理，不須問如何存他，只是去了人欲，天理自然存。」（參《朱子語類》，卷68，「〈乾〉上」，頁1694）且謂「人欲隱於天理之中，其幾甚微，學者所宜體察」（同上，卷53，「〈公孫丑〉上之下」，頁1282）；類此「存天理」、「去人欲」之文，多可見於朱子論著中。雖然，其說蓋本諸《禮記・樂記》所載「人化物也者，滅天理而窮人欲者也。於是有悖逆詐僞之心，有淫泆作亂之事」（參《禮記集解》，卷37，頁984）而改造之：即矯「滅（泯滅）天理」爲「存天理」、「窮人欲」爲「去人欲」也。

（釋〈小畜・九五・象辭〉）。故爲君之道無他，唯「寬大」、「能舍」而已！「內而推誠布公，舍己從人；外而捐租除賦，藏諸民間，雖草野小人，亦皆精誠貫徹矣」（釋〈解〉）！即以「藏富於民」〔註477〕爲「藏天下於天下」之終極指涉；如此一來，則「人臣無境外之交，士庶无非分之望」（釋〈觀・六二・象辭〉）矣。

雖然，宗炎亦不諱言而歎曰：「三代以後之人君〔……〕其逸豫驕侈之具，俱與今同。僅求其不取无用之物，終身未嘗一御、耳目未嘗一接者，以寬民命，有何害于崇高富貴？乃數千年來竟莫或議及也！」（釋〈益・初九〉）審其意，自衰周之後，爲人君者所擁侈靡之貨，洵無異於今世（清）；倘能捨其終身未嘗用者而施之於民，非惟可使民勞稍歇，亦無損其崇高富貴，而數千年來竟無人論及，豈非憾事耶！由此觀之，宗炎濟弱寬民之持念，蓋已深值於中，故能有此振聾發聵之語；則其質性之善，展露無遺矣！

〔註477〕案：「富民」思想早見於先秦古籍中，例如，《尚書》「裕民」（〈康誥〉），《易》「損上益下，民說無疆」（〈益・象辭〉），《管子》「凡治國之道，必先富民；民富則易治也，民貧則難治也」（〈治國〉），《荀子》「王者富民，霸者富士」（〈王制〉），《韓非子》「不能辟草生粟而勸貸施賞賜，不能爲富民者也」（〈八說〉）等，乃爲後世論政所取資也。

第六章　黃宗羲、黃宗炎《易》學之影響及評價

第一節　黃宗羲、黃宗炎《易》學之影響

一、黃宗羲《易》學之影響

　　宗羲之《易學象數論》既開清初批判漢宋以來象數、圖書之先河，則義理派《易》學視其爲前導，亦可想而知。夫檢視宗炎之《易》論，則其直爲宗羲所影響，自不待言矣！而除宗炎之外，後輩《易》學受宗羲之沾漑者（百家本承家學，故不論），其例多有。宗羲新安門人汪瑞齡即云：「《易》之有象數，《易》之所以成《易》也。〔……〕舍象何由見《易》乎？本象以出數，亦因數以定象〔……〕。象數于《易》，水之源、木之本也。然自漢以降，異說紛紛。焦、京之徒，以世應、飛伏諸說附入；《太玄》〔註1〕、《洞極》、《潛虛》、《洪範內篇》，則竊《易》而改之；《壬》、《遁》之徒，或用《易》卦，或不用《易》卦。要皆自謂有得於象數之精微，以附于彰往察來之列，究之於《易》，何與焉？《易》自有象數，而特非京、焦輩所云也。」〔註2〕此

〔註1〕　案：「《太玄》」二字，《經義考》原作「《太乙》」，《四部要籍序跋大全》亦如之；而沈善洪主編之《黃宗羲全集》（第九冊，頁278）則作「《太玄》」（據《廣雅》本、《南雷文案》）。竊以依《易學象數論》卷次所述內容覈之，其當作「《太玄》」也。

〔註2〕　參見〔清〕朱彝尊原著，業師林慶彰等編審，許維萍等點校：《經義考》，第二冊，頁755。案：文中謂「象數于《易》，水之源、木之本也」，乃援用明儒

固爲汪氏「序」《易學象數論》之文，然審其所言，多本乎宗羲；就此而論，汪氏《易》學觀深受宗羲之影響，其情灼然！又清儒毛奇齡指《河圖》爲「規畫」、《洛書》爲「簡冊」〔註3〕，雖稱名稍異於宗羲，而承襲之迹亦已明矣。

此外，胡渭《易圖明辨》徵引宗羲《易學象數論》者，凡十二條〔註4〕；其中，雖或直言批評（「河圖洛書」一條），或稍持異議（「先天古易下」一條），或稍作補充（「先天古易下」、「卦變」各一條），而附和者實多（尤其卷九「卦變」），尤其列《象數論·自序》於書末（全引），則胡氏崇黃（宗羲）之情，不言可喻矣！無怪乎梁啓超謂《易學象數論》「與胡渭《易圖明辨》互相發明」，故其（胡渭）學「受宗羲影響」〔註5〕。蓋胡渭雖駁斥宗羲所倡《河圖》、《洛書》爲「地理之書」，然嘗言：「古者有書必有圖，圖以佐書之所不能盡也。〔……〕。唯《易》則無所用圖，六十四卦二體六爻之畫，即其圖矣。〔……〕故凡爲《易》圖以附益經之所無者，皆可廢也。」〔註6〕又謂「先天之圖與聖人之《易》，離之則雙美，合之則兩傷」〔註7〕。凡此，皆循宗羲立足於經傳以批判先天諸圖之路徑也；雖然，觀胡氏所言，實較宗羲激烈。竊以圖書《易》學（如《河圖》、《洛書》、《太極圖》及《先天》諸圖等）固非經傳本有，然其圖式建構暨深化《易》理之哲學與象徵意義，自有其存在價值，所謂「圖雖無文（先天圖也），吾終日言，而未嘗離乎是，蓋天地萬物之理，盡在其中矣」〔註8〕、「圖也者，數之聚、象之設，而理之寓也。〔……〕顧文字浩繁而圖象簡約，文字顯易而圖象隱深」〔註9〕，

焦竑（1540～1619）之語。夫焦竑嘗言：「蓋嘗譬之：象數者，水之源、木之本也。卦有定名，則水出木生，而某水、某木可知已；六爻則其派與枝葉也，派之通塞、枝葉之華悴，則爻之吉凶也；辭則水之經、木之譜也，學者執經與譜而不復尋其源本，謂學《易》可乎？」（參《澹園集》，卷二十三，「經籍志論」，頁298）

〔註3〕　參見〔清〕毛奇齡撰，鄭萬耕點校：《毛奇齡易著四種》，「《河圖洛書原舛編》」，頁69。

〔註4〕　案：此十二條者，「河圖洛書」（卷一）、「五行」（卷二）、「啓蒙圖書」（卷五）、「後天之學」（卷八）、「象數流弊」（卷十）各一條，「先天古易下」（卷七）二條，「卦變」（卷九）五條，合計十二條。近人鄭吉雄先生於所撰《易圖象與易詮釋》（頁90）一書中謂「十一條」者，或疏漏胡渭於「河圖洛書」（卷一）行文中所引也。

〔註5〕　參見梁啓超著：《清代學術概論》（臺北：里仁書局，2000年），頁20。

〔註6〕　參見〔清〕胡渭撰，鄭萬耕點校：《易圖明辨》，「題辭」，頁1。

〔註7〕　同前註。

〔註8〕　參見〔宋〕邵雍撰：《皇極經世書》，卷十三，「〈觀物外篇上〉」，葉34。

〔註9〕　參見〔清〕胡煦撰：《周易函書約存》（《四庫全書·經部·易類》，卷首上，「〈原

即奠基於此；倘依胡氏所言「凡爲《易》圖以附益經之所無者，皆可廢」，則恐有違《易》道廣大悉備與顯仁藏用之底蘊矣！

　　至於浙東學派譜系之成員——全祖望、章學誠，觀彼等論《易》之文，顯然亦直受宗羲影響；其中，全氏於宗羲之「象」論有所異議外，餘皆歆然從之（詳後）。相較之下，章學誠則發揚宗羲之「象」論（〈原象〉），嘗言：

> 卦氣之說雖創於漢儒，而卦序卦位則已具函其終始，則疑大撓未造甲子以前，羲、農即以卦畫爲曆象，所謂天人合於一也。〔……〕。
>
> 然三代以后，曆顯而《易》微；曆存於官守，而《易》流於師傳；故儒者敢於擬《易》，而不敢造曆也。曆之薄蝕盈虧，有象可驗，而《易》之吉凶悔吝，無迹可拘；是以曆官不能穿鑿於私智，而《易》師各自爲說，不勝紛紛也。故學《易》者，不可以不知天。〔註10〕

所謂「儒者敢於擬《易》，而不敢造曆」，即指儒者將天文曆律用於解《易》，乃應乎所言「羲、農即以卦畫爲曆象，所謂天人合於一」；而此正爲宗羲〈原象〉取象之一法（如解〈乾〉）。蓋宗羲既精於天文曆算，且援以解《易》，則章氏此論，洵有闡發宗羲取象之寓意也。又曰：「道不可見，人求道而恍若有見者，皆其象也。有天地自然之象，有人心營構之象。天地自然之象，《說卦》爲天爲圜諸條，約略足以盡之；人心營構之象，睽車之載鬼、翰音之登天，意之所至，無不可也。〔……〕。故人心營構之象，有吉有凶；宜察天地自然之象，而衷之以理，此《易》教之所以範天下也。」〔註11〕故「以象爲教，非無本也」〔註12〕。審其「天地自然之象」、「人心營構之象」諸語，亦皆可從宗羲〈原象〉窺得其義；而「以象爲教，非無本」，則頗有取法宗羲所稱「聖人以象示人」〔註13〕也。以此觀之，章氏雖無明引宗羲取象之例，而其受〈原象〉啟發者，自不可掩矣。

二、黃宗炎《易》學之影響

　　宗炎《易》學之影響後人者，主要呈顯於所辨先天諸圖及《太極圖說》；其中以《太極圖說辨》所倡「陳摶刻《无極圖》於華山石壁」，暨周子之《圖》

　　　　圖約・總義〉」，葉1。

〔註10〕參見〔清〕章學誠撰，葉瑛注：《文史通義校注》，頁12。

〔註11〕同前註，頁18～19。

〔註12〕同前註，頁20。

〔註13〕參見〔清〕黃宗羲撰：《易學象數論》，卷三，「〈原象〉」，葉1。

「雜以仙眞」、《說》「冒以《易》道」〔註14〕尤著。蓋宗炎於《太極圖說》之辨，即宗羲所謂「後世之異論者」〔註15〕，儼然已爲當世學術之主流；此可從《四庫》館臣所評《圖學辨惑》（詳後）及全祖望「世雖未能深信，而莫能奪也」〔註16〕之語而推見！黃百家即嘗節錄其內容〔註17〕，並謂「據此，人能去其所存先入之見，平心一一案之，實可知此無極之太極絕無與夫子所云『《易》有太極』，宜乎爲二」〔註18〕；是百家已受其叔父宗炎之說矣！

此外，朱彝尊（竹垞）指《太極圖》「遠本道書」，陳圖南演之爲「《無極圖》，乃方士修鍊之術耳」〔註19〕！且云：

> 當時曾刊於華山石壁；相傳圖南受之呂嵒，嵒受之鍾離權，權得其說於魏伯陽，伯陽聞其旨於河上公，在道家未嘗詡爲千聖不傳之祕也。周子取而轉易之〔……〕，更名之曰『太極圖』，仍不沒『無極』之旨。〔註20〕

總其所言，皆本宗炎「陳摶刻《无極圖》於華山石壁」之說；則朱氏《易》學之受宗炎影響，於焉可知！惠棟於所撰《易漢學》中，則直援朱氏（彝尊）上述之文，並言「道教莫盛于宋，故希夷之《圖》、康節之《易》、元公之《太極》，皆出自道家。世之言《易》者，率以是三者爲先河，而不自知其陷於虛無，而流於他道」〔註21〕；是惠氏於先天諸圖及《太極圖》之持念，猶繼踵於宗炎也。又胡渭嘗引宗炎於《周易尋門餘論》中對《先天圖》之批判〔註22〕，乃謂「其中間拗爲兩截，左陽右陰，則又極其造作，而非法象自然之妙矣」〔註23〕！就此而論，胡氏於宗炎駁斥邵雍之說，亦當有所取資。至於張惠言雖同惠氏亦徵引竹垞之說，然所指涉者，蓋以周子《太極圖》非受之希

〔註14〕參見〔清〕黃宗炎撰：《圖學辨惑》，葉46。

〔註15〕參見沈善洪主編：《黃宗羲全集》，第三冊，《宋元學案》卷十二，「濂溪學案下」，頁636。

〔註16〕同前註，頁631。

〔註17〕同前註，頁626～630。

〔註18〕同前註，頁630。

〔註19〕參見〔清〕朱彝尊原著，業師林慶彰等編審，陳恒嵩等點校：《經義考》，第八冊，頁484～485。

〔註20〕同前註，頁485。

〔註21〕參見〔清〕惠棟撰：《易漢學》，卷八，「辨太極圖」，葉8。

〔註22〕參見〔清〕黃宗炎撰：《周易尋門餘論》，卷一，葉6～7。

〔註23〕案：參本書論宗炎「辨『先天八卦方位圖』」一節。

夷〔註24〕，誠與竹垞、惠氏之持言迥異！儘管如此，倘究其發端，仍不能不源乎宗炎之倡論也。

第二節　黃宗羲、黃宗炎《易》學之評價

一、黃宗羲《易》學之評價

　　夫後世學者於宗羲《易》學之評價，多據《易學象數論》發抒，鮮有旁及他書所涉《易》論而綜其說者；雖然，審乎彼等所評，仍可見後人對宗羲《易》學之持觀也。茲就其中主要者略述於下：

　　其一：清儒汪瑞齡嘗爲《易學象數論》作序，其間有云：

> 《易》自有象數，而特非焦、京所云也。姚江梨洲夫子通天地人以爲學，凡天官、地理，以及九流術數，無不精究。慨象數之失其正，而爲異說所淹汨也，作《論》辨之。論其倚附於《易》，似是而非者，析其離合，爲《內篇》三卷；論其顯背於《易》，而自擬爲《易》者，決其底蘊，爲《外篇》三卷。〔註25〕

則汪氏所贊者，非止於書，乃兼及人；而分《易學象數論》爲內、外篇，亦自此始也。其後全祖望稱宗羲之《易學象數論》，「力辨《河洛方位圖》說之非，而遍及諸家；以其依附於《易》、似是而非者爲《內編》，以其顯背於《易》而擬作者爲《外編》」〔註26〕；《浙江采集遺書總錄》仍循此說，而謂「《內篇》辨其倚附於《易》似是而非者，《外編》辨其顯背於《易》而自擬爲《易》者，各分三卷」〔註27〕。

　　其二：《四庫》館臣評《易學象數論》曰：

> 其持論皆有依據。蓋宗羲究心象數，故一一能洞曉其始末，因而盡得其瑕疵，非但據理空談不中窾要者比也。惟本宋薛季宣之說，以《河圖》爲即後世圖經、《洛書》爲即後世地志，《顧命》之「河圖」即今之黃冊，則未免主持太過，至於矯枉過直，轉使傳陳摶之學者

〔註24〕案：參本書論宗炎「辨周子《太極圖說》」一節。

〔註25〕參見〔清〕朱彝尊原著，業師林慶彰等編審，許維萍等點校：《經義考》，第二冊，頁755。

〔註26〕參見沈善洪主編：《黃宗羲全集》，第十二冊，「梨洲先生神道碑文」，頁10。

〔註27〕參見〔清〕沈初等撰：《浙江采集遺書總錄》，收入《海王邨古籍書目題跋叢刊》，第二冊，葉33。

> 得據經典而反脣，是其一失。然其宏綱巨目，辨論精詳，與胡渭《易
> 圖明辨》，均可謂有功《易》道者矣。〔註28〕

就此而言，則《易學象數論》除於《河圖》、《洛書》之論「主持太過」、「矯
枉過直」，致有「傳陳摶之學者得據經典而反脣」之失外，餘如「其持論皆
有依據」、「一一能洞曉其始末，因而盡得其瑕疵」、「宏綱巨目，辨論精詳」
等，皆稱頌之辭也；然《四庫》館臣復於他處指《易學象數論》「尚未能窮
溯本末，一一抉所自來」〔註29〕，倘以此覈其「一一能洞曉其始末，因而盡
得其瑕疵」之語，則《四庫》館臣斯評，恐有齟齬之嫌！

其三：清儒全祖望評《易學象數論》則曰：

> 姚江黃徵君《易學象數論》六卷，上自《圖》、《書》九十之混，「變
> 卦」、「互卦」之異同，旁推交通，雖以「納甲」、「納音」、「世應」、
> 「軌革」之法，莫不搜其原本，抉其譌謬，可爲經學中希有之書也。
> 徵君謂：「《河圖》在〈顧命〉，與〈大訓〉並陳，則是皆《書》也。
> 使如後世所云，則爲龍馬之遺蛻歟？抑庖犧之稿本歟？不知『天垂
> 象，見吉凶』，所謂『仰觀天文』；『河出《圖》，洛出《書》』，所謂
> 『俯察地理』。《圖》、《書》即今之《圖經》、《黃冊》，其以河、洛名
> 者，以其爲天下之中也。」此其説，可謂百世不易之論。蓋嘗與學
> 者言之，皆大驚，莫能信，固難以口舌爭。〔……〕今人徒泥於「河
> 出、洛出」之文，以爲此必沿河溯洛而得之者，眞解經之固也。
> 〔……〕。徵君於《易》，遠覽千古，一洗前輩之支離，而尤有功於
> 《易》者，此論也。若其談總象，予頗多以爲不然者，則別見於予
> 説《易》之書。〔註30〕

觀其「旁推交通」、「莫不搜其原本，抉其譌謬，可爲經學中希有之書」諸語，
非惟有別於《四庫》館臣指該書「尚未能窮溯本末，一一抉所自來」，其贊
宗羲以「《圖》、《書》即今之《圖經》、《黃冊》」，乃「百世不易之論」，而「尤
有功於《易》者」，更殊異於館臣，亦與胡渭所言相違。此外，全氏嘗以萬
孺廬（字光）「大禹治水，乃有《河圖》；周公營洛，始有《洛書》。故作〈顧

〔註28〕 參見〔清〕紀昀等編：《四庫全書總目》，卷六，「經部六·易類六」，頁55～
56。

〔註29〕 同前註，「《易圖明辨》提要」，頁61。

〔註30〕 參見沈善洪主編：《黃宗羲全集》，第十二冊，「黃梨洲《易學象數論》書後」，
頁181～182。

命〉時，《洛書》新出，尚未得與〈河圖〉並登東序」之語爲「疏證之最精者」〔註31〕。然則，就全氏而言，《河圖》、《洛書》於宗羲曰《圖經》、《黃冊》，於萬孺廬則爲「大禹治水」、「周公營洛」之謂，二說皆可受也。至若「其談總象，予頗多以爲不然者」，是全氏非全然認同宗羲之《易》論也；蓋全氏有言：「梨洲於書無所不通，而解經尤能闢前輩傳注之訛；然亦有失之荒唐者。」〔註32〕此雖本宗羲《孟子師說》而發，然亦可窺知全氏直言無諱之性格〔註33〕。

其四：清儒胡渭稱宗羲《易學象數論》「大有造於《易》學」，並列其〈序〉於所撰《易圖明辨》「篇末，以告天下之習非而不悟者」〔註34〕；是胡渭於宗羲之《易》論，雖或有異議者，然就整體而言，其推譽之情，無庸置疑也。故梁啓超謂《易學象數論》六卷，力辯《河》、《洛》及方位圖說之非，爲後來胡渭（朏明）《易圖明辨》之先導，且於清代經學「極有關係」〔註35〕。

其五：江藩指黃宗羲之《易學象數論》，「雖闢陳摶、康節之學，而以納甲動爻爲僞象，又稱王輔嗣注簡當無浮義。〔……〕。然不宗漢學，皆非篤信之士也」〔註36〕，故拒納於所撰《國朝經師經義目錄》中；此或肇端於《易學象數論》旨在「摘發傳注之訛，復還經文之舊」〔註37〕，於漢學屢有抵隙。

〔註31〕同前註，頁182。
〔註32〕同前註，「跋黃梨洲《孟子解》」，頁183。
〔註33〕案：全祖望嘗言：「余中之衍《皇極經世》之說，推其淵源於王天悅，謂『某甲之年月，必得某甲之日時，而後富壽；苟得某甲之日時，而遂貧賤。水陸舟車之所產，東西南北之所居，莫不有合此。其所以有同物而不同運者』。莊定山曰：『如此，則福善禍淫之語，不足信也。』黃梨洲調停之，曰：『支干之不足言命審矣！』」又謂：「善言天者，徵之人事；善言人者，驗之天命。夫善與人同，即爲合德；知過再犯，即爲轉趾。聞善不信，即爲孤神，財不儉用，即爲耗宿，此以人合天者也；日月之交食，星辰之凌犯，陽九百六之厄，君子以恐懼修省，此以天合人者也。天不能以一定之數制人事之萬變。〔……〕。梨洲之言，欲通兩家之郵，而未免依違爲調人之見，其於天人之際，未盡焉！夫天自有八柄以馭人，而不在乎支干甲子之間。蓋天之所以賦人者理也，顧理不能不乘氣以行，氣凝而成質，而後爲人：理純而氣駁，氣猶虛而質則實，天亦不能求其齊矣。〔……〕故梨洲之言天也，固其談命也支。」（以上參《鮚埼亭集外編》，收入《清代詩文集彙編》，第303冊，卷四十八，「原命」，葉13～14）
〔註34〕參見〔清〕胡渭撰，鄭萬耕點校：《易圖明辨》，卷十，「象數流弊」，頁263。
〔註35〕參見梁啓超著：《中國近三百年學術史》，「陽明學派之餘波及其修正」，頁74。
〔註36〕參見〔清〕江藩撰：《國朝漢學師承記》，附《國朝經師經義目錄·易》，頁137。
〔註37〕參見沈善洪主編：《黃宗羲全集》，第九冊，《易學象數論·自序》，頁2。

以此觀之，江氏亦難脫「門戶」之思矣！

其六：清儒皮錫瑞以爲，宗羲論《易》，「但取王弼《注》與《程傳》之說理者，而尤推重《程傳》；漢之焦、京，宋之陳、邵，皆所不取，說甚平允。〔……〕近世學者於陳、邵之圖，闢之不遺餘力，而又重理焦、京之說，是去一障又生一障，曷若如黃氏（宗羲）言，盡去其障之尤善乎」〔註38〕！

綜上所評，除江藩之侷於「門戶」、祖望之議「總象」，暨《河圖》、《洛書》呈正反兩極外，餘多爲譽論。竊觀宗羲於《易學象數論》中所駁者，乃離《易》之象數，非《易》本有之象數，此觀本書所述，即可爲證；惟其雖「究心象數」、「辨論精詳」，然於《河圖》、《洛書》、先天諸圖、卦氣、卦變諸論，或疏於窮本究源〔註39〕，或止於經學考辨，或近乎漢儒氣候，或援例齟齬無統，洵有可議者。此外，其〈原象〉釋例，固不乏特出、絕妙之論，然自違其說、晦《易》之旨者，亦不可謂之鮮矣！是祖望於宗羲《易學象數論》「談總象」，「頗多以爲不然者」，豈其有此同感耶？至於今人鄭吉雄先生謂宗羲之《易學象數論》，旨在透過深入精細之分析，從最細微之處，辨別不同體系學說彼此間之不相合，進而釐清各種勉強牽合附會之理論，以建構一個清楚而周延之解釋體系〔註40〕；審其所言，多據前人正評而推衍之，亦一隅之論也。

筆者以爲，《易學象數論》固爲宗羲《易》論之主體，然究非其《易》學全貌；是以諸家所評，亦當如是看。夫宗羲《易》學之底蘊，非止於談「象」、論「數」而已！其闡發義理之用心，諸如太極、陰陽、情性、理氣、心性、卦位，暨乎《易》象數、義理之梳理等，多可見於相關著作；其中，對周子《太極圖說》之詮解，尤能窺其崇聖尊儒、辟佛斥道之學術立場。蓋宗羲嘗言：「堯舜其元也，湯其亨也，文王其利也，孔孟其貞也。若以後賢論，周程其元也，朱陸其亨也，姚江其利也，蕺山其貞也，孰爲貞下之元乎？」〔註41〕斯以儒家道統傳承詮釋「元亨利貞」，可謂宗羲治《易》之活用；而周子卓然居後賢四德之首（元），則宗羲「孰爲貞下之元乎」之語，或寓其近承蕺山、

〔註38〕參見〔清〕皮錫瑞撰：《經學通論》，頁32～33。
〔註39〕案：《四庫》館臣所評固有齟齬之嫌（即「尚未能窮溯本末」與「一一能洞曉其始末」）；然據實論之，謂《易學象數論》於宋人《河》、《洛》、先天諸圖，雖「抵其罅隙」，而「尚未能窮溯本末，一一抉所自來」，亦屬灼見矣！
〔註40〕參見鄭吉雄撰：《易圖象與易詮釋》，頁115。
〔註41〕參見沈善洪主編：《黃宗羲全集》，第一冊，《孟子師說》，卷七，「由堯舜至於湯」章，頁166。

遠繼周程之志也。

二、黃宗炎《易》學之評價

　　歷來學者評述宗炎之《易》學，咸以《周易象辭》、《尋門餘論》、《圖學辨惑》分論，未有就其整體而發者。故筆者於此仍從其例，歸納諸說，分述如下：

　　其一：評《周易象辭》——

　　首先，《四庫》館臣評《周易象辭》曰：

> 其說力辟陳摶之學，故其解釋爻象，一以義理爲主。如釋〈坤‧象〉曰：「〈乾〉既大矣，〈坤〉能配乎！〈乾〉而與之齊，是〈乾〉之大，〈坤〉亦至焉，故曰『至哉』，蓋〈乾〉以元施，而〈坤〉受之，即爲〈坤〉之元，非別有元也。」其義爲前人所未發，而于承天時行之旨、无成有終之道，皆分明融洽。他如解〈豫〉六二「介于石」，謂「處地之中，得土之堅」，取象極爲精確。〔……〕其他詮釋大都類此，皆可備《易》家之一解。至於『歸妹以須』，『須』爲女之賤者，舊解本无可易，而宗炎謂『須附頤以動』，則以爲須髮之須，未免傷於好奇。又於《易》之字義，多引篆文以釋之，亦不免王氏《新義》務用《字說》之弊。當分別觀之可也。〔註42〕

審其言，雖指《周易象辭》「力辟陳摶之學」，然通篇卻無涉及「辟陳」之例，不亦怪哉？而謂該書「解釋爻象，一以義理爲主」，尤見其疏漏也（詳前文）。至若宗炎釋《易》之文，或言「其義爲前人所未發」，或稱其「取象極爲精確」，或指其「未免傷於好奇」，而「當分別觀之」，則爲允當之論也；雖然，倘戭諸《周易象辭》全書之底蘊，則《四庫》館臣所述及者，猶不足以使讀者窺其實矣！

　　其次，《浙江采集遺書總錄》評《周易象辭》云：

> 其書不襲訓詁，專主六書之義以言《易》，於每卦、每爻取字之象形、會意等，解詳繹而釋之，嘗謂「上古樸直，如人名、官名俱取類於物象，若以鳥紀官及夔龍、朱虎、熊羆之屬是也。「易」者取象於虫，其色一時一變，一日十二時，改換十二色，即今之「析易」也。自其倐忽變更，借爲移易、更易之用。易易之爲文，象其一

〔註42〕參見〔清〕紀昀等編：《四庫全書總目》，卷六，「經部六‧易類六」，頁 56。

首四足之形，《周易》卦次俱一反一正，兩兩相對，每卦六爻，兩
卦十二爻，如析易之十二時，一爻象其一時。在本卦者，象日之六
時；在往來之卦者，象夜之六時。」其持論皆此類，雖似過奇，實
具有精理，與「日月爲易」之舊解，別開生面，《易》固無所不包
也。〔註43〕

所謂「雖似過奇，實具有精理」，則讚頌之意已明；儘管如此，觀其所評，幾
以「專主六書之義以言《易》」通貫全篇，非惟無所出新，亦離《周易象辭》
所指涉者遠甚。故讀者欲從此得其梗概，恐難能如願矣！

其二：評《周易尋門餘論》——

清儒陸嘉淑（孝可）評《尋門餘論》曰：

晦木《尋門餘論》，直欲與洛、閩大儒質辨於千載之上。其釋〈離〉
之三曰：「人至日昃，任達之士，托情物外，則自以爲有觀化之樂，
故鼓缶而歌；其若不然，憂生嘆老，戚戚寡歡。不彼則此，人間惟
此二種，皆凶道也。君子不然，任重道遠，死而後已，正使一息尚
存，此志不容少怠。衛武公九十猶戒，豈敢蹈此等之轍？」斯言也，
眞有功後學之言也。〔註44〕

陸氏固以宗炎所解〈離〉九三爻爲「眞有功後學之言」，然覈諸《四庫》本、
《世楷堂》本《尋門餘論》，皆無陸氏所引宗炎釋文；惟觀其緊繫「晦木《尋
門餘論》」云云之下，豈陸氏另有所本耶？亦不可知矣！又《四庫》本《周易
象辭》所載宗炎釋〈離〉九三之文，審其底蘊，雖與陸氏引語大旨相類，而
語法、用詞乃有別也。至若《浙江采集遺書總錄》，則逕以陸氏所言「直欲與
洛、閩大儒質辨於千載之上」、宗炎所以名「尋門」者〔註45〕，爲其評論《尋
門餘論》之內容〔註46〕，可謂毫無新意。相較之下，《四庫》館臣則曰：

《尋門餘論》兼排釋氏之說，未免曼衍於《易》外，其詆斥宋儒，
詞氣亦傷太激。然其論四聖相傳，不應文王、周公、孔子之外，別

〔註43〕 參見〔清〕沈初等撰：《浙江采集遺書總錄》，收入《海王邨古籍書目題跋叢
刊》，第二冊，「甲集」，葉33～34。
〔註44〕 參見〔清〕朱彝尊原著，業師林慶彰等編審，許維萍等點校：《經義考》，第
二冊，頁757～758。
〔註45〕 同前註，頁758。
〔註46〕 參見〔清〕沈初等撰：《浙江采集遺書總錄》，收入《海王邨古籍書目題跋叢
刊》，第二冊，「甲集」，葉34。

有伏羲之《易》爲不傳之秘；《周易》未經秦火，不應獨禁其圖，轉
爲道家藏匿二千年，至陳摶而始出，則篤論也。〔註47〕

審乎館臣所評，貶者誠得其情，褒者頗符其義；其中，「兼排釋氏之說，未免
曼衍於《易》外」，直與清儒沈懋惪（虞揚）所稱該書「卷中有指斥釋教者百
七十餘行，與《易》無涉，今特節之」〔註48〕相呼應也。蓋藏書家沈懋惪嘗
評《周易尋門餘論》，其言曰：

晦木先生專就《易》以言《易》，實能指出尋常道理，故其貶駁宋儒
處，無不虛空粉碎。至謂六書始于羲皇、不始于倉頡，而就卦畫一
一推闡之，精妙絕倫，使人想見造字之初，似創論，實至論也。宋
儒于卦畫源流，尚不能通曉，乃舍文、周、孔子，而侈談上古、先
天，豈不謬哉！卷中有指斥釋教者百七十餘行，與《易》無涉，今
特節之。又謂「三畫之卦乾、坤，僅可謂之天地，震、巽僅可謂之
雷風」云云，是則不然。八卦之名始于太皞，其初止有三畫，何不
聞以天、地、雷、風、水、火、山、澤命名也？〔註49〕

斯謂「貶駁宋儒處，無不虛空粉碎」，乃奠基於宋儒「離《易》以言《易》，
而不能就《易》以言《易》也」〔註50〕之持念；然苟深究宗炎所指摘者，恐
未盡然可以「粉碎」概括也；而贊「六書始于羲皇」，「似創論，實至論」，
非惟附應宗炎之說，亦有浮誇之嫌矣！至於刪去「與《易》無涉」之文，暨
駁宗炎以三畫卦但可名之天、地、雷、風、水、火、山、澤，則堪稱允當也。

其三：評《圖學辨惑》──

《四庫》館臣固以《圖學辨惑》與《尋門餘論》宗旨「大略相同」〔註51〕，
而評述之向度，則稍有分殊，其言曰：

《圖書辨惑》謂陳摶之圖、書，乃道家養生之術，與元陳應潤之說
合（見應潤所作《爻變義蘊》）。謂周子《太極圖說》，《圖》雜以仙真，
《說》冒以《易》道，亦與朱彝尊、毛奇齡所考略同（彝尊說見《經
義考》二百八十三，奇齡說見所作《太極圖說遺議》）。至謂「朱子從而字析

〔註47〕參見〔清〕紀昀等編：《四庫全書總目》，卷六，「經部六·易類六」，頁56。
〔註48〕參見〔清〕沈懋惪撰：〈《周易尋門餘論》跋〉，收入《周易尋門餘論》，葉
　　　　83。
〔註49〕同前註。
〔註50〕同前註。
〔註51〕參見〔清〕紀昀等編：《四庫全書總目》，卷六，「經部六·易類六」，頁56。

之，更流於釋」，則不免有意深文，存姚江朱、陸之門戶矣。〔註52〕
夫藉前儒後輩之考說，以證成宗炎所辨先天諸圖暨《太極圖說》，則《四庫》
館臣之有心，於茲可見；雖然，館臣仍以「尚未能窮溯本末，一一抉所自來」
（評《易學象數論》）之語，綜評《圖學辨惑》〔註53〕。「朱子從而字析之，
更流於釋」者，蓋指如朱子繹《太極圖說》「有無」乃「有无爲一」，宗炎斥
其「以釋氏之有无渾之」，「是釋氏之『空有不二』、『即空即有，即有即空，
謂之真空妙有』」云云〔註54〕；而「不免有意深文，存姚江朱、陸之門戶」，
則館臣於宗炎此論，殊以爲不然也。至若《浙江采集遺書總錄》評《圖學辨
惑》「以圖學出自陳圖南，本養生馭氣之術，托諸大《易》，假借〈乾〉、〈坤〉
水火之名，以自申其說，與《易》絕無所關，故力辨之」〔註55〕，但複陳宗
炎之意爾！

此外，清儒沈懋憙嘗自述其「向見黃石齋《三易洞璣》，凡天文曆象無一
不歸之于《易》。竊歎《易》之爲書，廣大悉備，故術數之流皆得依附之。葛
秩川、陳圖南輩託《易》象以鍊丹，黃亦猶是也。然假卦作圖，要與《易》
道無涉，可以聽其別行。自邵堯夫、周茂叔轉以此解經，則大謬矣。三聖之
道若日星，今乃援老入儒，據先天、太極諸圖，謂學《易》必先觀圖，反增
一番葑障」〔註56〕，故於宗炎之《圖學辨惑》，遂大加讚頌，稱其「起而辨之，

〔註52〕 同前註。案：「《圖》雜以仙真，《說》冒以《易》道」，《中華書局》本《四庫
全書總目》原作「圖雜以仙真說，冒以《易》道」，顯然謬誤；今據《圖學辨
惑》所載逕改之。

〔註53〕 同前註，「《易圖明辨》提要」，頁 61。案：鄭吉雄先生指宗炎之《圖學辯惑》
體制較簡，所論辨者以陳摶、邵雍、朱熹爲主；其法則多直接徵引文獻，並
以之互證而提出新解，然止於扣緊經文爲解，全書深入之分析較少，亦未追
溯儒家《易》學及道教圖書思想之源流演變（參《易圖象與易詮釋》，頁 114
～115）。觀鄭氏此言，或有酌參館臣之綜評者；而謂《圖學辯惑》所論辨者
以陳摶、邵雍、朱熹爲主，豈將宗炎辨周子《太極圖說》擯除於外耶？審乎
「未追溯儒家《易》學」云云，必有涉乎周子《太極圖》，則其前後之語，恐
不能盡合矣！此外，朱伯崑先生以爲，宗炎《圖學辯惑》立論之主要依據爲
《周易》經傳，並以之作爲衡量歷代《易》學及其哲學之唯一尺度，此正爲
考據學特色之一（參《易學哲學史》，第四卷，頁 290）。觀其所言，頗符宗炎
之持念暨當世學術之氛圍（經傳爲據）；惟於《圖學辯惑》之得失，則未進一
步闡述，殊爲可惜！

〔註54〕 參見〔清〕黃宗炎撰：《圖學辨惑》，葉 38。

〔註55〕 參見〔清〕沈初等撰：《浙江采集遺書總錄》，收入《海王邨古籍書目題跋叢
刊》，第二冊，「甲集」，葉 34。

〔註56〕 參見〔清〕沈懋憙撰：《《圖學辨惑》跋》，收入《圖學辨惑》，葉 48。

理明詞辣，直令邵、周無躲身處，豈不快哉」〔註57〕！

　　綜上所述，諸家著重者固有同有異，評價亦有正反；然就內容而言，《四庫》館臣與沈氏懋憙之論點，顯然較爲深入；雖然，苟覈諸三書之底蘊，洵有未盡者也。蓋《周易象辭》固以《易傳》（諸如《繫辭傳》、《大象》、《說卦》等）爲其解《易》原則，然其於義理之發揚、取象之精闢，實有勝於前人者。大體而言，其於義理之發揮，有程、朱所不能及者；於取象多本諸自然，能出漢《易》卦變、互體、五行、納甲之框架；於政治理想之抒論、天時人事之闡揚、道德事功之倡言，亦可見其肇乎自得。雖其中亦不免因過於主觀而枝生謬誤、或自違其說者，然所謂「瑕不掩瑜」，終無損其治《易》之功。此外，其於矯正世儒之論，多有可貴之處〔註58〕；於辨圖說、斥宋儒、辟佛道，固有過烈者，以其所持論皆法聖人之言、用心於正儒，是亦不必深責之矣！至於文字之析解，雖難免有逾乎好奇之虞〔註59〕，而於釐正舊弊之處，亦不失其情矣。總之，宗炎誠以崇尚務實、尊重生命爲《易》道之精神內涵；而其治《易》之積極氣度，以及闡聖揚道之情懷，亦隨文可見，且多可爲後人所效法。

　　至於《尋門餘論》，全書所指涉者，諸如卦畫源流、四聖之《易》、亂經之禍、圖書之辨、排佛之文、象占辭說、讀《易》無例、《易》學傳授、《易》文析解、卜筮持觀、情性之論等，涵蓋甚廣；其中，排佛之文多與《易》無涉，乃諸家所詬病者，而於卦畫源流、四聖之《易》、圖書之辨、讀《易》無例等，亦有可議或扞格之處。雖然，就整體而言，該書於維護經傳、闡釋

〔註57〕　同前註。
〔註58〕　案：例如，《繫辭下傳》所載「十三制器」卦，宗炎以爲非後聖必因此象而制此器，乃因後聖既制此器，學《易》者觀之，此象已先現于《易》中。又謂後儒多以四近君位，兩剛並立，則多相猜忌者，是不善讀書（釋〈萃〉）；並以陽剛之君得陽剛之相，乃不世之際會，如伊尹之相湯、周公之相武王（〈萃‧九四〉）。
〔註59〕　案：如〈歸妹〉六三爻「歸妹以須，反歸以娣」，若依爻辭上下文觀之，則「須」當與「娣」同爲「稱謂」詞。考《左傳‧成公十一年》載，「凡諸侯嫁女，同姓媵之，異姓則否」；《爾雅‧釋親》云：「女子同出，謂先生爲姒，后生爲娣」。然則，歸妹以「姒」，於禮當合；歸妹以「須」，則有違矣！故象辭云：「歸妹以須，未當也。」「須」字，孔穎達、程子皆訓「待」；朱子、陸希聲、李光地等謂「女之賤者」；帛書《周易》作「嬬」，即《說文》「下妻」之謂。倘徵以上說，則「須」字當如朱子等所釋，作「女之賤者」解，始能合於爻、象之辭。然宗炎卻釋以鬚髮之「鬚」，於詞於義，實不能合矣！故《四庫》館臣稱其「傷于好奇」者，此之謂也。

《易》理，曁溯源羲皇造字、貶斥圖書之說，仍有足堪學者借鏡者。《圖學辨惑》則爲專辨圖書之作，間有旁及卦畫文字、陰陽氣化、八卦象義、卦氣之論者。觀其所駁諸圖，亦多本諸經傳（尤其《繫辭傳》、《說卦》）；其中，除批判周子《太極圖說》異於宗羲，曁謂陳摶刻圖於華山石壁爲其創見外，餘多與其兄相類。就此而言，《周易象辭》未能如《圖學辨惑》之受後人關照與青睞，豈非治《易》者之憾耶？況乎《圖學辨惑》不乏自違其說之例，且有未能追溯所辨對象之源流（如內丹之修煉），或未能敘其所本（如陳摶刻圖於華山石壁），或失義理、考據之持守（如寄諸河上公、鍾離權等神話人物），或自呈所學而立說者（如斥周子《太極圖說》）。

　　竊以爲，三書雖各有著重之內容，然重疊之抒論，亦逐文可見，諸如涉及貶佛斥道、批判陳邵、析解《易》文、四聖之《易》、卦畫文字、象占辭變、《易》例之論等。故欲窺探宗炎《易》學全貌，當渾三書於一體，並通貫其中，繼而總其要略，以得其實；此亦筆者以「象數篇」、「義理篇」、「圖學篇」爲析論宗炎《憂患學易》之所由也。

第七章 結　論

　　夫《易》以推天道、明人事爲務，乃群經之首。漢初諸儒之解《易》，雖以象數爲宗，而猶恪守經傳之義，未嘗有所偏離；然自孟喜以陰陽五行、災異之說比附人事後，焦贛、京房、揚雄、鄭玄、荀爽、魏伯陽、虞翻諸人繼起，「入于機祥」之象數《易》學，遂大興焉！逮及有宋，陳摶、邵雍、劉牧、朱震、張行成、蔡元定、蔡沈等，復藉《先天》、《河》、《洛》諸圖，推天道、窮性命、論陰陽、講行數，致《易》固有之義理、象數，晦而不明！至元明時期，即有陳應潤、楊愼、歸有光等，或發聲破陳摶之說，或起論鍼邵雍、朱子之弊，然以建構未臻於善，終究功敗垂成！迄乎「天崩地裂」之明末清初，以辨證批判、回歸經典爲內涵之《易》學，始有積極之開拓與進展；其中，清初《易》學家黃宗羲，循其浙東學派之「經世致用」理念，並其仲弟宗炎，非惟力圖恢復《易》之原貌，昆仲二人之《易》學持志與成就，亦足堪後世治《易》者所效法也。

　　筆者嘗於「緒論」中提及本書之研究目的凡有八項，今經一連串之析論與檢視後，其成果已然呈顯；惟鑑乎全文篇幅頗眾，爲利於統覽，故歸納此八項之大要，綜述如下：

　　其一：考述宗羲、宗炎之生平學行——

　　宗羲字太沖（又字德冰），號南雷，海內稱「梨洲先生」，浙江省紹興府餘姚縣黃竹浦人，享年八十有六（1610～1695）。宗羲以成童之齡（19歲），即能尋父仇於朝，親刃奸人；時明皇崇禎憫其爲忠臣孤子，乃不加罪也。自明亡後，宗羲以舉事抗清，屢遭屋毀糧絕之禍，非惟居無定所、顛沛流離，其親人驟逝者亦多矣！所謂「八口旅人將去半，十年亂世尙無央」，即寓此

情！宗羲既經家仇、黨禍、國破、起兵、抗清、從亡諸事，然舟車茅店之內，猶手不遺編，且勤於著書、會講。故總其論著，蓋涵括經學〔註1〕、史學、地理、詩文、數學、律曆、雜著等，可謂「著作等身」；其中，儒士來求爲碑誌、銘文、傳狀、書壽作序者，殆不勝數。夫友誼如衣食，受之以爲常，失之則難安！宗羲歷經亂世，往來奔波，仍不廢其廣遊天地、結誼天下之意；而所以能致此者，或繫乎「禮」、「誠」二字。夫禮者，理也，有「禮」則能致遠；誠者，信也，有「誠」則能通情。故宗羲登遊山水，諸友必臨其身；度審生離，行舉必合其義。宗羲早年隨父（忠端公）赴京，忠端公即嘗課以制義、諄諄誘導；後復從學於劉蕺山，且對歷經家仇、黨禍、抗清、避亂等，感悟甚深。故其治學之進路與宗旨，洵可從尊師、勤學、博覽、嚴謹、會通、致用及反佛思想等向度，窺其梗概！至若宗羲歿前，猶論家人「斂以時服，一被一褥，安放石牀，不用棺槨，不作佛事，不做七七，凡鼓吹、巫覡、銘旌、紙幡、紙錢，一概不用」，則其情不忘節、名不掩性之志，可謂審矣！夫終梨洲一生，除嘗受咨於「史局」外，既未入清爲官，亦無修史之舉，乃固守「亡國大夫」、「故國遺民」之氣節，而以講學、濟世爲己任，並開創影響清際及近代學術思想之重大學派——清代浙東學派。

　　宗炎字晦木，一字扶木，號立谿，人稱「鷓鴣先生」，宗羲仲弟，享年七十有一（1616～1686）。宗炎嘗自述「家貧苦饑，奔馳四方，以餬其口，枵腹殫思，往往頭眩僵仆；或有臆中胸懷，亦若天空海闊，頓忘其痛苦」耳！蓋黃氏昆仲固皆參與舉事抗清，然宗炎屢因與兵部侍郎馮京第共事而被捕下獄，甚至瀕死，多賴宗羲偕友營救，始得免於難。宗炎本酷嗜金石、古玩，喜鑿印章，然於亂後，多散失殆盡！而歷順治十三年（西元 1656）秋之難〔註2〕後，宗炎（年四十一）乃盡喪其資，提藥籠，遊於海昌、石門之間以自給；其不足者，因工繆篆、善詩畫，故得爲人鐫刻、作畫、製硯也。審乎宗炎之撰述，乃涵括《易》論、字說、詩文、詞賦及注疏，諸如《周易象辭》、《尋門餘論》、《圖學辨惑》、《六書會通》、《小剡山堂詩餘》、《南唐圖書記》、

〔註1〕　案：其中《易學象數論》（當成於康熙十一年）乃宗羲重要之經學著作，亦爲清初批判漢宋以來象數、圖書之開宗；惟黃炳垕於所撰《黃宗羲年譜》中，誤稱該書作於清順治十八年，而近人鄭吉雄、汪學群及羅永樺諸先生，亦蹈其誤而不察，是有待商榷矣！

〔註2〕　案：即順治十三年秋，宗炎復與兵部侍郎馮京第共事，隨即遭捕入獄，幸賴友人朱湛侯、諸雅六營救一事。

《雄快軒記》、《本草注》、〈鷗鵠先生穴銘〉、〈四明山賦〉、〈《敬業堂詩集·原序》〉及《二晦》、《山樓》諸集等，其學術大略可謂侔於宗羲；然除《易》著、〈鷗鵠先生穴銘〉、〈四明山賦〉、《敬業堂詩集·序》及存詩百餘首外，餘皆已佚矣！夫宗炎既遭生人之慘禍，復備嘗盜賊、戎馬、刀兵諸事，乃於所游人品之清濁、情志之崇卑，皆能洞悉感悟。故生平除伯兄宗羲、叔弟宗會及文虎、履安二「死友」外，能沁入其詩文或往來甚密者，或為「貧友」，或為「老友」，或為「難友」，或為「詩友」。宗炎早年亦隨侍其父於京邸受句讀之學；忠端公蒙難後，宗羲身自教之，復從學於劉蕺山先生。是以其博覽群籍、會通眾說、經世致用及質詰佛道等治學進路，洵可擬於宗羲。此外，宗炎嘗自述「擬以五十之年息絕世事」，故其後之事蹟，除《竹橋黃氏宗譜》、《續姚江逸詩》與黃炳垕《黃宗羲年譜》所附一、二事，並全祖望《鷗鵠先生神道表》、《續甬上耆舊詩》及時人之零星傳載外，文獻多不詳矣！

其二：迻論宗羲、宗炎《易》學之淵源——

宗羲之《易》學底蘊，除自得於個人之省察、體悟及發掘外，固有承自家學、經傳、師友及先儒者。就「家學」言，宗羲祖父鯤溟公既精於《易》，復有原本經傳、強調創新、反對剽竊之持念，斯於日後宗羲治《易》之路，無疑有前導之功；而忠端公博覽經史之能，則直為宗羲所效法，並體現於《易》論中。此外，二公授《易》之世風，於宗羲講學之舉措，自有其不可磨滅之影響！就「經傳」言，宗羲《易》學固有得於經傳者，且據以駁斥離《易》之說；即其於析辨諸家《易》論，多本乎經傳也。故其所以撰《易學象數論》者，蓋欲證世儒所傳之圖、數，洵與《易》無涉；繼而將附《易》以行其說之「九流百家」，盡數剔除，以還《易》之原貌。就「師友」言，宗羲師承於劉蕺山，是以其治《易》多有沾溉於劉氏者。例如，蕺山指「盈天地間，一氣而已矣。有氣斯有數，有數斯有象」；此於宗羲之論「陰陽」、「象數」，影響甚鉅矣！又蕺山之說《易》，本於人心，於《易》道旨歸，亦本於人。夫本於人心、本乎人，覈諸宗羲《易》學底蘊，可謂師徒同氣。此外，「慎獨」乃宗羲所稱譽而力承者，故其吸納蕺山所繹「後天而奉天時」，繼以駁斥邵雍先後天諸圖，亦可推也。至若宗羲之友人中，除張秀初於名物象數與其同志、王仲撝於屠龍之技能傾聽其論外，唯方以智所言《河》、《洛》之數，或有可取法者，餘則無從叩問矣！就「先儒」言，明儒王陽明以《易》為包

犧氏之史，暨其尊《易》思維，誠有啓發、扇及宗羲者；而元、明《易》學家，諸如陳應潤、楊愼、歸有光等，其批判邵雍、朱熹之論（如楊愼謂康節所傳者乃陳摶（希夷）之《易》圖，而朱子因其出於希夷而諱之，蓋掩耳盜鐘也；歸有光則直指《易》圖非伏羲之書，乃康節之學），亦有宗羲所借鑑者。此外，宋儒王震（東發）視邵雍《皇極經世》爲推步之書，乃《易》中所無，斯對宗羲於書中論康節之「數」，顯然起推波作用；至若宗羲於《河圖》、《洛書》諸論，則源自歐陽脩《易童子問》及明儒薛季宣（士龍）攸關《河圖》、《洛書》之辨也。

宗炎之《易》學淵源，仍不逾乎「家學」、「師友」、「經傳」、「先儒」之範疇。蓋宗炎既生於治《易》世家，則其《易》學濡染於父、兄者，固不待言；而觀其《易》論（如批判先天諸圖及《河圖》、《洛書》），是受宗羲影響者尤深！宗炎既同其兄師學於劉蕺山，則宗炎之《易》學思路蒙劉氏啓發，誠可推矣。又宗炎於《易》著中，多有沾漑於漢儒之章句、訓詁，暨王輔嗣、孔穎達、程子及郝仲輿等諸賢之說者；雖然，其於先儒《易》說，乃有取有捨、有貶有譽。夫審其持異之言，頗多著眼於先儒所釋之《易》文，此當與其著重六書理論息息相關也；故其稱宋儒鄭樵（漁仲）所言「六書明，則六經如指諸掌」，洵「非妄語」。然則，宗炎之六書理論除根源古字書之說解外，於前儒以文字釋《易》之說例，亦多有承襲者；而以六書詮解《易》文，儼然已成其治《易》之常法矣。此外，宗炎固與其兄同處於清初回歸經典之學術場域，則其詮釋《易》文（卦爻辭象）輔之以傳（《易傳》）、據經傳以批判離《易》諸說，乃自然之舉，且爲其《易》學淵源之構件。至若衡諸其辟舊說、創新論之文，則宗炎《易》學底蘊，亦猶宗羲之例，實有「自得」者也。

其三：探究宗羲、宗炎《易》學之底蘊——

宗羲之《易》學底蘊，除呈現於主要文獻《易學象數論》外，亦可從其相關著作中探知。就《易學象數論》言，前三卷爲「辨象學之譌」，後三卷爲「訂數學之失」；茲將其旨要列表，分述於下：

序次	辨象學之謬（前三卷）	
	旨　要	概　述
1	辨《河圖》、《洛書》	《河圖》、《洛書》爲地理之書，無關畫卦；唐以前未有今《河圖》、《洛書》之論；駁朱子《河圖》之數十、《河洛》之數九〔註3〕；駁五行配生成之數說；駁天地之數配八卦方位說；辨《龍圖序》暨三圖〔註4〕。
2	論先天、方位之謬	駁邵雍「先天橫圖」說；駁邵雍「先天方位圖」說；論邵雍「天根月窟」說〔註5〕。
3	辨納甲、納音、月建、卦氣	辨「納甲」說（含「納辰」）〔註6〕；辨「納音」說〔註7〕；辨術家之「月建」說〔註8〕；辨諸家之「卦氣」說〔註9〕。
4	論卦變、互體之說	駁「以卦爻生換」之卦變說〔註10〕；論諸家之「卦變」說〔註11〕；駁《易》無互體之說〔註12〕。

〔註 3〕　案：宗羲以爲，《河圖》之數十、《洛書》之數九，其說始於朱子，而後儒相率而不敢違耳！

〔註 4〕　案：宗羲指前人詮解《龍圖》，不勝支離，乃駁正之，以復希夷之舊；言下之意，《龍圖》乃肇端於希夷。又以爲，「未合之位」，爲河之所出；「已合之位」，即今之所謂《河圖》，爲伏羲所成。自「未合」至「已合」，其圖有三，猶「九卦」之三陳，然無取於卦義也。

〔註 5〕　案：宗羲以爲，依邵雍之意，所謂「天根」者，性也；所謂「月窟」者，命也。總其說，乃性命雙修、老氏之學；其理論爲《易》之所無，故其數亦與《易》無涉也。

〔註 6〕　案：宗羲以爲，世言「納甲」本於魏伯陽《參同契》，然京房「積算」已載；即謂西漢前已存此法矣。又謂「卦之納甲以六十甲子言，故納辰亦謂之甲也」；亦即十天干與十二地支，爲成就「納甲」理論之整體元素，稱「納辰」者，理應涵蓋於「納甲」也。

〔註 7〕　案：宗羲指「納音」之法有三：一者爲《黃帝內經》說，二者爲萬洪說，三者爲揚雄說；然三者之說，或與《律書》不盡相合，或不能通暢其義，或從屬之論有偏。故又謂「必欲定納音之法，當以京房六十律與甲子分配，以之上生下生，始無敝耳」！

〔註 8〕　案：宗羲揭示京氏《易》之大略，以其「世應」、「飛伏」說發端；次敍「月建」、「積算」諸說，以別於當世術家之持論；繼以「卦位」、「五星」、「二十八宿」、「盈虛」，此當世術家所無也。

〔註 9〕　案：宗羲指《易緯》有卦氣之法，而京房精於其學。又謂「卦氣」論起於「六日七分」說之後，而「六日七分」之說有三：一爲焦贛之法，二爲魏伯陽之法，三爲京房之法；然諸家之論卦氣，皆各抒己意，實無一定之理也。

〔註 10〕　案：宗羲以爲，「卦變」者，乃以卦爻之義爲據，執其兩端（陰陽往來）論之，而非以此卦生彼卦、此爻換彼爻也。

〔註 11〕　案：宗羲稱古之言卦變者，莫備於虞翻，後人不過踵事增華耳！故於諸家卦變之說，首論虞翻，次以李挺之、朱升、蘇軾、朱熹等，而皆能洞其法式、窺其得失。

〔註 12〕　案：歷來學者於「互體」之論，或以爲《易》本有之，或指其爲《易》之

5	辨蓍、占之法	論諸家「蓍法」之失〔註13〕；論諸家「占法」之失〔註14〕。
6	論《易》卦之象	指「聖人以象示人，有八卦之象、六畫之象、象形之象、爻位之象、反對之象、方位之象、互體之象，七者而象窮矣」；然筆者覈其內容，洵可歸納爲「全卦之象」、「內外之象」、「分爻之象」、「重畫之象」、「夾畫之象」、「義理之象」、「天文之象」、「律候之象」、「互體之象」、「反對之象」及「方位之象」等十一類。

序次	訂數學之失（後三卷）	
	旨　要	概　述
1	訂《太玄》之失	以揚雄之短不在局曆以失《玄》（《太玄》），而在不能牽《玄》以入曆；又指其於「星」之由水（牽牛）轉爲木（箕）及「從、違亦異」二者，爲《太玄》「失之較然者」。此外，宗羲固通《太玄》之蓍法，乃繼而於王涯、胡一桂及季彭山等諸家之撰蓍法，正其謬誤。
2	正《乾鑿度》之誤	宗羲反覆推求《乾鑿度》，得其術者有五：一曰「求所直部歲」，二曰「求主歲之卦」，三曰「求世軌」，四曰「求厄數軌意」，五曰「求五德終始」；其中，除「五德終始」之術外，餘皆有謬失之處。
3	覈《元包》、《潛虛》之說	揭《元包》之陋──宗羲以爲，《元包》「因卦兩體，詁以僻字，義實庸淺！何所用蓍而好事者爲之張皇」，即謂該書詁字既僻而義淺，則蓍法之用，但以飾陋耳！而好事者爲之推波，亦自顯其鄙矣。陳《潛虛》及注本之弊──《潛虛》爲司馬溫公仿揚雄《太玄》而作，其綱要爲「氣」、「體」、「性」、「名」、「行」、「命」六者：而審乎宗羲所論，則《潛虛》既歧虛氣之蘊、撲占之法，復托諸《河圖》而以五行竄入天地生成之數，以成其體、性、名、命之說，則諸弊沿此層出，亦理之自然耳！

所無，可謂兩極。對此，宗羲乃據經傳以駁《易》無「互體」者；而於諸家推衍漫言、似是而非之「互體」說，則直指彼等「僞說滋蔓，互卦之稂莠也。若因此而并去互卦，無乃懲噎而廢食乎」？其力護聖人設象之情，於茲可見。

〔註13〕案：宗羲以爲，虞翻、孔穎達、郭忠孝、莊綽及季彭山諸家於蓍法「雖是，而所以釋經文者則多不合」，遂起而論彼等蓍法之失。

〔註14〕案：宗羲以《啓蒙》、王氏、豐南禺三家，爲「占法」之論述對象；並於評議中證以《左》、《國》筮例，以矯諸家之失。

4	訂《洞極》之僞	蓋《洞極》以《洛書》之文爲式，立〈生〉☰、〈育〉☷、〈資〉☳ 以象「天」、「地」、「人」，並依此衍化而成二十七象；然宗羲以爲該書「全割昌黎〈原人〉以爲己有，與《易傳》不出一手」，即謂《洞極》非惟僞書，其作僞之能亦遠不及阮逸。至於《洞極》著法，宗羲指後人不得其解，遂咎其多牽強、不可通，乃據〈極數篇〉所載，推之而復得。
5	明《洪範數》之弊	《洪範數》爲宋儒蔡沈所撰，宗羲指其大略倣《潛虛》而作，形式雖有別，然皆以五行竄入天地生成之數，非《易》之本色。又謂以「數」而論，《潛虛》與《洪範數》無分優劣；以「辭」而論，《潛虛》有《易林》、《太玄》之遺風，而《洪範數》無聞焉！乃後世「進《範》而退《虛》」，亦不知言矣！
6	論《皇極經世》及解家之失	宗羲以爲，宋儒邵雍所撰《皇極》一書，「其意總括古今之歷學，盡歸於《易》。奈《易》之於歷，本不相通；硬相牽合，所以其說愈煩、其法愈巧，終成一部鶻突歷書而不可用」！且據其（宗羲）所論，則《皇極》之推治亂、占事物，固雜糅陰陽進退、卦爻之位、聲音唱和、世應納甲、五行生剋……等，雖包羅甚富，然究其竅，在推「數」之無窮耳！此外，宗羲謂《皇極》「卦氣圖」二百五十六位之序，雖成於〈乾〉、〈兌〉、〈離〉、〈震〉四卦自交，然案之六十四卦「方圖」，則又錯雜，時有出入，乃別立取卦之法；然取卦往往不能相合，乃復以牛無邪所傳五法補之，而宗羲親推之，其中則有不然者！至若《四庫》館臣所稱，「自邵子始爲此學，其後自張行成、祝泌以外，能明其理者甚鮮」；然經宗羲之覈考，祝泌之說多有失其眞者也。
7	正世傳《六壬》之誤	合神——沈約稱「六壬天十二辰，亥日登明爲正月將，戌日天魁爲二月將，古人謂之『合神』」，而周述學以「大吉」、「小吉」爲合神；對此，宗羲皆以爲不然，指「登明」、「天魁」乃釋正月、二月之義，實無涉於「合神」，「合神」者，「亥」（諏訾）與「戌」（降婁）也。四課——宗羲以爲，後世所傳《六壬》以天地之「殺」爲用，其「四課」以上剋下爲「元首」，下剋上爲「重審」，上下交相剋爲「知一」、「涉害」……等等，皆因衝剋而定名，此顯然與卜筮諸術以「生生」爲用相悖；況乎「所論非所主、所主非所論」，豈失傳之中又失傳歟？
8	辨世傳《太一》之謬	以後世所傳《太一》乃緯書，蓋倣《易》、歷而作；然該書「經緯渾淆，行度無稽，或分一爲二，或并二爲一，茫然何所適從」，遂一一陳其弊（九項）。又指後世所傳《太一》下行九宮之法，其失有五；且別出「九宮太一」，則所謂「太一」者，將何所名焉？亦自相違逆，無以圓其說矣！

9	證《遁甲》自亂其術	指《遁甲》之術「自以爲精者，在超神、接氣、置閏之間」，蓋欲與曆法相符；然審其法，則有「氣序不清、局法重出」及「避其所當趨，趨其所當避」(反趨吉避凶爲趨凶避吉)之弊，是自亂其術者也。
10	陳〈衡運〉皇帝王霸之弊	以胡翰所撰〈衡運〉，其文中列十二運，言「皇降而帝，帝降而王，王降而霸，猶春之有夏、秋之有冬」，然四運之後，兩運過中，非惟不能復皇、帝，即所謂「霸」者，亦不可得，是天人之際一往不返矣！且前爲四運，後爲八運，參差多寡，無迺懸絕！

　　就相關著作中之《易》論言。例如，指《文言》稱〈乾〉爲「龍德」者，蓋渾然太虛之體，能隨時變易，故潛、見、飛、躍、行、止，與世推移，自無形迹可指、不露圭角；謂「仁」是乾元，「義」是坤元，乾坤毀則無以爲天地，故國之所以治、天下之所以平，舍「仁義」更無他道；承劉蕺山之說，以太極即隱於陰陽之中，故不另存太極之象；言「道」即「太極」，離「陰陽」（兩儀）無從見「道」，因「兩儀」（陰陽）而見「太極」，非有先後次第也；謂「太極」只一圈耳！一圈之外，不可更加一圈，若視太極爲一物，形上形下，判爲兩截矣！學者既不知所謂「太極」，則事功一切俱假；指周子之學以「誠」爲本，從寂然不動處握誠之本，故曰「主靜立極」，靜妙于動，動即是靜，無動無靜，神也，一之至也，天之道也，千載不傳之祕，固在是矣；以天氣之謂乾、地質之謂坤，乾知而無坤能則爲狂慧，坤能而無乾知則爲盲修，兩者同一物，豈有先後？而陰陽往來、消長，亦可應乎人事，甚至國家興亡；闡發劉蕺山之說，而謂通天地、互古今，無非一氣而已！一氣之流行，無時而息，其生氣所聚，則萬有不齊，是「一本而萬殊」也；承劉蕺山「理屬靜、氣屬動」、「氣即理」及「理即是氣之理，斷然不在氣先，不在氣外」之觀點，而謂「理」、「氣」乃「一物而兩名，非兩物而一體」也；以「性」、「情」不可分，舍「情」何從見「性」？「情」與「性」不可離，猶「理」、「氣」之合一；謂「聖人寫天象以爲象數，不過人事之張本，其爲象數也，盡之於三百八十四爻」，「象數之變遷爲經，人事之從違爲緯，義理即在其中」矣。

　　然則，宗羲《易》學之底蘊，非惟呈顯於對「象」、「數」之窮究與辨正，其於闡發義理、崇聖尊儒、宣揚仁義及援《易》論政之著墨，亦爲不可或缺之要素。

　　宗炎之《易》學底蘊，自涵藏於《周易象辭》、《圖學辨惑》及《周易尋門餘論》等三書中；而觀其行文脈絡與論述指涉，蓋可歸納爲「象數篇」、「義

理篇」及「圖學篇」等三類。茲將各類旨要列表，分述於下：

序次	象　數　篇	
	旨　　要	概　　　述
1	理象合一	宗炎之解《易》，固以「理、象合一」，而「象」爲貴，非獨重「理」也；而依其指涉，除「外包內」（如〈中孚〉、〈小過〉）、「上下卦解」（如〈漸〉），以及逐爻分釋外，主要可分「象外之象」〔註15〕、「對反取象」〔註16〕、「重畫取象」〔註17〕、「陰陽取象」〔註18〕、「五行取象」〔註19〕、「成卦之主」〔註20〕及「承乘比應」〔註21〕等七項。
2	駁「卦變」、「卦氣」諸說	駁「卦變」說——宗炎雖稱「卦變」無可取，而於輔嗣《略例》及穎達《正義》所載之「卦變」說，乃謂「于理可通」；此外，其於闡釋六十四卦之卦名，固依《序卦》排列，然其中亦有言「某卦」自「前卦」來者，則宗炎雖斥卦變，亦難脫「卦變」之泥淖矣！駁「卦氣」說——宗炎所駁邵雍「卦氣」之說，咸以聖人言之有無爲據，故指其（邵雍）以〈坤〉屬十月、〈泰〉屬正月，「未嘗見于聖《翼》，不足據也」。駁五行生化說——宗炎以「五行生化」論，實出周子《太極圖說》，非箕子所序「五行」之義，且謂「五行」非惟不能「生人」，亦無「生」四時之事，況乎「生陰陽」哉？故其但探五行「相生」、「相克」之義，不取五行「生化」之說。至於「納甲」、「飛伏」，宗炎所著墨者固不多，然觀其所舉，亦可窺其駁正之大概。

〔註15〕　案：「象外之象」者，其前「象」乃《易》之卦象，即天、澤、火、雷、風、水、山、地；後「象」則或以爻辭所涉立論，或依卦象所示推衍，或據剛柔實虛模繪，是爲擬義之象。

〔註16〕　案：「對反取象」者，將本卦分別與「對卦」、「反體」並論，且「象」、「義」兼具。

〔註17〕　案：「重畫取象」者，蓋合初二、三四、五上爲三爻，即以「二合一」取象；其法或來自宋儒，或直承其兄宗義，而有別於王弼之「重畫」。

〔註18〕　案：此取象於陰陽，其例雖寡，而所釋頗能會通理、象，固非執守於一隅者可擬之也。

〔註19〕　案：取象於五行生剋，斯爲歷來《易》學家習用之法：惟宗炎所解，多能融義於其中，非徒就五行而言象也。

〔註20〕　案：宗炎多有「卦主」、「成卦」之說，而此實遠紹於漢魏《易》家；宗炎取「主」於上下卦、全卦，皆以陰陽之寡者爲資，即繫於「一」，而爲成卦之樞紐，非必君位者也。

〔註21〕　案：以「承乘比應」解《易》，乃歷來治《易》者尋常之舉；宗炎固亦如是，雖多能通其義而得其象，然於承乘比應皆剛、皆柔之論，亦有相違者，實非常則。

序次	旨要	概述
3	論《易》之數	「大衍之數」——以「大衍之數」之「五十」，乃孔子「五十學《易》」之「五十」；又謂「揲蓍」之法，前賢已大備，不必蹈襲，蓋求得一爻之法，則引伸觸類，即可得六十四卦，苟再加於六十四卦之上，而爲四千九十六卦，則荒誕不經，非「易簡」之義矣！「天地之數」——駁宋儒以「天地之數」爲《河圖》之數，既非聖訓，復牽此就彼，實爲支離；此外，以天統地承釋「參」、「兩」之義，蓋有鍼砭前儒以蓍數立說之寓意也。「九、六之數」——繹「九」、「六」，乃以天地之數立論，且其得數合「參」（奇一偶二）、「兩」（自相爲偶）之義，非以「積數」充之也。

序次	義理篇	
	旨要	概述
1	陰陽相待	「相錯——六十四卦之生成」——指八經卦乃天（純陽）、地（純陰）三畫相錯而成，是其排列亦陰陽相間，爲自然之象（八象），故不得以「乾、坤、巽、震、離、坎、艮、兌」名之；八經卦既成，除本卦「自重」外，皆各「錯」其餘七經卦，上者爲「悔」，下者爲「貞」，而六十四卦成。「陰陽一體」——言陰陽（天地）之氣，豈可判隔？又謂「陽性」輕清而圓轉、「陰性」重濁而執滯，陰不爲先而爲後、爲輔而不爲主。是其以陰陽乃一體而位殊，頗得《易》之精髓；然稱「陽得兼陰，陰不得兼陽」，暨承歷來《易》學家謂「陽大陰小，陽貴陰賤」，則有待商榷矣！
2	理氣合一、道器不離	謂「聖人示人，道不離器，即器即道；器不遺道，非道无器。使智者毋徒循形上之名，愚者毋徒守形下之質」；斯與其「非理无以行氣，非氣无以載理，理與氣固未嘗分」暨「理與氣同生」之論相類，即理氣合一〔註22〕，道器亦不離也。
3	明天時、重人事	言「治歷明時，因天道而知人事」；「順天應人，舍時无能爲也」；「惟能自損，故不受人之損」；「盛衰興廢，猶晝夜寒暑，君子第盡其人事而已」！洵以順天承時以成其善，既無違逆自然之弊，亦無縱放人事之失，可謂得《易》道「時止則止，時行則行」之旨矣！
4	孚誠感格	觀其反覆叮嚀之文，並覈諸〈泰〉、〈同人〉、〈大有〉、〈咸〉、〈隨〉、〈晉〉、〈恒〉、〈解〉、〈損〉、〈姤〉、〈萃〉、〈升〉、〈中孚〉等之釋例，則「孚誠感格」爲宗炎治《易》之所重，洵可推之。

〔註22〕案：宗炎之「理氣合一」，蓋承蕺山、宗羲之說，其思路與朱子「有是理，必有是氣，不可分說」大同；所異者，朱子以「理」爲本，蕺山、宗羲、宗炎以「氣」爲尊也。

5	析文字、辟舊說	謂「窮經者,不可不知六書」,「不知六書者,不可以解經」矣!審其所解,於卦、爻辭皆「推原篆書」,以得「文、周立象之微旨」;於《文言》、《彖傳》、《象傳》則「闡明經義,因附注篆以證之」。至其所析之《易》文,或字、或詞、或句,而多兼辟前人之說;惟於說理剴切、考據詳實之外,亦不乏有析解謬誤、自違其說之例也。
6	以史解《易》	此漢儒鄭玄已發其端,後世繼踵而興焉!故宗炎以史解《易》,非存有造作之情;且觀其說例,或異於舊釋,而多能出前人之外者。
7	四聖之《易》	以伏羲畫卦、重六十四卦,文王定卦名、繫卦辭、列卦序,周公繫爻辭,孔子贊《十翼》,綜論四聖之《易》;然其中除伏羲畫卦、文王定卦名等,猶可依文獻所載推論外,餘則多純屬臆斷或緣前儒之謬,乃不足為據也。
8	亂經之過甚於棄經	初藉管輅、陶弘景二人注《易》」之論,繼衍「亂經」為害甚於「棄經」,後導入《六經》為濟世、安民之方;則《易》既為六經之首,是經之不可亂,即《易》之不可亂也。
9	宗聖崇德、斥佛貶道	宗炎於書中多有斥佛、貶道之論;所以然者,蓋以「孔道經喪亂,風俗變乖沴」、「孟去三千載,異學秉柄權」,並其宗聖崇德、憂患之思故也;儘管如此,其於彼(佛、道)說有合於義理者,亦多能採擷,非猶仇敵而盡棄之也。

序次	圖 學 篇	
	旨 要	概 述
1	辨《先天圖》	辨「先天八卦方位圖」——稱邵堯夫受陳希夷《先天圖》學,遂依《說卦》「天地定位」章,造為「先天(伏羲)八卦方位圖」,然究屬「丹鼎借坎離、醫家指水火」之術,牽強無稽,不勝乖繆!乃歎獨《本義》謂其乃「羲聖心傳,置諸卷首」,復諷朱子「以言乎數,則不逮京房、焦贛之可徵;以言乎理,則遠遜輔嗣、正叔之可據」,是無關身心性命、家國天下之學。辨「先天橫圖」——指三畫之八卦即純陽、純陰、雜陽、雜陰等「四象」,「四象」即八卦,「八卦」即六十四卦,而咎乎邵康節「一陰一陽層層加上」之「八卦生成」說;且以其「生十六」、「生三十二」、「生六十四」之論,皆有悖聖人之贊,乃大加撻伐。辨「先天六十四卦方圓圖」——言康節以《說卦》「雷以動之,風以散之」章為「八卦方圓」(即〈先天六十四卦方圓圖〉),然苟細玩此章,復觀〈震〉於「八卦生成」居四、於「八卦方圓」居首,則其自相背戾者明矣!又謂其以「八卦方圓」紊四時之序、變八方之位,去君父母子之名分、倒長中少之行列,是「亂道」者也。

2	辨《太極圖說》	辨陳摶《无極圖》——以《无極圖》創自河上公，後傳至陳希夷，刻之於「華山石壁」；其圖「自下而上，逆則成丹」，最下圈名為「玄牝之門」，次圈名為「鍊精化氣」、「鍊氣化神」，中層名為「五氣朝元」，上圈名為「取坎填離」，最上圈名為「鍊神還虛，復歸无極」，乃道教修鍊金丹之術也。辨周子《太極圖》——以周子《太極圖》旨在「順而成人」，遂易《无極圖》之序為「自上而下」，即更《无極圖》「鍊神還虛，復歸无極」為「無極而太極」、「取坎填離」為「陽動陰靜」、「五氣朝元」為「五行各一性」（中層）、「鍊精化氣，鍊氣化神」為「乾道成男，坤道成女」、「元牝之門」為「萬物化生」；此外，復以「義理」覈諸《太極圖》，且一一指陳其扞格之處（九項）。辨周子《太極圖說》——宗炎既謂周子《太極圖》「非《易》」，乃繼而對其《太極圖說》逐文辨正，以遂其「千秋萬世必有明之者」之志；然審乎所考，固有符於實情者，而多自呈其學以立說耳！
3	辨《河圖》、《洛書》	後世《河》、《洛》為陳摶鑿定——謂《河圖》、《洛書》似漢儒之讖緯強託於《易》，至陳圖南鑿定為「一六、二七、三八、四九、五十」之數、「下、上、左、右、中」之位為《河圖》，九宮、奇正、耦隅之狀為《洛書》；雖然，宗炎直指《河圖》（龍馬之旋毛）、《洛書》（神龜獻禹之文）之說，怪妄不足信，不得為大《易》之根源也。《河圖》、《洛書》為地理方冊——以《河圖》、《洛書》為「地理方冊，載山川之險夷、壤賦之高下，與五等六等班爵授祿之制度，若〈禹貢〉、〈王制〉之類；儒者好為神奇，愈作怪妄，愈失真實」；然觀其所言，亦有可議者也。繹後世《河》、《洛》之圖緒——以《河圖》乃合「五行」與「天地之數」而成，《洛書》則「顯然九宮，為地理相宅之用，即一白、二黑、三碧、四綠、五黃、六白、七赤、八白、九紫」；又謂《河圖》、《洛書》即《老子》「守中」、「虛中」之義，故二者可以經緯表裏、可以互易也。

此外，宗炎於全書中所述及者，尚有心性情、《易》文凡例、文字根源、象辭占、卜筮、德功及治道等；惟所持論，或反覆叮嚀，或立場鮮明，或舊辭新發，故統而納入「《易》學主張」一節中。

其四：紬繹宗羲、宗炎《易》學之主張——

宗羲之《易》學主張，涵蓋以下四綱五目：

一者，太極為萬物之總名。宗羲嘗援述其師劉蕺山「太極為萬物之總名」以為說，是其持念已寓其中；即「太極為萬物之總名」，亦可為宗羲所倡論者也。夫觀其內容，以「太極為萬物之總名」，渾言之者也；析言之，則有「陰陽即太極」與「陰陽無先後」二端。

「陰陽即太極」——謂「一陰一陽之爲道，道即太極也，離陰陽無從見道。所謂『《易》有太極，是生兩儀』，此爲作《易》者言之。因兩儀而見太極，非有先後次第也」；依其意，太極（本體、道）寓於陰陽（氣化、器）之中，乃與萬有（陰陽氣化）合一，而非凌乎其（陰陽、萬有）上，是「陰陽」（兩儀）即「太極」，二者無有分殊，亦非有先後次第也。

「陰陽無先後」——謂「天氣之謂乾，地質之謂坤，氣不得不凝爲質，質不得不散爲氣，兩者同一物也」，「一陰一陽乃一氣之變化，若由下而上，則認陰陽爲二氣矣」；總其說，天地即乾坤，乾坤即陰陽，皆一氣之流轉變化，或凝氣爲質，或散質爲氣，無有分殊，亦無先後也。

二者，萬殊皆爲一氣所統。宗羲直承劉蕺山「盈天地間，一氣也」、「一氣之變，雜然流行」諸說，而以陰陽之流行往來，全是一團生氣，生氣之所聚，則萬有不齊，是「一本而萬殊」也。然則，「一本（陰陽一氣）萬殊（萬物之性）」乃宗羲推衍師說而得之者；至其內涵，則可析爲「理、氣、心合一」、「情性一體」及「理、氣、數合一」。

「理、氣、心合一」——言「氣必待馭於理，則氣爲死物」，「氣」與「理」，「一物而兩名，非兩物而一體」。依其意，即「理氣」合一，無有分殊；此乃直承劉蕺山「氣即理」及「理即是氣之理，斷然不在氣先，不在氣外」之觀點。又謂「理也，氣也，心也，岐而爲三，不知天地間祇有一氣，其升降往來即理也。人得之以爲心，亦氣也」；審其說，則以「理」、「氣」、「心」三者，本爲一體也。

「情性一體」——言「情者，一氣之流行也，流行而必惻隱、羞惡、辭讓、是非之善，無殘忍刻薄之夾帶，是性也。故《易》曰：『利貞者，性情也。』」；又謂「性情二字，原是分析不開」，「舍情何從見性？情與性不可離，猶理氣之合一也」。

「理、氣、數合一」——謂「理、氣、數三者，雖分而實則一致」云云；審其言，即以「理」、「氣」、「數」三者，皆涵藏於《易》之「生生」，即陰陽流行之體，故名雖異而實則同也。

三者，《易》象數、義理合一。宗羲指「《易》非空言」，「三百八十四爻皆一治一亂之脈絡」，「聖人寫天象以爲象數，不過人事之張本」，故「象數之變遷爲經，人事之從違爲緯，義理即在其中」；依其意，即以《易》非惟涵藏「象數」、「義理」與「人事」，且「象數」、「義理」乃不可分割之整體。

　　四者，卦位無吉凶。宗羲以爲，「《易》卦之位，有貴賤而無吉凶。然當位則吉，不當位則凶，故『君子思不出其位』」。審其所言，蓋以卦位「無吉凶」者，乃視《易》卦初始無定「吉凶」，是未然之貌；而稱「當位則吉，不當位則凶」者，則以「吉凶」之呈顯，隨人所處而殊，是已然之勢也。

　　宗炎之《易》學主張，則可歸納爲以下七項：

　　一者，心性情合一。視「性」、「情」爲一體，且指「性」不可徵，則徵于「情」，「情性」之流露，即〈乾〉之流露；又以「心」、「性」爲純陽元氣所化，二者不可截分。然則，其視「心」、「性」、「情」爲一體者，不言而喻矣！

　　二者，讀《易》無例。於釋〈益‧六三〉，直謂「讀《易》无例」，斯與王弼冠稱「略例」者，顯有不同。觀其所持論，非唯能掌握《易》「不可爲典要，唯變所適」之旨，亦能岐出前人之說；雖然，其於論述中，仍不乏自訂凡例之舉！

　　三者，《易》爲文字之祖。指「《易》爲文字之祖」，「文字莫先于《易》」，「乾」、「坤」、「震」、「坎」、「艮」、「巽」、「離」、「兌」諸字，古者未嘗有之，至「伏羲仰觀俯察，遠物近身，悉備于中，遂以文字之道，垂教於天下後世」；又謂「卦畫者，文字之根原；文字者，卦畫之支流」也。觀其所論，謂八卦爲文字之先，或可爲說，然以所持念（六十四卦爲伏羲所重）即視六十四卦亦如斯，則不免因六書從屬而致生齟齬之弊矣！

　　四者，象辭占無別。以爲「象」、「占」不可分，「占」不止于蓍龜，凡《易》之卦、爻、彖、象（所繫之辭），「聖人挈以示人，吾身之動靜語默，當時時與之契合，无地非占、无事非占也」；又從其釋例中，知其以「象」、「辭」合一。就此而論，宗炎洵視「象」、「辭」、「占」三者，渾然一體也。

　　五者，卜筮乃《易》之餘事。嘗謂「以《易》爲卜筮之書者，恐有未然」，「君子之卜筮，觀象玩辭，觀變玩占，須臾不離于《易》，即『學《易》無大過』之謂」，蓋「君子心與《易》通，不必假途于卜筮」，「卜筮」乃「餘事」；苟專言「卜筮」，恐未足以盡「三才之道」、「性命之理」矣！

　　六者，道德事功合一。言「有道德者必發爲事功，有事功者必本諸道德；惟釋氏以入世爲煩惱，止欲見性證覺，鄙夷諸色向，後儒因之，道德、事功遂判然而不可合」；依其意，「道德」與「事功」，本渾然一體，惟後儒沿釋氏「見性證覺」，以「入世」爲煩惱，遂致「道德」、「事功」判然而不可合矣！

　　七者，藏天下於天下。以天下非一人、一姓之私發端，繼闡「藏天下於天下」之義，復繹「天理」、「人欲」之別；然其間實有未盡者，故又謂「天下者，百千萬億之家也」，以「推恩之道」，「使天下得以交相爲愛」，而達「人君富有四海，不藏于府庫而藏于民間」，即以「藏富於民」爲「藏天下於天下」之終極指涉。

　　其五：檢覈宗羲、宗炎《易》學之得失——

　　觀宗羲之《易》論，多有可取者。例如，歷考唐以前諸家，未有以「一六居下之圖」（十圖）爲《河圖》、「戴九履一之圖」（九圖）爲《洛書》者；以朱子「三證」《河圖》之數十、《洛書》之數九，而「三駁」之，皆有所據；辨「納音」之法，謂其有《黃帝內經》、葛洪及揚雄等三說，然諸說於關鍵之處，皆不免有所疏漏、扞格；論虞翻、李挺之、朱升、蘇軾、朱熹等諸家之「卦變」說，皆能洞其法式、窺其得失；辨析虞翻、孔穎達、郭忠孝、莊綽、季彭山等諸家之「蓍法」，以爲彼等多輕改古法，不合《繫辭上傳》「大衍之數」之章旨，遂通論揲蓍理序，而多有見地；明「納甲」之八卦方位有違於《說卦》，又洞曉京氏「納甲」原貌，故能辨駁後世新造之「納甲」；詳究《太玄》底蘊，故能辨其星度、從違之失；《乾鑿度》雖不免脫文誤字，然能反覆推求而得其術，復能證成其世軌之法有違歷史演進、於理不審；深諳司馬光之《潛虛》，故知《洪範數》乃倣《虛》之作；深明邵雍《皇極》，故知其以古今曆學牽合於《易》，其說雖巧而繁，終成一部「鶻突」曆書而不可用；以後世所傳《六壬》既已非古，其所主、所論復自相違逆，則雖有同於卜筮諸術者，終不足以補偏填漏，而爲假《易》之方技；以後世所傳《太一》推法，經緯渾淆，行度無稽，或分一爲二，或并二爲一，茫然無所適從，乃一一指陳其失；二至（冬至、夏至）及超神、接氣、置閏，乃《遁甲》所重、所精者，然宗羲登堂入室，證以自亂其術、顛倒吉凶之驗。此外，其於〈原象〉中之論述，誠有出前人之外者，諸如以《易》之「牀」乃指俎豆而言；〈噬嗑〉乃圜土之象；〈无妄〉六三爻「繫之牛」即〈大畜〉六四之「童牛」，且〈大畜〉居〈艮〉體爲「邑人」，在〈无妄〉居〈震〉體爲「行人」。

　　至其《易》論之可議者，諸如以《易》所載《河圖》、《洛書》爲地理之書，竟爲推測之辭，未有確證也；於《本義》卷首之附圖，未加以覈實（如《本義》文中之「附語」及攸關之文獻），即以此遽謂朱子添入邵雍之學（先、後天圖），致該書「統體皆障」，誠有失公允！以「兩儀」乃三百八十四爻之

統稱、「八卦」爲六十四卦，然究其所論，多有扞格之處；既指「生二」之「生」非「次第而生」，則據《說卦》以〈乾〉、〈坤〉、〈震〉、〈巽〉、〈坎〉、〈離〉、〈艮〉、〈兌〉爲序，遂非邵雍〈乾〉一、〈兌〉二、〈離〉三、〈震〉四、〈巽〉五、〈坎〉六、〈艮〉七、〈坤〉八之說，非唯有獨斷之嫌，且難以自圓其說；以邵雍「生十六」、「生三十二」、「生六十四」乃積累而成，故不可謂之「重」，然究竟如何「積累」？「重」之底蘊爲何？其言闕如，此亦駁論不足之處；以卦變「反對」取義，然覈其論例，多有難以融通者；論《易》之象，多可見其取法《象傳》、《說卦》之跡，然不審於爻位之序、爻位之等、爻辭之義及吉凶之占，恐流於說象而晦《易》之旨！況乎每有自違其說者；併「傳」於「經」，即經、傳不分（奠基於《十翼》爲孔子所繫之舊有認知），然倘呼「傳文」爲經，則「經文」何以爲稱耶？故其所言「復還經文之舊」者，恐名不副實矣！

　　審乎宗炎之《易》論，亦不乏可取者。例如，以「理、象合一」解《易》，且所取之象乃「自然」之象，實有別於漢《易》，而於義理亦有出程、朱之外者；以陰陽、五行取象，多能融義於其中，固非執守於一隅者可擬之也；於「卦主」之論，固有承襲先儒之跡，而其析象辨義，實有出乎前人者；繹「九」、「六」固以天地之數立論，而其得數乃合「參」（奇一偶二）、「兩」（自相爲偶）之義，非以「積數」充之，斯爲不拘守一法，而能融通其餘以成說者也；以陰陽爲一體，而言「〈乾〉以元施而〈坤〉受之，即爲〈坤〉之元」，實發前人之所未發；謂「聖人示人，道不離器，即器即道；器不遺道，非道无器。使智者毋徒循形上之名，愚者毋徒守形下之質」，此崇尚務實、鼓舞生命之積極氣度，頗能與《易》文「顯諸仁，藏諸用」相契；明天時、重人事，暨常其理、不常其跡之思維，非惟有功於生命價值之闡揚，亦能符合「乾道變化，各正性命」之旨；以析文字、辟舊說解《易》，固不免有齟齬、悖義之例，而能自圓其說、勝於前人者，亦不乏焉；以「秦焚《詩》、《書》，《易》獨以卜筮得免，若有圖，亦宜不禁，胡爲偏遯而孤行方外」諸語，誠爲切中肯綮、鞭辟入理之論；以周子《太極圖說》所載「一動一靜」，言「互爲交錯」則可，謂「互爲其根」則不可，斯得其實也。

　　至其《易》論之可議者，則不可謂寡矣！例如，贊王弼及程頤黜「互體」及朱子駁漢儒「互體」諸說，然從其釋例覈之，洵寓「互體」（以「含」、「藏」、「隱」代之）於「象外之象」，則欲蓋彌彰之舉，可謂一疵；衡其「本卦」與

「往來卦」之語法，是謂後卦「變」自前卦，則其雖斥卦變，亦難脫「卦變」之泥淖；於五行取象，或有落於生剋取捨無定之境者；以八經卦無有「經綸變化」、「吉凶悔吝」，非僅失《易》文「重之」、「相盪」、「相錯」之義，亦泯其「定吉凶」之情；以《易》上篇屬「太古」，故人於此時未必有禮義行乎其間，而生長養育與鳥獸草木無異！此顯然已違《序卦》上篇所載「物畜然後有禮，故受之以〈履〉」之義；以「陽得兼陰、陰不得兼陽」、「陽大陰小，陽貴陰賤」，是困於封建人文之階級觀，即禮義化成之後設認知；以家之離合、興廢繫乎婦人，三代之亡俱以女禍，洵有失公允；以六書解《易》，多有淆亂所屬〔註23〕、自相矛盾〔註24〕之例；謂「讀《易》无例」，然於論述中，乃不乏自訂凡例之舉，斯有違其說也；既以「六十四卦爲伏羲所重」，又謂「《易》爲文字之祖」，故於卦畫、卦象與文字有不可通者，則以「固不可以例求」爲之圓說，斯已呈其義理、考據之疲態；以文王繫「卦辭」、列「卦序」，前者固有疑義，後者亦屬臆斷；以《周易》爻辭爲周公所繫、所追述（不脫前儒之說），而復疑於〈大有〉初九爻，嫌其詞語重複，此焉能自圓其說？況乎爻辭當成於武王之後（據屈萬里先生詳考），其非周公所繫，誠可知矣；以《十翼》爲孔子所贊（同於蕺山、宗羲，皆從舊說），自是不可爲據，而「盡洗往聖之習」、「禍斯民」之語，則有非「往聖」之虞，亦可議者也；於《本義》卷首之附圖，未加覈實（如《本義》文中之「附語」及攸關之文獻），即謂該書「蒙雜不倫」、「迷亂後學」，洵有失考據之持守；以「一氣俱貫」（兩儀）爲三百八十四爻之統稱、「八卦」爲六十四卦、兩儀生四象之「次第」非「次第而生」，咸如宗羲，亦可議者；《无極圖》所寓「長生之祕術」，既有取「坎」塡「離」之法，復以「玄牝」、「谷神」爲「祖氣」，則其曲附於《易》者，不亦明乎？故徒以「老氏之曲學」概括之，是有未盡其情之虞；指《无極圖》乃道教修煉之術，固爲篤論，然未嘗述及緣由，即逕謂此圖「創自河上公」，至陳希夷而刻之於「華山石壁」，是可議者也；視《太極圖》但匯聚「方士」、「老氏」、「《大易》」之作，乃自違「茂叔得圖于方士、得偈于釋、心證于老」之語；以「氣在理先」之持論，遂駁周子「理在氣先」（宗炎所繹）之說，乃爲成見所囿，實有失公允；既未審圖於先，復有所疑於後，而能斷《河圖》、《洛書》爲「地理方冊」，且詳明其載「五等六等班爵授祿之制度」，非惟難

〔註23〕案：如將「形聲」誤爲「會意」之類。
〔註24〕案：如視〈周禮〉乃僞書，不可爲訓，然於文字之析解，則多引之。

以令人信服，亦有悖其「讀書人須求聖人于庸德庸行中，勿搜其隱怪，則庶幾无大背」之語矣！

其六：釐清宗羲、宗炎《易》學之同異──

綜觀黃氏昆仲之《易》學，其持論相異者固有之，而同者尤多；前者（異）蓋緣於自得與個人遭遇，後者（同）則繫乎家學、師承、經傳及所處學術氛圍。茲將二人於《易》論中所呈現之同異，擇要列表於下：

宗羲、宗炎《易》學之同異

序次	項　目	同	序次	項　目	異
1	《易》學傾向	非純「象數」派，又有別於「義理」派；故於離《易》之義理、象數，皆極力反對。	1	對周子《太極圖》之持論	宗羲：視《太極圖》爲儒家之作，謂後世以《太極圖》傳自陳摶，其圖刻於華山石壁、列元牝等名，乃「不食其胾而說味者也」。 宗炎：以《太極圖》傳自陳摶《无極圖》，乃匯聚「方士」、「老氏」、「大易」三者而成〔註25〕。
2	解《易》之思維	合「理」、「象」爲一體。	2	對《易》經、傳之持論	宗羲：經、傳不分。 宗炎：經、傳分離。
3	解《易》之法	以史解《易》與重畫取象。	3	對「互體」說之持論	宗羲：駁「《易》無互體」之說。 宗炎：黜「互體」之說；然卻以「含」、「藏」、「隱」等字，行其「互體」之實。
4	對「大衍之數」章所載「掛一」之詮解	以爲非掛於「小指」之間。	4	對「卦變」說之持論	宗羲：以「反對」言卦變。 宗炎：闡釋六十四卦之序，乃有言某卦自前卦來者。
5	對《易》六十四卦之持論	以爲伏犧所重。	5	對《洛書》（「戴九履一」之圖）之持論	宗羲：指《洛書》爲「九宮之數」，而不及乎老氏。 宗炎：繹《洛書》之思路，猶拆解《河圖》，乃欲綴合陳摶與老氏爲一脈。

─────────────

〔註25〕案：此宗炎明說者，然審其《易》論中所載，則尚有釋氏也。

6	對「《易》有太極，是生兩儀」章之詮解	以「兩儀」乃三百八十四爻之統稱，「四象」即三畫之八卦，「八卦」爲六十四卦；而「生二」、「生四」、「生八」之「生」，亦非「次第而生」。	6	對「大衍之數」章所載「象三」之詮解	宗義：指變中凡三掛，故曰「象三」，非蒙「象兩」而爲「三」。 宗炎：當是置一莖於「象兩」之間，故云「象三」。
7	對《十翼》之持論	以爲孔子所繫。	7	對蓍、占、數、曆算之著墨	宗義：篇幅甚多。 宗炎：篇幅較少。
8	對《繫辭傳》所載「河」、「洛」之詮解	宗炎指爲「地理方冊」，其用詞固與宗義稱「圖經」、「地理志」者稍異，其底蘊則無別；即皆以爲地理之書。	8	對「揲蓍之法」求9、6、7、8之持論	宗義：以得9爲「老陽」、得6爲「老陰」、得7爲「少陽」、得8爲「少陰」。 宗炎：其「三變」正策但取36、24，而無32、28，故其數（爻）亦僅9、6，而無7、8。
9	對「象」、「數」之持論	稱《易》有「象」、「數」；然於離《易》之「象」、「數」，則極力排之。	9	對〈乾〉六爻之詮解	宗義：皆以星宿取象。 宗炎：視龍爲「天下之至物」，「潛、見、躍、飛，俱龍之實事，龍所實歷不可移動」者。
10	對「圖學」之持論	指唐以前無「圖學」，至宋始有之。	10	對五行「生化」之持論	宗義：以五行化生萬物（嘗言「木火金水之化生萬物，其凝之之性即土」）。 宗炎：駁五行「生化」之說；但採五行「相生」、「相克」之義。
11	對邵雍「先天八卦方位圖」之持論	極力駁之；並指其乃源於道教丹鼎之術，非惟有悖《說卦》「帝出乎震」章所載，且臆衍「天地定位」章之義。	11	對《龍圖》之持論	宗義：以《龍圖》爲陳摶所造，遂辨《龍圖序》以還其舊；然未有涉及「吐納、燒煉」、「神龜獻書」諸論。 宗炎：以「龍馬負圖、神龜獻書」乃陳希夷「借端漢儒，闡發增益，藏其吐納、燒煉之微意」。
12	對邵雍「先天橫圖」之持論	極力攻訐之，指其「八卦生成」及「生十六」、「生三十二」、「生六十四」之說，洵悖乎聖人之贊。			

13	對《河圖》（「一六居下」之圖）、《洛書》（「戴九履一」之圖）之持論	宗炎明指其鑿定於陳圖南；宗羲則謂「至宋而方士牽強扭合」。二者用辭雖異，然覈諸宗羲所論，其意亦當如宗炎也。			
14	對宋儒以「天地之數」爲「《河圖》之數」之持論	以爲非《易》之所有，不足爲信。			
15	對邵雍《皇極經世》之持論	以該書所載推步之法——元、會、運、世，乃乖違而不可通也。			
16	對「卦氣」說之持論	指邵雍「卦氣」之論，乃將六十四卦破碎割裂，有違聖人設卦之旨，故極力駁之；唯宗炎所著墨，未若其兄詳盡耳。			
17	對「卦變」說之持論	反對「以卦爻生換」之卦變說。			
18	對朱子釋《太極圖》「陽之動爲用之所以行，陰之靜爲體之所以立」之持論	駁朱子之說，而指太極既爲體，陰陽俱是其用也。			
19	對《本義》卷首附圖之持論	宗羲謂朱子添入邵雍之學（先、後天圖），致該書「統體皆障」；宗炎則以該書「蒙雜不倫」、「迷亂後學」。			
20	對太極之詮解	皆以爲至大、無可復加之意。			

21	對陰陽之持論	以「陰陽」（天地）一氣，非判然兩物，亦無有先後。		
22	對理氣之持論	以「理氣合一」，而「氣」爲先。		
23	對情性之持論	主情性「一體」。		
24	對佛道之持論	皆貶斥佛道；惟宗義著墨於《易》論者，甚寡於宗炎。		
25	對政治之持論	以爲道德、事功，當並而行之；是黃氏二人承聖繼賢之志、關照社會之情，足可爲後世稱道矣！		
26	對〈臨〉卦辭「至于八月」之詮解	以〈臨〉至〈觀〉歷八爻，故言「八月」；即以「爻」計「月」解〈臨〉。		
27	對〈復〉卦辭「七日來復」之詮解	視〈剝〉返〈復〉（來復）之爻數（七爻），即爲日數（七日）。		

其七：審視宗義、宗炎《易》學之影響——

　　黃宗義《易》學之影響。夫檢視宗炎之《易》論，則其直爲宗義所影響，自不待言矣！而除宗炎之外，後輩《易》學受宗義之沾漑者（百家本承家學，故不論），其例多有。例如，宗義新安門人汪瑞齡於《易學象數論》「序」中所「自漢以降，異說紛紛。焦、京之徒，以世應、飛伏諸說附入〔……〕；《壬》、《遁》之徒，或用《易》卦，或不用《易》卦。要皆自謂有得於象數之精微，以附于彰往察來之列，究之於《易》，何與焉」云云，多本乎宗義；清儒毛奇齡指《河圖》爲「規畫」、《洛書》爲「簡冊」，雖稱名稍異於宗義，而承襲之迹亦已明矣；胡渭《易圖明辨》徵引宗義《易學象數論》之文甚眾，尤其列《象數論·自序》於書末（全引），且循宗義立足於經傳以批判先天諸圖，是胡氏崇黃（宗義）之情，不言可喻；全祖望於宗義之「象」論有所異議外，餘皆歡然從之；章學誠言「天地自然之象」、「人心營構之象」暨「以象爲教，非無本」諸語，則頗受〈原象〉啓發，即發揚宗義「聖人以象示人」

之論也。

黃宗炎《易》學之影響。此主要呈顯於所辨先天諸圖及《太極圖說》；其中以《太極圖說辨》所倡「陳摶刻《无極圖》於華山石壁」，暨周子《太極圖》「雜以仙眞」、《太極圖說》「冒以《易》道」，儼然已爲當世學術之主流。例如，百家嘗節錄其叔父（宗炎）此攸關圖辨之內容，且謂「據此，人能去其所存先入之見，平心一一案之」，是其已受宗炎之論；朱彝尊指《太極圖》「遠本道書」，陳圖南演之爲「《無極圖》，乃方士修鍊之術」，皆本宗炎「陳摶刻《无極圖》於華山石壁」之說，是朱氏《易》學受宗炎影響，於焉可知！惠棟於先天諸圖及《太極圖》之持念，亦繼踵於宗炎；胡渭對宗炎於邵雍《先天圖》批判之文，亦有所取資；張惠言徵引竹垞之說，而以周子《太極圖》非受之希夷，然倘究其發端，仍不能不源乎宗炎之倡論也。

其八：權衡宗羲、宗炎《易》學之評價——

黃宗羲《易》學之評價。綜清儒汪瑞齡、《四庫》館臣、全祖望、胡渭、江藩及皮錫瑞等於宗羲《易》學之評價，多據《易學象數論》發抒，鮮有旁及他書所涉《易》論者；而觀彼等所評，除江藩指《易學象數論》「雖闢陳摶、康節之學〔……〕。然不宗漢學，皆非篤信之士」不免侷於「門戶」、胡渭於宗羲《易》論有些微異見、全祖望之議「總象」，暨《河圖》、《洛書》有正反兩極之述外，餘則多爲譽論。筆者以爲，《易學象數論》固爲宗羲《易》論之主體，然究非其《易》學全貌。是以諸家所評，苟止於「象」、「數」之疇，則於宗羲之義理闡發，必有遺珠之憾！至若宗羲雖「究心象數」、「辨論精詳」，然於先天諸圖、卦氣、卦變諸論及〈原象〉釋例，或止於經學考辨，或近乎漢儒氣候，或援例齟齬無統，或自違其說、晦《易》之旨，亦諸家所未詳審者〔註26〕；則彼等評述之不足，明矣！

黃宗炎《易》學之評價。歷來學者評述宗炎之《易》學，咸以《周易象辭》、《尋門餘論》、《圖學辨惑》分論，未有就其整體而發者。例如，《周易象辭》，《四庫》館臣評其「解釋爻象，一以義理爲主」，所釋《易》文，其義有「前人所未發」者，亦有「未免傷於好奇」者；《浙江采集遺書總錄》則幾以「專主六書之義以言《易》」概括之。《尋門餘論》，清儒陸嘉淑評其解〈離〉九三爻，爲「眞有功後學之言」；《浙江采集遺書總錄》則逕以陸氏所言「直欲與洛、閩大儒質辨於千載之上」評該書；《四庫》館臣所評，則貶者誠得其

情、褒者頗符其義；沈懋憙評該書於「貶駁宋儒處，無不虛空粉碎」，且贊其「六書始于羲皇」，「似創論，實至論」，然「卷中有指斥釋教者百七十餘行」，則「與《易》無涉」。《圖學辨惑》，《四庫》館臣雖藉文獻以證成該書所辨，然亦指其「不免有意深文，存姚江朱、陸之門戶」；《浙江采集遺書總錄》則複陳宗炎之《易》論耳！然則，就內容而言，諸家評述洵有未盡三書之底蘊者也。

　　竊以大體而言，《周易象辭》於文字之析解、義理之發揮、政治之抒論、天人之闡揚、德功之倡言及矯正世儒之論，多有可貴之處；雖其中不免有枝生謬誤、自違其說者，然不必深責之也。《尋門餘論》所載排佛之文，以其多與《易》無涉，乃諸家所詬病者；而於維護經傳、闡釋《易》理，暨溯源羲皇造字、貶斥圖書之說，則有足堪學人借鏡者。《圖學辨惑》固為專辨圖書之作，然所論乃不乏有未能考鏡源流、敘其所木之弊。儘管如此，覽乎其（三書）文，多有重疊之抒論；故欲評述宗炎之《易》學，當渾三書於一體，並通貫其中，繼而總其要略，始得其實矣！

　　夫藉由對上述八項研究目的之重整與梳理，則筆者所稱本書「成果已然呈顯」，可不致淪為自詡之言矣！惟有感於宗義、宗炎昆仲既為清初批判圖書之舵手，乃將其《易》論之共同者，復歸納、概述於下，以見清初浙東《易》學所蘊藏之主體意識。

　　其一：尊師而不囿於師——

　　宗義、宗炎皆從師於蕺山先生，是其《易》學固多有承於劉氏者；然透過筆者之逐文剖析，知二人於劉氏之《易》論，乃有所不從、甚或出乎其外者。例如，劉氏於《河圖》、《洛書》之論，洵承自宋以來之圖書《易》學（如朱子《易學啓蒙》），乃以伏羲則圖畫卦、大禹則書敍疇；此與宗義、宗炎視《河圖》、《洛書》為地理之書，誠大相逕庭矣！又劉氏嘗云：

> 《河圖》左畔，陽居內而陰居外：右畔，陰居內而陽居外。陽左陰右，皆以內者為主，蓋陽生於陰，陰生於陽也。至周子圖太極，左畔言陽之動，而反以陰居內：右畔言陰主靜，而反以陽居內。將以內者為主乎？外者為主乎？內者，生氣也；外者，偽氣也。似與圖意不同，雖各有取義，而終以《河圖》為主。〔註27〕

〔註27〕參見沈善洪主編：《黃宗義全集》，第一冊，《子劉子學言》，卷二，頁303。

審乎所言，非惟於周子《太極圖》有微言，其對《河圖》之崇意，顯然亦非黃氏昆仲所贊者；儘管如此，宗羲與宗炎於《易》論中，皆未嘗有直駁蕺山之言，是二人尊師之情，灼然可見矣！

其二：批圖數而歸經傳──

宗羲、宗炎於《易》學思維之共性，乃合理、象爲一體；其中，理爲合《易》之「理」，象爲本《易》之「象」。是以所辨駁諸家之《易》論，咸歸本於經傳、聖訓；即離《易》之義理、象數，皆大加撻伐！此觀二人對宋代先天諸圖與《河圖》、《洛書》之批判，暨所取象、論數皆本乎《易》文（包括卦畫、辭象、傳文），即可窺知；雖然，二人於《易》之經傳，其認知或稍有差異〔註28〕，而咸不脫前人以《十翼》爲孔子所贊之窠臼，斯可謂治《易》之一疵！至於宗羲「學《易》未成誤負苓」〔註29〕之嘆，以及宗炎所稱「見予得門而入之難」〔註30〕，蓋皆自謙之辭也。

其三：窮辨證而貴創新──

宗羲、宗炎既生於治《易》世家、處於清初樸學（考據）興盛之際，復自幼博覽群書、無所不窺，且時霑師友、先儒、經傳之雨露，故二人於《易》學之辨證，皆能藉由會通諸家、覈考《易》文而窮其原旨、糾其謬誤。此外，黃氏二人除學問淵博外，又熟稔歷史文化、善於獨立思考，故於治《易》時能質疑辨異、超越傳統，而開創新說；斯亦清初浙東學人之特有學風。例如，宗羲自述其「老而無聞，然平生心得，爲先儒之所未發者」有三：一曰「言性」，二曰「言太極」〔註31〕，三曰「《河圖》、《洛書》」。至若宗炎，《四庫》館臣稱其所釋〈坤·象〉之義，乃發「前人所未發」〔註32〕；清儒沈懋惠贊其「謂六書始于羲皇、不始于倉頡，而就卦畫一一推闡之，精妙絕倫，使人想見造字之初，似創論」〔註33〕；而宗炎直抒新論，謂陳摶刻《无極圖》於華山石壁。凡此，皆可爲浙東學人勇於創新之註腳。雖然，宗羲所言三者之

〔註28〕案：宗羲於形式上經傳不分，宗炎則析分四聖之《易》。
〔註29〕參見沈善洪主編：《黃宗羲全集》，第十一冊，「次韻答高旦中」，頁369。
〔註30〕參見〔清〕黃宗炎撰：《周易尋門餘論》，卷一，葉2。
〔註31〕案：其以太極統三百八十四爻之陰陽，即爲「兩儀」；統六十四卦之純陽純陰，陽卦多陰，陰卦多陽，即爲「四象」；四象之分布，即爲「八卦」；故謂「兩儀、四象、八卦，生則俱生，無有次第」（參《黃宗羲全集》，第十冊，卷三，「萬公擇墓誌銘」，頁517）。
〔註32〕參見〔清〕紀昀等編：《四庫全書總目》，卷六，「經部六·易類六」，頁56。
〔註33〕參見〔清〕沈懋惠撰：〈《周易尋門餘論》跋〉，收入《周易尋門餘論》，葉83。

中，除「言性」外，餘則多有可商榷者；而宗炎之發新，除《四庫》館臣之贊例外，餘亦皆有可議之處。

其四：講德功而重致用——

宗炎於《易》著中，多有闡發「道德」、「事功」者；宗羲之《易》論雖無直涉此議題之文，然覈其〈餘姚縣重修儒學記〉以「學道」、「事功」並行〔註34〕，則其中（儒學）亦當涵蓋《易》學。此外，觀黃氏昆仲於此之論，多可見其祖述聖賢、關照社會之情；故於宋明理學之空言道德心性，甚為反感！宗羲即嘗言：

> 儒者之學，經天緯地。而後世乃以《語錄》為究竟，僅附答問一二條於伊、洛門下，便廁儒者之列，假其名以欺世。制財賦者則目為聚斂，開闔扞邊者則目為粗材，讀書作文者則目為玩物喪志，留心政事者則目為俗吏，徒以「生民立極、天地之心、萬世開太平」之闊論鈐束天下。一旦有大夫之憂，當報國之日，則蒙然張口，如坐雲霧，世道以是潦倒腐泥，遂使尚論者以為立功建業別是法門，而非儒者之所與也。〔註35〕

蓋「制財賦」、「開闔扞邊」、「讀書作文」、「留心政事」等，皆「致用」之事，然假儒者之名而行欺世之實者，乃視之為「聚斂」、「粗材」、「玩物喪志」、「俗吏」，無怪乎宗羲有「世道以是潦倒腐泥」之歎！至若宗炎，其藏天下於天下與藏富於民之《易》說，「致用」已寓其中，自不待言矣！

其五：崇氣論而究情性——

觀乎宗羲、宗炎之《易》說，皆有闡發其師蕺山先生之氣論，所謂通天地、亙古今，唯一氣（陰陽）之流行往來者；其中，宗羲所倡「一本萬殊」（即萬殊皆為一氣所統），乃推衍其師之說而深化之也。至於「理氣合一」之論，雖與朱子之持念無異；然晦庵以「理」為本，宗羲、宗炎以「氣」為尊（繼踵蕺山之說），誠然有別矣！此外，黃氏二人藉由闡釋《繫辭上傳》「繼之者善也，成之者性也」（第5章），並輔以孟子「人性本善」、〈乾‧文言〉「利貞者，性情也」諸說，以伸情性一體、不可析離之主張；而審其抒論，如謂「情為一氣之流行」、「舍情何從見性」、「人之性情，无不流行旋轉」等，無疑仍歸本於所持之氣論。就此而言，宗羲所稱「情與性不可離，猶理氣之

〔註34〕案：參本書論宗羲「治學方法——會通」一節。
〔註35〕參見沈善洪主編：《黃宗羲全集》，第十冊，「贈編修弁玉吳君墓誌銘」，頁433。

合一」，或可作爲二人於此《易》論之註腳。

其六：護儒學而斥佛道——

浙東學術向以儒學爲宗，開啓清初浙東《易》學之宗羲、宗炎，亦循此脈絡發跡，繼而落實於《易》學著作與理論闡述中，並將有違於儒學道統思想之異說，盡數剔除；其中，貶斥佛道之文，誠不乏見。綜觀二人斥妄辟佛、維護道統之言，輒流露於字裡行間；雖然，其於二人《易》學之占比，自是有別。蓋宗炎聚焦於《易》著三書（《憂患學易》），即使與《易》無涉之文頗眾（尤其《周易尋門餘論》）；而宗羲則多散見於其它著作，著墨於《易》論者實未如宗炎也。

總此，則知以黃氏二人爲主體之清初浙東《易》學，其所蘊藏之共識亦有可議者！竊以《易》猶流水之源，隨處而滿，故其用乃大；苟囿於載文之咀嚼，終將淪爲滯行之潀，不可致遠矣！是以宗羲、宗炎窮辨證雖能還經傳原貌，然若止於此而忽哲構之思，則所謂《易》道「廣大悉備」之義，恐流於空談；創論固能讓人耳目一新，然若闕其辨證之資，或流於傳說、臆測，非惟有負清初考據之名，亦不足以服人也。

宗羲謂「夫《易》者，範圍天地之書也；廣大無所不備，故九流百家之學，皆可竄入焉。自九流百家借之以行其說，而於《易》之本意反晦矣」，即清儒汪瑞齡所言「南山之岡有大松焉，羣蘿附之，蘿自以爲松也。有詫之者曰：『是蘿也，豈松哉！』於是遂謂天下無松，謂天下之松皆蘿，豈可乎」〔註36〕之喻也；然從天地萬物對應之理衡之，「大松」（喬木）無藤蘿，是闕其滋潤之源，經久終將爲烈陽所侵，影響所及，根葉連脈之氣，乃有斷滅之虞矣！故就《易》學而言，「生生」之義，即如大松倚藤蘿而續脈，非有自絕於外來者也；《四庫》館臣所言「《易》道淵深，包羅眾義，隨得一隙而入，皆能宛轉關通，有所闡發」〔註37〕，亦是此意。

筆者以爲，漢魏《易》學家，諸如京房、揚雄、鄭玄、虞翻等，雖於《易》之認知與詮釋上有所分歧，甚或逾乎《易》之經傳者，然審其意旨，多著重於使陰陽各得其正，以成天地變化之善；斯即清儒曹元弼所指「漢儒說《易》，一義貫通全經，各有師法，殊途同歸。蓋其說異，而所以爲說者不異，皆本夫子〈既濟〉傳之旨也」〔註38〕。至於康節、茂叔、晦庵諸儒，或因欲建構

〔註36〕案：參見《廣雅》本《象數論》（六卷）卷首「序」。
〔註37〕參見〔清〕紀昀等編：《欽定四庫全書總目》，《周易集注》提要，頁47。
〔註38〕參見〔清〕曹元弼：《復禮堂文集》，冊一，卷二，頁81～82。

其《易》學體系,而有衍用《易》之生成原理者;然覈乎彼等之論,亦多存義理於其中。凡此,洵以《周易》本具宏觀性與包容性,故歷來治《易》學者,輒藉以闡發個人之思想、理念;斯即《四庫》館臣所稱「《易》道廣大,無所不包,旁及天文、地理、樂律、兵法、韵學、算術,以逮方外之爐火,皆可援《易》以爲說」〔註39〕者也。

　　蓋「門戶之見」向來爲學者所詬,然學者多有涉入其中而不自覺者!雖掌舵清初浙東《易》學之宗羲、宗炎,亦不免落入此氛圍;儘管如此,宗炎於駁擊宋儒之論固不遺餘力,猶云:「《易》書廣大悉備,後世解經者隨其一隅之所得,自爲發揮,雖矯揉牽強,亦自有可髣髴者,故曰『冒天下之道』;如冒之覆人,五官百骸皆在其下也。川流敦化,竝育竝行,俱所以闡天地之變化;學者各鳴其所見,本非前聖大義奧旨,然而《易》理中无不該括。」〔註40〕然則,篤守經傳、聖訓,自是可取;而闡發《易》理、擴充《易》用,亦可贊矣!

〔註39〕參見〔清〕紀昀等編:《欽定四庫全書總目》,「易類序」,頁3。
〔註40〕參見〔清〕黃宗炎撰:《周易尋門餘論》,卷一,葉81。

參考文獻

壹·《易》學專著

（一）古代著作（依作者所屬朝代順序排列）

1. 〔漢〕京房：《京氏易傳》，《四部叢刊初編·經部》（上海：商務印書館影印本）。

2. 〔漢〕鄭玄注，〔宋〕王應麟編：《周易鄭康成注》，收入《景印文淵閣四庫全書》（臺北：臺灣商務印書館，1983 年）第 7 冊。

3. 〔唐〕孔穎達：《周易正義》，臺北：藝文印書館，1997 年。

4. 〔唐〕李鼎祚：《周易集解》，臺北：臺灣商務印書館，1996 年。

5. 〔宋〕程頤：《易程傳》，臺北：世界書局，2001 年。

6. 〔宋〕劉牧：《易數鉤隱圖》，收入《景印文淵閣四庫全書》第 8 冊。

7. 〔宋〕司馬光：《溫公易說》，收入《景印文淵閣四庫全書》第 8 冊。

8. 〔宋〕蘇軾：《東坡易傳》，收入《景印文淵閣四庫全書》第 9 冊。

9. 〔宋〕朱震：《漢上易傳》，收入《景印文淵閣四庫全書》第 11 冊。

10. 〔宋〕郭雍：《郭氏傳家易說》，收入《景印文淵閣四庫全書》第 13 冊。

11. 〔宋〕張栻：《南軒易說》，收入《景印文淵閣四庫全書》第 13 冊。

12. 〔宋〕朱熹：《周易本義》，臺北：大安出版社，1999 年。

13. 〔宋〕趙汝楳：《易雅》，收入《景印文淵閣四庫全書》第 19 冊。

14. 〔宋〕董楷：《周易傳義附錄》，收入《景印文淵閣四庫全書》第 20 冊。

15. 〔宋〕丁易東：《易象義》，收入《景印文淵閣四庫全書》第 21 冊。

16. 〔宋〕俞琰：《周易集說》，收入《景印文淵閣四庫全書》第 21 冊。

17. 〔元〕胡一桂:《周易啓蒙翼傳》,收入《景印文淵閣四庫全書》第 22 冊。

18. 〔明〕蔡清:《易經蒙引》,收入《景印文淵閣四庫全書》第 29 冊。

19. 〔明〕來知德:《周易集註》,收入《景印文淵閣四庫全書》第 32 冊。

20. 〔明〕潘士藻:《讀易述》,收入《景印文淵閣四庫全書》第 33 冊。

21. 〔明〕魏濬:《易義古象通》,收入《景印文淵閣四庫全書》第 34 冊。

22. 〔明〕逯中立:《周易劄記》,收入《景印文淵閣四庫全書》第 34 冊。

23. 〔清〕黃宗羲:《易學象數論》,收入《景印文淵閣四庫全書》第 40 冊。

24. 〔清〕黃宗羲:《象數論》,清光緒廣雅書局叢書本(《叢書集成續編》第 28 冊)。

25. 〔清〕黃宗炎:《周易象辭》,收入《景印文淵閣四庫全書》第 40 冊。

26. 〔清〕黃宗炎:《圖學辨惑》,收入《景印文淵閣四庫全書》第 40 冊。

27. 〔清〕黃宗炎:《圖學辨惑》,世楷堂昭代叢書本(《叢書集成續編》第 28 冊)。

28. 〔清〕黃宗炎:《尋門餘論》,收入《景印文淵閣四庫全書》第 40 冊。

29. 〔清〕黃宗炎:《尋門餘論》,世楷堂昭代叢書本(《叢書集成續編》第 28 冊)。

30. 〔清〕胡渭:《易圖明辨》,北京:中華書局,2008 年。

31. 〔清〕毛奇齡:《毛奇齡易著四種》,北京:中華書局,2010 年。

32. 〔清〕李光地:《周易觀象》,收入《景印文淵閣四庫全書》第 42 冊。

33. 〔清〕胡煦:《周易函書約存》,收入《景印文淵閣四庫全書》第 48 冊。

34. 〔清〕惠棟:《易漢學》,收入《景印文淵閣四庫全書》第 52 冊。

35. 〔清〕李光地:《周易折中》,成都:巴蜀書社,1998 年。

36. 〔清〕焦循:《易圖略》,北京:九州出版社,2003 年。

37. 〔清〕張惠言:《張惠言易學十書》,臺北:廣文書局,1977 年。

38. 〔清〕尚秉和:《周易尚氏學》,北京:中華書局,2003 年。

39. 〔清〕馬國翰輯:《洞極真經》,收入《山東文獻集成》(濟南:山東大學,2006 年)第 1 輯第 49 冊。

(二)現代著作(依姓氏筆劃順序排列)

1. 〔日〕安居香山、中村璋八:《緯書集成》,石家莊:河北教育出版社,1994 年。

2. 朱伯崑:《易學哲學史》,臺北:藍燈文化,1991 年。

3. 余敦康:《內聖外王的貫通——北宋《易》學的現代闡釋》,上海:學林出版社,1997 年。

4. 呂凱：《鄭玄之讖緯學》，臺北：臺灣商務印書館，2011 年。

5. 李鏡池：《周易探原》，北京：中華書局，1982 年。

6. 李申：《易圖考》，北京：北京大學出版社，2001 年。

7. 李鴻儒：《周易爻變思想研究》，新北：花木蘭文化出版社，2012 年。

8. 汪學群：《清初易學》，北京：商務印書館，2004 年。

9. 邢文：《帛書周易研究》，北京：人民出版社，1998 年。

10. 林忠軍：《象數易學發展史》，濟南：齊魯書社，1994 年。

11. 屈萬里：《先秦漢魏易例述評》，臺北：臺灣學生書局，1981 年。

12. 孫劍秋：《易理新論》，臺北：中華文化教育學會，2007 年。

13. 孫劍秋：《清儒黃宗炎易學著作合輯》，臺北：中華文化教育學會，2007 年。

14. 常秉義：《周易與曆法》，北京：中國華僑出版社，1999 年。

15. 常秉義：《周易與曆法——周期循環的奧秘》，北京：中國華僑出版社，1999 年。

16. 郭彧：《周易圖象集解》，北京：中國文聯出版社，2000 年。

17. 郭彧：《易圖講座》，北京：華夏出版社，2007 年。

18. 梁韋弦：《易學考論》，哈爾濱：黑龍江人民出版社，2005 年。

19. 梁韋弦：《漢易卦氣學研究》，濟南：齊魯書社，2007 年。

20. 程石泉：《易辭新詮》，上海：上海古籍出版社，2000 年。

21. 楊家駱主編：《清儒易經彙解》，臺北：鼎文書局，1972 年。

22. 劉大鈞主編：《象數《易》學研究（一）》，濟南：齊魯書社，1997 年。

23. 劉大鈞主編：《象數《易》學研究（二）》，濟南：齊魯書社，1997 年。

24. 劉瀚平：《宋象數易學研究》，臺北：五南圖書，1994 年。

25. 潘雨廷：《讀易提要》，上海：上海古籍出版社，2003 年。

26. 潘雨廷：《易學史叢論》，上海：上海古籍出版社，2007 年。

27. 鄭吉雄：《易圖象與易詮釋》，臺北：臺灣大學出版中心，2004 年。

28. 盧央：《易學與天文學》，北京：中國書店，2003 年。

29. 韓自強：《阜陽漢簡《周易》研究》，上海：上海古籍出版社，2004 年。

30. 戴璉璋：《易傳之形成及其思想》，臺北：文津出版社，1989 年。

（三）碩博士論文（依姓氏筆劃順序排列）

1. 胡士穎：《黃宗炎易學研究》，濟南：山東大學中國哲學所碩論，2011 年。

2. 洪家惠：《黃宗炎易學研究》，臺北：政大中國文學系國文教學碩論，2013 年。

3. 陳正賢：《清儒黃宗炎「憂患學易」之研究》，臺北：臺師大國文所碩論，2010 年。

4. 費艷萍：《黃宗羲黃宗炎易學研究》，高雄：高師大經學所碩論，2012 年。

二、相關著作

（一）古代著作（採四部分類，依作者所屬朝代順序排列）

〔經部〕

1. 〔唐〕孔穎達：《春秋左傳正義》，臺北：藝文印書館（十三經注疏本），1997 年。

2. 〔唐〕孔穎達：《毛詩正義》，臺北：藝文印書館（十三經注疏本），1997 年。

3. 〔唐〕孔穎達：《尚書正義》，臺北：藝文印書館（十三經注疏本），1997 年。

4. 〔唐〕孔穎達：《禮記正義》，臺北：藝文印書館（十三經注疏本），1997 年。

5. 〔唐〕賈公彥：《周禮注疏》，臺北：藝文印書館（十三經注疏本），1997 年。

6. 〔宋〕孫奭：《孟子正義》，臺北：藝文印書館（十三經注疏本），1997 年。

7. 〔宋〕邢昺：《論語正義》，臺北：藝文印書館（十三經注疏本），1997 年。

8. 〔清〕段玉裁：《說文解字注》，臺北：書銘出版社，1997 年。

9. 〔清〕江永：《羣經補義》，收入《景印文淵閣四庫全書》第 194 冊。

10. 〔清〕孫詒讓：《周禮正義》，北京：中華書局，2000 年。

11. 〔清〕孫希旦：《禮記集解》，臺北：文史哲出版，1990 年。

12. 〔清〕王聘珍：《大戴禮記解詁》，臺北：漢京文化事業有限公司，1987 年。

13. 〔清〕馬國翰：《玉函山房輯佚書補遺》，京都：中文出版社，1990 年。

14. 〔清〕朱彝尊：《經義考》，臺北：中研院文哲所籌備處，1997 年。

15. 〔清〕皮錫瑞：《經學歷史》，臺北：藝文印書館，2000 年。

16. 〔清〕皮錫瑞：《經學通論》，臺北：臺灣商務印書館，1989 年。

17. 〔清〕江藩：《國朝漢學師承記》，北京：中華書局，1983 年。

〔史部〕

1. 〔吳〕韋昭注：《國語》，上海：上海古籍出版社，1998 年。

2. 〔漢〕司馬遷：《史記》，臺北：藝文印書館，2005 年。

3. 〔漢〕司馬遷:《史記》(三家注),北京:中華書局,1997 年。

4. 〔漢〕司馬遷:《逸周書》,收入《景印文淵閣四庫全書》第 370 冊。

5. 〔漢〕班固撰,〔清〕王先謙補注:《漢書補注》,臺北:藝文印書館,1996 年。

6. 〔唐〕魏徵等撰:《隋書》,北京:中華書局,1997 年。

7. 〔唐〕房玄齡等撰:《晉書》,北京:中華書局,1997 年。

8. 〔宋〕歐陽脩等撰:《新唐書》,北京:中華書局,1997 年。

9. 〔宋〕晁公武:《郡齋讀書志》,收入《景印文淵閣四庫全書》第 674 冊。

10. 〔宋〕鄭樵:《通志》,北京:中華書局,1995 年。

11. 〔元〕脫脫等撰:《宋史》,北京:中華書局,1997 年。

12. 〔明〕釋明賢:《鶴林寺志》,臺北:明文書局,1980 年。

13. 〔清〕黃宗羲:《明儒學案》,收入《景印文淵閣四庫全書》第 457 冊。

14. 〔清〕國史館原編:《清史列傳》,臺北:明文書局,1985 年。

15. 〔清〕嵇曾筠等纂修:《浙江通志》,收入《景印文淵閣四庫全書》第 523 冊。

16. 〔清〕郝玉麟等纂修:《廣東通志》,收入《景印文淵閣四庫全書》第 564 冊。

17. 〔清〕錢大昕等纂修:《〔乾隆〕鄞縣志》,收入《續修四庫全書》(上海:上海古籍出版社,1998 年)第 706 冊。

18. 〔清〕邵友濂編:《餘姚縣志》,臺北:張仁傑重印光緒版,1974 年。

19. 上海書店出版社編:《浙江府縣志輯》,收入《中國地方志集成》(上海:上海書店,2011 年)。

20. 嚴文郁編:《清儒傳略》,臺北:臺灣商務印書館,1990 年。

〔子部〕

1. 〔漢〕王充撰〔清〕黃暉校釋:《論衡校釋》,北京:中華書局,1996 年。

2. 〔晉〕葛洪:《抱朴子內外篇》,收入《景印文淵閣四庫全書》第 1059 冊。

3. 〔晉〕葛洪:《神仙傳》,收入《景印文淵閣四庫全書》第 1059 冊。

4. 〔唐〕王希明:《太乙金鏡式經》,收入《景印文淵閣四庫全書》第 810 冊。

5. 〔唐〕楊倞注〔清〕王先謙集解:《荀子集解——考證》,臺北:世界書局,2000 年。

6. 〔宋〕麻衣道者:《麻衣道者正易心法》,收入《四庫全書存目叢書)(臺南:莊嚴文化事業有限公司,1997 年)第 56 冊。

7. 〔宋〕邵雍:《皇極經世書》,收入《景印文淵閣四庫全書》第 803 冊。

8. 〔宋〕張行成：《易通變》，收入《景印文淵閣四庫全書》第 804 冊。

9. 〔宋〕張載撰，〔清〕王夫之注：《張子正蒙》，上海：上海古籍出版社，2000 年。

10. 〔宋〕周敦頤：《周子通書》，上海：上海古籍出版社，2000 年。

11. 〔宋〕沈括：《夢溪筆談》，收入《景印文淵閣四庫全書》第 862 冊。

12. 〔宋〕張君房：《雲笈七籤》，收入《景印文淵閣四庫全書》第 1060 冊。

13. 〔宋〕程頤、程顥：《二程遺書》，上海：上海古籍出版社，2000 年。

14. 〔宋〕司馬光：《潛虛》，臺北：中國子學名著集成編印基金會，1978 年。

15. 〔宋〕張敦實：《潛虛發微論》，臺北：中國子學名著集成編印基金會，1978 年。

16. 〔宋〕黎靖德編：《朱子語類》，北京：中華書局，1999 年。

17. 〔宋〕王應麟：《困學紀聞》，收入《景印文淵閣四庫全書》第 854 冊。

18. 〔宋〕黃震：《黃氏日抄》，收入《景印文淵閣四庫全書》第 708 冊。

19. 〔宋〕葉夢得：《巖下放言》，收入《景印文淵閣四庫全書》第 863 冊。

20. 〔明〕羅欽順：《困知紀續錄》，收入《景印文淵閣四庫全書》第 714 冊。

21. 〔明〕楊慎：《丹鉛餘錄‧總錄》，收入《景印文淵閣四庫全書》第 855 冊。

22. 〔明〕程道生：《遁甲演義》，收入《景印文淵閣四庫全書》第 810 冊。

23. 〔清〕允祿等奉敕：《欽定協紀辨方書》，收入《景印文淵閣四庫全書》第 811 冊。

24. 〔清〕顧炎武：《日知錄》，蘭州：甘肅民族出版社，1997 年。

25. 〔清〕陳立：《白虎通疏證》，北京：中華書局，1997 年。

26. 〔清〕郭慶藩：《莊子集釋》，北京：中華書局，2004 年。

27. 〔清〕張志聰集注：《黃帝內經集注》，杭州：浙江古籍出版社，2002 年。

28. 不著撰人名氏：《六壬大全》，收入《景印文淵閣四庫全書》第 808 冊。

29. 不著撰人名氏：《宣和書譜》，收入《景印文淵閣四庫全書》第 813 冊。

30. 故宮博物院編（大陸）：《御定六壬直指》，收入《故宮珍本叢刊》（海口：海南出版社，2000 年）第 417 冊。

〔集部〕

1. 〔漢〕揚雄撰〔宋〕司馬光集注：《太玄集注》，北京：中華書局，2005 年。

2. 〔晉〕阮籍：《阮嗣宗集》，臺北：華正書局，1979 年。

3. 〔宋〕歐陽脩：《文忠集》，收入《欽定四庫全書薈要》（臺北：世界書局，

1986 年）第 371 冊。

4. 〔宋〕司馬光：《傳家集》，收入《景印文淵閣四庫全書》第 1094 冊。

5. 〔宋〕李覯：《盱江集》，收入《景印文淵閣四庫全書》第 1095 冊。

6. 〔宋〕邵雍：《擊壤集》，收入《景印文淵閣四庫全書》第 1101 冊。

7. 〔宋〕唐庚：《眉山文集》，收入《景印文淵閣四庫全書》第 1124 冊。

8. 〔宋〕王炎：《雙溪類稿》，收入《景印文淵閣四庫全書》第 1155 冊。

9. 〔宋〕薛季宣：《浪語集》，收入《景印文淵閣四庫全書》第 1159 冊。

10. 〔宋〕楊萬里：《誠齋集》，收入《景印文淵閣四庫全書》第 1161 冊。

11. 〔宋〕度正：《性善堂稿》，收入《景印文淵閣四庫全書》第 1170 冊。

12. 〔宋〕洪邁：《容齋隨筆》，上海：上海古籍出版社，1996 年。

13. 〔明〕王守仁：《王陽明全集》，上海：上海古籍出版社，1997 年。

14. 〔明〕焦竑：《澹園集》，北京：中華書局，1999 年。

15. 〔明〕宋濂：《文憲集》，收入《文津閣四庫全書》（北京：商務印書館，2005 年）第 409 冊。

16. 〔明〕胡翰：《胡仲子集》，收入《景印文淵閣四庫全書》第 1229 冊。

17. 〔明〕鄭善夫：《少谷集》，收入《景印文淵閣四庫全書》第 1269 冊。

18. 〔明〕楊慎：《升菴集》，收入《景印文淵閣四庫全書》第 1270 冊。

19. 〔明〕歸有光：《震川集》，收入《景印文淵閣四庫全書》第 1289 冊。

20. 〔清〕戴震：《戴震全書》，合肥：黃山書社，1994 年。

21. 〔清〕呂留良：《呂留良詩文集》，杭州：浙江古籍出版社，2011 年。

22. 〔清〕黃宗會：《縮齋詩文集》，上海：華東師範大學出版社，2009 年。

23. 〔清〕清聖祖御製、張玉書奉敕編：《聖祖仁皇帝御製文集》，收入《景印文淵閣四庫全書》第 1299 冊。

24. 〔清〕查慎行：《敬業堂詩集》，收入《景印文淵閣四庫全書》第 1326 冊。

25. 〔清〕李鍇嗣：《杲堂文鈔》，收入《清代詩文集彙編》（上海：上海古籍出版社，2010 年）第 77 冊。

26. 〔清〕全祖望：《鮚埼亭集》，收入《清代詩文集彙編》第 302 冊。

27. 〔清〕全祖望：《鮚埼亭集外編》，收入《清代詩文集彙編》第 303 冊。

28. 〔清〕全祖望：《鮚埼亭集》，合肥：安徽大學出版社，2009 年（《陳垣全集》）。

29. 〔清〕全祖望輯：《續耆舊》，收入《續修四庫全書》（上海：上海古籍出版社，2002 年）第 1682 冊。

30. 〔清〕全祖望輯：《續甬上耆舊詩》，杭州：杭州出版社，2004 年。

31. 〔清〕全祖望輯:《續甬上耆舊詩集》,《國粹叢書》清末國學保存會排印本。

32. 〔清〕朱彝尊輯:《明詩綜》,北京:中華書局,2007 年。

33. 〔清〕倪繼宗輯:《續姚江逸詩》,收入《四庫全書存目叢書》第 410 冊。

34. 〔清〕曹元弼:《復禮堂文集》,臺北:文史哲出版,1973 年。

35. 戴璉璋等編:《劉宗周全集》,臺北:中研院文哲所籌備處,1997 年。

36. 沈善洪主編:《黃宗羲全集》,杭州:浙江古籍出版社,2005 年。

〔書目提要〕

1. 〔清〕紀昀等編:《欽定四庫全書總目》,北京:中華書局,1997 年。

2. 〔清〕沈初等撰:《浙江采集遺書總錄》,北京:中國書店,2008 年。

〔年譜年表〕

1. 〔清〕王懋竑:《朱熹年譜》,北京:中華書局,1998 年。

2. 〔清〕黃炳垕:《黃宗羲年譜》,北京:中華書局,2006 年。

3. 〔清〕黃慶曾等編纂:《餘姚竹橋黃氏宗譜》,北京:中國社科院史研所圖書館,1986 年。

4. 〔日〕今關壽麿編:《宋元明清儒學年表》,北京:北京圖書館出版社,2002 年。

5. 陳垣:《增補二十史朔閏表》,臺北:藝文印書館,1989 年。

6. 殷夢霞選編:《浙東學人年譜》,北京:北京圖書館出版社,2003 年。

(二) 現代著作(含古籍今註及民國以來著作,依姓氏筆劃順序排列)

1. 丁國順等撰:《浙東學派研究》,杭州:浙江人民出版社,1993 年。

2. 王茂等著:《清代哲學》,合肥:安徽人民出版社,1992 年。

3. 王叔岷:《左傳考校》,臺北:中研院文哲所籌備處,1998 年。

4. 王俊義:《清代學術探研錄》,北京:中國社會科學出版社,2002 年。

5. 王國維:《觀堂集林》,北京:中華書局,1999 年。

6. 方同義等著:《浙東學術精神研究》,寧波:寧波出版社,2006 年。

7. 方祖猷:《清初浙東學派論叢》,臺北:萬卷樓圖書有限公司,1996 年。

8. 古清美:《黃梨洲之生平及其學術思想》,臺北:臺灣大學文學院,1978 年。

9. 任繼愈主編:《宗教詞典》,臺北:博遠出版有限公司,1991 年。

10. 朱義祿:《黃宗羲與中國文化》,貴陽:貴州人民出版社,2001 年。

11. 成中英:《合內外之道——儒家哲學論》,北京:中國社會科學出版社,

2001 年。

12. 李明友：《一本萬殊——黃宗羲的哲學與哲學史觀》，北京：人民出版社，
    1994 年。

13. 何冠彪：《明末清初學術思想研究》，臺北：學生書局，1991 年。

14. 何炳松：《浙東學派溯源》，桂林：廣西師範大學出版社，2004 年。

15. 吳光：《黃宗羲與清代浙東學派》，北京：中國人民大學出版社，2009 年。

16. 吳海蘭：《黃宗羲的經學與史學》，廈門：廈門大學出版社，2010 年。

17. 吳雁南主編：《清代經學史通論》，昆明：雲南大學出版社，2001 年。

18. 吳毓江校釋：《公孫龍子校釋》，上海：上海古籍出版社，2001 年。

19. 林慶彰：《清初的群經辨偽學》，臺北：文津出版社，1990 年。

20. 徐定寶：《黃宗羲評傳》，南京：南京大學出版社，2002 年。

21. 徐復觀：《徐復觀論經學史二種》，上海：上海書店出版社，2005 年。

22. 孫劍秋：《顧炎武經學之研究》，臺北：東吳大學中國學術著作獎委員會，
    1992 年。

23. 馬其昶：《韓昌黎文集校注》，上海：上海古籍出版社，1998 年。

24. 郝志達：《楚辭今注今譯》，石家莊：河北人民出版社，2000 年。

25. 荊門市博物館主編：《郭店楚墓竹簡》，北京：文物出版社，1998 年。

26. 張廷榮：《清初四大師生命之學》，臺北（出版項不明），1967 年。

27. 張舜徽：《清儒學記》，武漢：華中師範大學出版社，2005 年。

28. 張宗祥輯錄：《王安石《字說》輯》，福州：福建人民出版社，2005 年。

29. 張偉主編：《浙東思想家研評傳》，北京：海洋出版社，2009 年。

30. 陳其泰等著：《中國學術通史》（清代卷），北京：人民出版社，2004 年。

31. 陳奇猷：《呂氏春秋校釋》，臺北：華正書局，1988 年。

32. 陳奇猷：《韓非子新校釋》，上海：上海古籍出版社，2000 年。

33. 陳祖武：《中國學案史》，臺北：文津出版社，1994 年。

34. 陳煒湛：《甲骨文簡論》，上海：上海古籍出版社，1999 年。

35. 梁啟超：《中國近三百年學術史》，臺北：里仁書局，2000 年。

36. 梁啟超：《清代學術概論》，臺北：里仁書局，2000 年。

37. 梁紹輝：《周敦頤評傳》，南京：南京大學出版社，1998 年。

38. 許進雄：《中國古代社會》，臺北：臺灣商務印書館，1998 年。

39. 曹屯裕主編：《浙東文化概論》，寧波：寧波出版社，1997 年。

40. 黃嗣艾：《南雷學案》，臺北：明文書局，1985 年。

41. 勞思光：《新編中國哲學史》，臺北：三民書局，1997 年。

42. 馮友蘭：《中國哲學簡史》，北京：北京大學出版社，2001 年。

43. 董平選注：《浙江精神之哲學本源》，杭州：浙江古籍出版社，2004 年。

44. 楊向奎編：《清儒學案新編》，山東：齊魯書社，1994 年。

45. 楊鍾義輯：《雪橋詩話三集》，臺北：文海出版社，1974 年。

46. 葉瑛校注：《文史通義校注》，臺北：漢京文化，1986 年。

47. 葉國良等著：《經學通論》，臺北：大安出版社，2011 年。

48. 葉國良等著：《羣經概說》，臺北：大安出版社，2013 年。

49. 管敏義主編：《浙東學術史》，上海：華東師範大學出版社，1993 年。

50. 熊十力：《讀經示要》，臺北：明文書局，1999 年。

51. 褚問鵑：《黃梨洲之學術思想研究》，臺北：中央圖書出版社，1976 年。

52. 劉文典：《淮南鴻列集解》，合肥：安徽大學出版社，1998 年。

53. 鄧瑞全、王冠英編著：《中國僞書通考》，合肥：黃山書社，1998 年。

54. 鄭文：《揚雄文集箋注》，成都：巴蜀書社，2000 年。

55. 樓宇烈：《王弼集校釋》，北京：中華書局，1999 年。

56. 黎翔鳳：《管子校注》，北京：中華書局，2004 年。

57. 錢仲聯主編：《清詩紀事》，南京：江蘇古籍出版社，1987 年。

58. 錢穆：《中國近三百年學術史》，北京：商務印書館，1997 年。

59. 錢茂偉：《浙東學術史話》，寧波：寧波出版社，1999 年。

60. 蕭萐父：《中國哲學史史料源流舉要》，武漢：武漢大學出版社，1998 年。

61. 韓學宏：《黃宗羲《明儒學案》之研究》，臺北：花木蘭文化出版社，2007 年。

62. 〔日〕瀧川龜太郎：《史記會注考證》，臺北：萬卷樓圖書有限公司，1996 年。

63. 顧頡剛：《古史辨自序》，石家莊：河北教育出版社，2001 年。

三、期刊、論文集

（一）期刊論文（依姓氏筆劃順序排列）

1. 丁國順：〈黃宗炎學術思想初探〉，《孔子研究》，1988 年第 2 期，頁 54 ～60。

2. 丁爲祥：〈氣學——明清學術轉換的眞正開啓者〉，《中國哲學》，2007 年第 8 期，頁 78～87。

3. 王永嘉、陳敦偉合撰：〈《易學象數論》淺析〉，《寧波師院學報》（社會科學版），1985 年第 2 期，頁 45～51。

4. 王成福:〈黃宗羲哲學思想評述〉,《中國哲學史研究》,1983 年第 2 期,頁 99～108。

5. 王俊傑:〈黃宗羲「工夫即本體」淺析〉,《重慶社會科學》,2006 年第 5 期,頁 33～36。

6. 王維和:〈略論黃宗羲的哲學基本傾向〉,《寧波師院學報》(社會科學版),1985 年第 2 期,頁 52～57。

7. 方祖猷:〈餘姚《竹橋黃氏宗譜》的史料價值〉,《寧波大學學報》(人文科學版),第 9 卷第 2 期,頁 42～49。

8. 朱義祿:〈黃宗羲　劉宗周思想比較初探〉,《浙江學刊》,1987 年第 2 期,頁 95～100。

9. 朱曉鵬:〈浙學芻議〉,《中國哲學史》,2006 年第 1 期,頁 98～102。

10. 沈善洪:〈黃宗羲的思想與學風〉,《浙江學刊》,1985 年第 1 期,頁 79～87。

11. 沈善洪:〈黃宗羲的時代和他的思想淵源〉,《中國哲學史》,1987 年第 4 期,頁 102～105。

12. 沈善洪、錢明合撰:〈從王陽明到黃宗羲〉,《中國哲學史》,1987 年第 4 期,頁 63～73。

13. 沈敏之:〈關於《浙東學派問題平議》的商榷——兼論邵廷采的史學思想〉,《浙江學刊》,1990 年第 1 期,頁 122～127。

14. 吳光:〈黃宗羲與清代學術〉,《孔子研究》,1987 年第 2 期,頁 78～89。

15. 吳光:〈黃宗羲思想的特色〉,《浙江學刊》,1995 年第 5 期,頁 25～26。

16. 吳光:〈簡論「浙學」的內涵及其基本精神〉,《浙江社會科學》,2004 年第 6 期,頁 146～150。

17. 吳光:〈從陽明心學到「力行」實學——論黃宗羲對王陽明、劉宗周哲學思想的批判繼承與理論創新〉,《中國哲學史》,2007 年第 3 期,頁 100～111。

18. 吳光:〈關於「清代浙東學派」名稱與性質的辨析——爲「清代浙東經史學派」正名〉,《中共寧波市委黨校學報》,2008 年第 4 期,頁 69～72。

19. 吳海蘭:〈甬上講經會與黃宗羲重經思想的傳播〉,《中國文化研究》,2006 年秋之卷,頁 94～100。

20. 李遠國:〈《正易心法》考辨〉,《社會科學研究》,1984 年第 6 期,頁 67～71 轉 75。

21. 李明友:〈黃宗羲的「心理合一」說〉,《孔子研究》(濟南),1993 年第 4 期,頁 99～105。

22. 李鴻儒:〈論《周易》的「感應」與「共性」思維〉,《東吳中文研究集刊》,

2002 年第 9 期，頁 215～244。

23. 林慶彰：〈明末清初經學研究的回歸原典運動〉，《孔子研究》，1989 年第 2 期，頁 100～110。

24. 金林祥：〈黃宗羲甬上學生考〉，《寧波大學學報》（人文科學版），1991 年 12 月第 4 卷第 2 期，頁 19～25。

25. 季學源：〈經世致用：浙東學派的經典性治學原則〉，《中國文化月刊》第 258 期，2001 年 9 月，頁 96～104。

26. 范立舟：〈《周易》與陽明心學〉，《中國哲學》，2005 年第 3 期，頁 64～69。

27. 孫善根：〈論清代浙東學派的歷史地位〉，《浙江學刊》，1996 年第 2 期，頁 103～109。

28. 徐吉軍：〈論清代浙東學派的治學特徵〉，《史學史研究》，1987 年第 3 期，頁 58～63。

29. 徐吉軍：〈清代浙江的學術與學風〉，《浙江學刊》，1989 年第 1 期，頁 102～107 轉 95。

30. 徐定寶：〈試論黃宗羲及其學術思想〉，《寧波大學學報》（教育科學版），1994 年第 1 期，頁 53～61。

31. 徐定寶、連曉旭合撰：〈黃宗羲思想淵源簡析〉，《法制與社會》，2007 年第 7 期，頁 670～671。

32. 徐蓀銘：〈論黃宗羲治學方法的創造性特點〉，《求索》，1987 年第 5 期，頁 35～39。

33. 袁家麟：〈黃宗羲與《周易》──從《明夷待訪錄》之命題談起〉，《蘇州大學學報》（哲學社會科學），1994 年第 3 期，頁 64～67 轉 16。

34. 祝求是：〈評黃梨洲的經世之學〉，《寧波大學學報》（人文科學版），1987 年第 1 卷第 2 期，頁 91～102。

35. 陳旻志：〈試由黃宗羲的易學思維揭示「文道合一」的文學思想〉，《華梵人文學報》，2003 年 7 月創刊號，頁 107～166。

36. 陳柏華：〈從《明夷待訪錄》之命題看《周易》對黃宗羲的影響〉，《江蘇社會科學》，1993 年第 4 期，頁 88～92。

37. 陳祖武：〈黃宗羲東渡日本史事考〉，《浙江學刊》，1988 年第 1 期，頁 73～75。

38. 陳國慶：〈黃宗羲的學術風格〉，《浙江萬里學院學報》，2005 年第 1 期，頁 1～6。

39. 陳敦偉：〈黃宗羲論氣〉，《寧波師院學報》（社會科學版），1991 年第 13 卷第 1 期，頁 13～17。

40. 張永儁：〈論劉蕺山的心學與易學思想〉,《中華易學》,第 17 卷 3 期,頁 16～23。

41. 張立文：〈黃宗羲理論思維建構的歷史命運〉,《中國哲學史》,1995 年第 11 期,頁 46～47。

42. 張沛：〈王陽明心學視域下的易學觀〉,《周易研究》,2010 年第 4 期,頁 25～33。

43. 張岱年：〈黃宗羲是時代的先覺〉,《浙江學刊》,1995 年第 5 期,頁 19 ～26。

44. 張新智：〈試論黃宗羲《易學象數論》的得失〉,《孔孟月刊》,第 36 卷第 2 期,頁 33～38。

45. 許錟輝：〈黃宗羲的生平及思想〉,《中華文化復興月刊》,1978 年第 11 卷第 5 期,頁 75～82。

46. 梁韋弦：〈孟京易學的來源〉,《史學集刊》,2003 年第 3 期,頁 1～3。

47. 曹美秀：〈論黃宗羲晚年思想之轉變〉,《中國文哲研究通訊》,2001 年第 6 期,頁 223～248。

48. 康全誠：〈朱熹《周易本義》試探〉,《遠東學報》,2001 年第 19 期,頁 294～300。

49. 屠承先：〈黃宗羲哲學思想的內在矛盾及其根由〉,《浙江學刊》,1990 年第 2 期,頁 72～78 轉 9。

50. 傅雲龍：〈黃宗羲富有開創意義的心性說〉,《孔子研究》,1992 年第 1 期,頁 8～9。

51. 馮契：〈論黃宗羲的「工夫所至即是本體」說〉,《浙江學刊》,1985 年第 2 期,頁 66～72。

52. 董平：〈浙江文化的兩大特色〉,《孔子研究》,1992 年第 1 期,頁 20～21。

53. 董倩：〈黃宗羲思想評析〉,《清海師範大學學報》,1997 年第 4 期,頁 41 ～45。

54. 董根洪：〈黃宗羲實學思想特點研究〉,《寧波黨校學報》,2007 年第 5 期,頁 96～100。

55. 楊月清：〈易哲學發展史之一嬗變——陸王心學的易哲學思想探析〉,《中國哲學》,2006 年第 1 期,頁 5～10。

56. 賈慶軍：〈黃宗羲思想之儒家特徵〉,《社會科學論壇》,2008 年卷 7B 期,頁 18～23。

57. 蔡家和：〈牟宗三《黃宗羲對於天命流行之體之誤解》一文之探討〉,《中國哲學》,2006 年第 3 期,頁 83～93。

58. 劉述先：〈理學殿軍——黃宗羲〉,《浙江學刊》,1995 年第 5 期,頁 20

～21。

59. 鄭閏：〈沈光文與晚明浙東易學〉，《寧波師院學報》（社會科學版），1993
年第 15 卷第 1 期，頁 40～45。

60. 蔣國保：〈方以智哲學範疇體系芻議〉，《中國哲學史》，1983 年第 11 期，
頁 83～89。

61. 潘群：〈試論黃宗羲的經世學風〉，《南京大學學報》，1989 年第 2 期，頁
14～24。

62. 潘起造：〈明清浙東學術對儒家和諧文化的傳承和創新——以王守仁和黃
宗羲的學術思想爲例〉，《浙江社會科學》，2007 年第 3 期，頁 127～132。

63. 錢明：〈「浙學」涵義的歷史衍變〉，《浙江社會科學》，2006 年第 2 期，
頁 157～162。

64. 錢茂偉：〈清代浙東學派統承芻議〉，《寧波師院學報》（社會科學版），1991
年第 13 卷第 1 期，頁 60～63。

65. 謝錦堂：〈黃宗羲避亂第泗門小考〉，《浙江學刊》，1985 年第 6 期，頁 104。

66. 羅光：〈清朝初葉哲學思想家——黃宗羲〉，《哲學與文化月刊》，1981 年
第 8 卷第 2 期，頁 74～80。

67. 羅永樺：〈從清初經學「回歸原典」運動看黃宗羲與道教之關係〉，《孔孟
月刊》，第 38 卷第 2 期，頁 19～29。

68. 龐天佑：〈論明清之際三大學者治學經世致用的特點〉，《史學月刊》，1999
年第 4 期，頁 35～40。

69. 龔纓晏：〈明清之際的浙東學人與西學〉，《浙江大學學報》（人文社會科
學），2006 年第 3 期，頁 60～67。

（二）論文集論文（依姓氏筆劃順序排列）

1. 王杰：〈明清之際的經世實學思潮與社會批判思潮——以明清之際的思想
家群體爲例〉，收入《浙東學術與中國實學——浙東學派與中國實學研討
會論文集》（寧波：中國實學研究會主編，2005 年），頁 34～44。

2. 方同義：〈論浙東學術的實學傾向〉，收入《浙東學術與中國實學——浙
東學派與中國實學研討會論文集》，頁 45～57。

3. 司徒琳：〈黃宗羲《象數論》與清初官方易學的變化〉，收入《黃梨洲三
百年祭》（北京：當代中國出版社，1997 年），頁 55～73。

4. 吳光：〈黃宗羲思想的特色：批判性、兼容性、實踐性〉，收入《黃梨洲
三百年祭》，頁 25～53。

5. 汪學群：〈黃宗炎易學中的道德事功合一論〉，收入《黃宗羲與明清思想》
（上海：上海古籍出版社，2006 年），頁 287～303。

6. 周立升：〈論明清實學的近代走向——以黃宗羲實學思想爲例〉，收入《「儒

學與實學及其現代價值」國際學術討論會論文集》（浙江寧波：中國實學研究會出版，2006 年），頁 583～588。

7. 金林祥：〈甬上證人書院與清代浙東學派〉，收入《論浙東學術》，頁 257～264。

8. 邵九華：〈黃宗羲故居考〉，收入《浙東文化論叢》（北京：中央編譯出版社，1995 年），頁 230～234。

9. 林文欽：〈從讀《周易參同契》談道教煉丹養生的困境〉，收入《韓國東亞國際學術研討會論文集》，2012 年。

10. 馬沛文：〈黃宗羲思想之偉大及其局限〉，收入《論浙東學術》，頁 231～235。

11. 張踐：〈實學精神是黃宗羲啓蒙思想的成因〉，收入《浙東學術與中國實學——浙東學派與中國實學研討會論文集》，頁 58～67。

12. 郭彧：〈《易學象數論》芻議〉，收入《浙東學術與中國實學——浙東學派與中國實學研討會論文集》，頁 189～198。

13. 黃良荒：〈略論黃宗羲思想中「變」的靈魂〉，收入《浙東學術與中國實學——浙東學派與中國實學研討會論文集》，頁 292～302。

14. 黃愛平：〈略論全祖望對黃宗羲學行的表彰與傳承〉，收入《浙東學術與中國實學——浙東學派與中國實學研討會論文集》，頁 351～371。

15. 黃德昌：〈工夫所至，即其本體——黃宗羲實學哲理探析〉，收入《浙東學術與中國實學——浙東學派與中國實學研討會論文集》，頁 85～90。

16. 葉樹望：〈竹橋黃氏述略〉，收入《浙東文化論叢》，頁 235～244。

17. 董根洪：〈論黃宗羲實學的基本特點〉，收入《浙東學術與中國實學——浙東學派與中國實學研討會論文集》，頁 74～84。

18. 詹海雲：〈全祖望的經學思想〉，收入《論浙東學術》，頁 413～423。

19. 趙中偉：〈太極思維的轉化與發展〉，收入《第十六屆國際易學大會論文集》（臺北：師範學院，2001 年 11 月），頁 236～255。

20. 趙宗正：〈清初經世致用思潮〉，收入《實學文化與當代思潮論文集》（浙江寧波：中國實學研究會主編，2002 年），頁 274～287。

21. 蔣國保：〈黃宗羲與浙東經史學術傳統的確立〉，收入《黃宗羲與明清思想》（上海：上海古籍出版社，2006 年），頁 105～124。

22. 賴貴三：〈兩漢易學「氣化宇宙論」思想探析〉，收入《「第二屆儒道國際學術研討會：兩漢」論文集》（臺北：國立臺師大國文學系，2005 年），頁 463～491。

23. 龐萬里：〈浙東學派與乾嘉漢學〉，收入《浙東學術與中國實學——浙東學派與中國實學研討會論文集》，頁 519～527。

24. 顧詰剛:〈周易卦爻辭中的故事〉,收入《易學論著選集》(臺北:長安出版社,1991 年),頁 165～209。

四、網路資料

1. 郭彧:〈《周易本義》卷首九圖考辨〉,取自「傳統文化論文」網:http://big.hi138.com/wenhua/chuantongwenhua/200504/7397.asp (2005-4-6 上傳)